潘雨廷著作集

道教史叢論

上海古籍出版社

图书在版编目(CIP)数据

道教史丛论/潘雨廷著;张文江整理. —上海：
上海古籍出版社，2017.12
（潘雨廷著作集）
ISBN 978-7-5325-8683-7

Ⅰ.①道⋯ Ⅱ.①潘⋯ ②张⋯ Ⅲ.①道教史－中国
－文集 Ⅳ.①B959.2-53

中国版本图书馆 CIP 数据核字(2017)第 293060 号

责任编辑：刘海滨
封面设计：黄 琛
技术编辑：伍 恺

潘雨廷著作集

道教史丛论

潘雨廷 著

张文江 整理

上海古籍出版社出版、发行

（上海瑞金二路 272 号 邮政编码 200020）

（1）网址：www.guji.com.cn
（2）E-mail：gujil@guji.com.cn
（3）易文网网址：www.ewen.co

常熟新骅印刷有限公司印刷

开本 635×965 1/16 印张 23.25 插页 6 字数 291,000

2017 年 12 月第 1 版 2017 年 12 月第 1 次印刷

印数：1—1,500

ISBN 978-7-5325-8683-7

B·1038 定价：82.00 元

如有质量问题,请与承印公司联系

"潘雨廷著作集" 书目

周易表解

易学史发微

易学史丛论

读易提要

周易虞氏易象释

过半刃言　黼爻　衍变通论

易与佛教　易与老庄

易老与养生

道教史发微

道教史丛论

道藏书目提要

易则　神形篇　《内经》七篇大论述义

易学史入门　论吾国文化中包含的自然科学理论

引　言

　　潘雨廷先生(1925—1991)，上海人，当代著名易学家。生前担任华东师范大学古籍研究所教授、中国《周易》研究会副会长、上海道教协会副会长。潘雨廷先生早年就读于上海圣约翰大学教育系，毕业后师从周善培、唐文治、熊十力、马一浮、杨践形、薛学潜等先生研究中西学术，专心致志于学问数十载，融会贯通，自成一家，在国内外有相当的影响。潘雨廷先生毕生研究的重点是宇宙与古今事物的变化，并有志于贯通东西方文化之间的联系，对中华学术中的《周易》和道教，有深入的体验和心得。潘雨廷先生著述丰富，其研究涉及多方面内容，具有极大的启发性。他的著作是二十世纪中国文化所取得的重要成果之一。本书由张文江根据潘雨廷夫人金德仪女士保存的遗稿整理而成。

　　《道教史丛论》收入了从上古至今的道教史论文及一本小册子《道教文化》，如果和作者的另一著作《道教史发微》合观，已然勾勒出中华道教史的整体面貌。

目次

<h1 align="center">道 教 文 化</h1>

目次

道教文化

引　言

　　道教是中国土生土长的宗教,这个雅俗共赏的概念,基本上已能得到信仰者、爱好者、研究者的同意。中国是一个有漫长历史的古老国家,中国地域上的各民族各自有其基本相似而不全同的原始宗教。道教的产生由各民族的原始宗教而来,经历时间的流逝、民族的迁移,以及各民族间的相吸与相斥,逐步形成中华民族的宗教。自三代秦汉以降,对道教的认识历代有所变化,道教的内容也非常庞杂,因为它来源于各种原始宗教,自有其生长和发展变化过程。惜此过程迄今未得到充分的阐明,比如今日公认的道教,误以为起于东汉的张陵(34—156),就是一个基本错误。在中国历史上客观存在的、具备深邃哲理的宗教——道教,是从原始宗教开始,在各地发展积累而形成的。如此认识道教,恰当水有其源,木有其本。

　　叙述道教文化,理当从远古谈起,根据邹衍(约前350—前270)的方法,可"先序今,以上至黄帝"。这种上推法很重要,能进一步研究道教而得其蕴。故先用简短的文字,概述今日的道教以上至黄帝,方可及中国的原始宗教。然后详论由原始宗教起发展成今日的道教,并介

1

绍其中所包含的多方面文化。经此由今而古、由古而今的反复论述，庶可见道教的特色及历代仙真高道的伟大成就。本书不作学究式的考据，亦不取概念的固定定义。比如什么是宗教？什么是道教？什么是文化？谁是道教教主？道教起于何时？儒释道可否称为三教？道家是否就是道教？等等。凡上述诸问题，各宜查阅国内外有关的资料，且应永远保持争鸣，方可使道教文化日新月异地进步。本书以今日人类已达到的基本知识叙述道教文化，既可兼收并蓄古今各家的考据及其心得，亦可择取种种观点以示客观的史实。由自然世界起，在中国国土上，经史前文化直至今日，所谓本诸中国的时空结构，产生并发展了中国宗教——道教。宜道教文化的渊源，势必成为整个中国文化中不可忽视的重要组成部分。

首先讲一个道教故事以显出道教的内容，这个故事本身亦有其发生、变化、发展等阶段。初见于唐代宗(762—779 在位)时沈既济所作的《枕中记》，故事情节为卢生于邯郸客店中遇道者吕翁，生自叹穷困，翁授之枕使入梦，生于梦中历尽富贵荣华，及醒，主人炊黄粱尚未熟。其后元马致远、李时中等写杂剧"邯郸道省悟黄粱梦"，就利用《枕中记》的内容，然已受《钟吕传道集》、《灵宝毕法》的影响，故主人公改为钟离权度吕岩成仙。明汤显祖(1550—1616)的"玉茗堂四梦"，其一《邯郸记》仍演此故事，而主人公改为吕岩度卢生。因认为《枕中记》中的吕翁，就是民间流传已久的吕岩——吕纯阳。且八仙聚会，内容曲折，更饶趣味，于荣华富贵的背后，尤见人间的艰险。惜已无机会观看昆曲演出全部《邯郸记》，有兴趣者不妨阅读剧本，既能欣赏文学词藻之美，亦可受一次道教教育。以下分析此故事的内容及其可贵的思想。

反思中国自秦汉以来，社会结构基本未变，不外以男性为主的君、臣、民关系。当乱世时变君、臣的关系，当太平时变臣、民的关系。学优而仕的思想，指太平时由民变为臣。凡一切荣华富贵，基本为君、臣所掌握。于千百年来，君、臣间的亿万事例中，种种情况，一言难尽。

既有以臣代君之事,而臣之殉国、殉职、殉名、殉利而亡者尤多。幸有入宦数十年,晚年能优游林下者,亦不乏其人。然晚年而悟已无所作为,不若早年而悟。故有旁观宦海风波而得其机者,能学优而不仕。此在中国式的社会结构中,历代有其人,如养生家、医家等等,此辈人的思想近于道。于唐代宗时已经历安史之乱,结合沈既济的本身遭遇,已认识到将由臣、民之变而成君、臣之变,乃有产生《枕中记》思想的时代背景,以见人世的虚幻。然道教的实质非徒视一切如幻,内有其积极性。依此故事以喻道教教义的目的,在使人了解时空数量级的变化。人生约百年,属于人的时空数量级,《内经·上古天真论》"尽终其天年,度百岁乃去"是其义。且由科学及医学的进步,人的寿命可逐步延长。《庄子·逍遥游》有言:

> 小知不及大知,小年不及大年。奚以知其然也？朝菌不知晦朔,蟪蛄不知春秋,此小年也。楚之南有冥灵者,以五百岁为春,五百岁为秋。上古有大椿者,以八千岁为春,八千岁为秋。而彭祖乃今以久特闻,众人匹之,不亦悲乎。

传说彭祖有八百岁的寿命,众人羡之,实未能因人而及其他生物。或能以人比于原始森林,如冥灵与大椿,人虽寿长八百,仍属小年。更比于朝菌蟪蛄,则未满十岁而夭,已为大年。况此大年、小年的不同,可由主观自加变化。以"黄粱梦"言,有人的确经历数十年的入仕,也有人一梦之际虽幻而已遍尝数十年的甘苦。以时核算之,一梦未熟黄粱,约当一小时。一年约当三百六十五日又六小时,以五十年计,共为四十三万八千三百小时。故"黄粱梦"之悟人,能使人生的时间扩大四十余万倍,安得不受到有心者的向往。一般用"山中方七日,世上已千年"来说明仙人的可贵,大义全同。合诸今日自然科学所理解的宏观微观而论,比例之悬殊,岂仅四十余万倍。而中国的道教,早已在研究大小知与大小年的变化,且有种种似幻而实真的基本思想。且道教教义不仅在改变时空数量级,尚可由大小知改变大小年的方法,以达到超脱时间概念而归诸"无先"。"无先"这个专门名辞本诸《道教宗源》,系编成《道藏》后特用此二字作为道教的总纲。今见于明《正统道藏》(成于一四四五),其言曰:

> 原夫道家由肇,起自无先。垂迹应感,生乎妙一。从乎妙一,分为三元。又从三元,变成三气。又从三气,变生三才。三才既滋,万物斯备。

凡道家认识世界一切,莫不起自"无先",其见超然。且明《道藏》的《道教宗源》此节,全部录自《云笈七签》的《道教三洞宗元》,系张君房编《大宋天宫宝藏》(成于1019年)时所用的总纲。其后宋徽宗时的《万寿道藏》,金章宗时的《大金玄都宝藏》,元乃马真后称制时的《元玄都宝藏》,莫不以三洞四辅十二部分类。故知"无先"的意义,自北宋起,早已在历代编辑《道藏》时,用作道教判成三洞的宗元。况《云笈七签》的内容,乃博采前人之说,非张君房所自撰。唐玄宗时编成第一部《道藏》,已名《三洞琼纲》,故认识三洞而提出"无先"者,其来已久。虽未能确知其人,亦不必详考其人,而其人的贡献能直探《老子》的精华以归诸道教。专研《老子》的学者,尚未闻以道家的学说,归诸极简单的"无先"二字。故《道藏》中所保存道家最根本的"无先"思想,尚未引起哲学家注意。而本书叙述道教文化,即以"无先"为坐标,方能表示客观的中国文化史实,以说明由中国的原始宗教起发展成今日的道教。

老子有言:"有物混成,先天地生。"天地云者,犹时空的形象,古所谓天时地位。时有先后,位有大小,故天地的实质,就是宇宙的意义。汉刘安及其门客所著的《淮南子》,在"齐俗训"中有言:

4

故曰得十利剑，不若得欧冶之巧。得百走马，不若得伯乐之数。朴至大者无形状，道至妙者无度量。故天之圆也不得规，地之方也不得矩。往古来今谓之宙，四方上下谓之宇。道在其间，而莫知其所。故其见不远者，不可与语大，其智不闳者，不可与论至。

究此文的要义，仍不外大小知与大小年。而《庄子》论宇宙，尤妙于《淮南子》，见于《庄子·庚桑楚》：

道通其分也，其成也毁也。所恶乎分者，其分也以备。所以恶乎备者，其有以备。故出而不反，见其鬼。出而得，是谓得死。灭而有实，鬼之一也。以有形者象无形者而定矣。出无本，入无窍。有实而无乎处，有长而无乎本剽，有所出而无窍者有实。有实而无乎处者，宇也。有长而无本剽者，宙也。有乎生，有乎死，有乎出，有乎入。入出而无见其形，是谓天门。天门者，无有也，万物出乎无有。有不能以有为有，必出乎无有，而无有一无有，圣人藏乎是。

上引《庄子》与《淮南子》所认识的宇宙，其思想境界的空灵令人赞叹，不妨再讲一个民间故事以喻其理。有谓吕纯阳怜一贫者，即点铁成金以赠之，不日金尽而复来，吕纯阳又为点之。如是数次，贫者始悟，乃不欲其金而欲其指。此故事既戒贫者之贪，亦明"得十利剑，不若得欧冶之巧。得百走马，不若得伯乐之数"。然其巧其数之得，安得不从认识天地方圆规矩宙宇之象开始，道即在其间，而圣人藏乎无有一无有之所。故既知大小知与大小年的变化，必当直探无有之天门。观《淮南子》所谓其巧其数，于《庄子》谓之窍，七日而凿破混沌，人乃有七窍。生物与无生物的不同，亦在有窍与无窍。道虽贵无窍之自然，然并不以有窍为非,要在能认识有窍无窍的关系。且道有有无,而有有分合,无有开阖。先以有言,有则自然具有分合的作用,唯分而可通,合成为一,有一将毁。故不论绝对而论相对,《周易·系辞》曰"一阴一阳之谓道",即以道分为阴阳始可通。奈何分有"以备"的缺点,《庄子·天下篇》载有"一尺之捶,日取其半,万世不竭"的命题,即虽知万世不竭,仍在日取其半,是犹"以备"。"以备"又有不尚自然而有"有以备"的缺点,"有以备"者不知大小知与大小年的关系及其变化,乃不知有种种自然的时空数量级。人而仅知为人必以羡彭祖,是以出而不反,安得不见无有之鬼。因出为生,入为死,唯有窍则悦生恶死,而不知生死可通,乃出而不得。故出而得,是谓得死,贵在无窍。《庄子·养生主》曰"指穷于为薪,火传也,不知其尽也",宜灭而有实,鬼之一也。须理解"鬼之一",又可参阅《庄子·至乐》有问于髑髅的寓言,其言曰:"夫子贪生失理而为此乎?将子有亡国之事、斧钺之诛而为此乎?将子有不善之行,愧遗父母妻子之丑而为此乎?将子有冻馁之患而为此乎?将子之春秋故及此乎?"以上五个问题,皆因人有七窍而来。以生物学论,人类凿破混沌的事实,其时空数量级极长,中国元谋人的时代约有百万年,而战国迄今仅二千二百年许,其七窍所反映的情况基本尚相似,今日读之,可引起共鸣。而髑髅则曰:"……子所言,皆生人之累也,死则无此矣。……死,无君于上,无臣于下,亦无四时之事,从然以天地为春秋,虽南面王乐,不能过也。"此明四时之事,仅当地绕日之一年,以人视之,为较短的时空数量级。以天地为春秋者,尤能认识时空本身而可包括种种时空数量级,是即"以有形者象无形者而定矣"。此无形者何指,当知出无本,入无窍。此有所出而无窍者,即"有实而无乎处者"的空间,与"有长而无本剽"的时间。以生物言,乃有生死出入,然孰能见生死出入的天门。天门者,无有也,即以无言。无兼宇宙而无窍,利用西方的数学语言,一如爱因斯坦所重视的四维时空连续区。而《老子》曰"天门开阖,能无雌乎",开则见不能见者在出入,阖则见不能见者不能出入。唯其阖,是谓无有一无有。故无之开阖,犹有之分合。以无有之天门观之,方合"无先"之象。因"无先"为不可道之道,先天地而生的混成之物,殊非成也毁也之一,故名之曰妙一。妙一者,已见无有的"众妙之门"而道生一。而或见开见阖,是谓一生二,二犹宇宙,乃有种种时空数量级,今所谓宏观与微观。更进而见无窍与有窍,因无窍有宇宙为二,加有窍之生物为三,是谓二生三。道教以人为本,故由"无先"之应感,直接由妙一而三分。由三元、三气、三才而万物斯备,方合人参天地而生的中国整体哲理。故对道教的认识,不可不深入其三洞宗元,庶可根据史实以见道教的价值及其内容丰富的文化,本为中国文化史中不可忽视的重要组成部分之一。

凡例十则

一、全书缀文十万字,附以历代名胜图片百幅左右,相应左图右书之古法,紧密结合以示道教史,始可见道教在中国有其独特的地位。

二、本书以中国具体之时空条件,阐明由中国之原始宗教起,发展成内容庞杂、思想活跃、教义善变、哲理丰富之道教。

三、道教以《老子》哲理为基础,宜考核老子与孔子之关系,且重视各个时代思潮之蜕变、科学技艺之成就,以显道教之旨。在中国传统文化中,道术足以与儒术分庭抗礼,然而古籍研究者什九重视儒之经学史,对整体的道教史之研究尚属空白点。

四、中国文化主要代表人物孔子(前551—前479)于古史托始于尧舜。二百年后邹衍(约前350—前270)本诸时代之变化,认识之发展,能居今而上推尧舜至黄帝,同时联系老子哲理,以形成黄老之说,结合各民族原始宗教之教义,乃成道教之整体理论。黄帝成仙,老子德道,方为中国土生土长道教之精蕴。

五、道教文化以地域分辨,要而言之,当黄河上游之周秦、中游之三晋、下游之齐鲁而北及燕。又当长江上游之巴蜀、中游之荆楚、下游之吴而南及越。从万余年前之原始宗教起,已具此格局。近三四千年的发展,仍在继续亿万年来所形成之自然条件。其走向西与东为水流之顺逆,北与南为气流之寒暑,合成西北天门与东北地户,人参天地,道教出焉。

六、汉武帝(前140—前87在位)有取于董仲舒(前197—前104)之儒术,内容兼及方仙道与黄老道之思想,名为尊儒,实为儒道相参。其时开通丝绸之路后,有佛教文化源源传入,亦有部分佛教思想从南方海路传入,且逐步融合于民间所信仰而未与尊儒结合之黄老与仙道。东汉初楚王英(?—71)已祭祀黄老与浮屠。桓帝延熹八年(公元165)正月,尊儒之官方亦遣中常侍左绾之苦县祠老子(《后汉书》卷七《桓帝纪》)。可见二千余年来之史实,本存在道与儒之互吸互绌,及佛教初入,即有道与释、儒与道释之思想交流。道、儒、释各自深化其内容,以充实促进中国思想文化。本书以道教为主,西汉武帝前随时注意与孔子儒术之相互渗透关系,东汉后又随时注意与佛教相互渗透关系。准此史实,庶可见道教教义之确立及其发展情况。

七、《汉书·艺文志》之书目,除以儒为主之"六艺略"外,有大批托名黄帝等之作品,其内容实质大部分与黄老道、方仙道有关。及《隋书·经籍志》之书目,已有大量文献未能属于经、史、子、集四部,不得不附道经、佛经于其后。此见从东汉(公元25年)起至隋唐(公元618年)之际约六百年间思想文化发展之总结,即儒、道、释各自独立以形成唐代文化。于道经曰:"其《黄帝四篇》《老子二篇》最得深旨。"可证道教之道仍本黄老。惜于唐代起《黄帝四篇》失传,始有《黄帝阴符经》出而代之。一九七三年幸有长沙马王堆汉墓中出土黄老之书而重见《黄帝四篇》(下葬于公元前168年),此对于了解黄老之具体思想极有帮助。今日研究黄老道,能直接继承隋唐时以及汉初时。

八、《隋书·经籍志》所认识之道教,基本本于北朝寇谦之(365—448)之北天师道,尚与佛教相对立。至于南朝陆修静(406—477)之南天师道,能深知佛法而有以结合之。陶弘景(456—536)继之,创立道教可通儒道释,即上清茅山道之教义,以发展成唐代之道教,其中已渗透佛教之理。且南朝完成以三洞四辅十二部之《道藏》编目法。凡唐、宋、元、明之《道藏》莫不准之,此编目法犹判教,始可视之为道教之基本教义。

九、宋代起中国文化有大变化,以道教观之归结为二方面。其一,宋真宗(998—1022 在位)封孔子后裔为衍圣公,又封龙虎山之张道陵后裔张正随为贞静先生。由是一儒一道世世继之,为儒道之代表人物。近千年来论道教,莫不以龙虎山张天师为主,影响之大决非真宗始料所及。然孔子家谱基本能推至春秋时,张正随推至张陵之家乘已乏旁证。且即使是事实,于晋初(公元 265 年)至唐末(公元 907 年)之六百余年间,道教自有种种承前启后之关系,然何尝与居于龙虎山之张陵子孙有关。且张陵为东汉顺帝(公元 126—144 在位)时人,何可与六百余年前之孔子相配。合诸史实,应了解张陵之五斗米道实由西南地域之原始宗教发展而成,方能相应于黄老。自战国起,黄帝老子之道即相对于尧舜孔子之儒,儒道之概念至唐未变。不期及宋而变成孔子张陵,此为道教名实之大变化。其二,道之名实未变,与儒释各有变化后更形成之关系。以儒论,由董仲舒之尊儒,及宋而变成程朱理学之尊儒。究理学之实质,乃兼取释道之理以归诸儒。以佛论,自西汉起历代有所传入,及唐中叶因印度已无佛教而告一段落。所传入之教义,在逐步完成其中国化之大乘佛法。要在能发展成天台、贤首及唐末五代诸禅师盛开一花五叶之禅机等,其间自然兼有儒道之理。然儒与佛皆讳言取诸外,必坚持为其所本有。唯道教则不然,明言其教义除黄老之道外当取诸儒佛。主要在继承南朝之道教,进一步畅言其三教合一,以发展成宋代南北宗之道教。南宗创自张伯端(987—1082),间接传自陈抟(872—989)。北宗创自王重阳(1112—1170),间接传自钟、吕与刘海蟾。又北宗近释须出家,南宗近儒可在家。对修炼内丹之认识,既有继承又有其独特且可贵之开创性理论,要在能兼及一切且执今为道,尤合无为而无不为之旨。

十、道教之宗派繁多,莫不起源于各地域相似而非全同之原始宗教。宜道教教义之分合聚散,变幻不测。有识者贵其道体本无,未得者悲其殊途未归。及明太祖(1368—1398 在位)取佛教之宗门、教下为例以归于全真、正一两者,宜自明迄今之道教教义日隘。况此二者虽当一汉一宋,而其形成同起于宋。本书当深入今日道教之现象,全以考古及史实文献为据,步步为营,上出无已,以示中国道教之原委及其相应之文化。

第一章

由今推古，略述主要的道教教派

第一节 今日仅存的两种教派

今日的道教仅有两个教派，一曰正一，一曰全真，而在史上道教有众多的教派。这一情况实际由明朝开国皇帝朱元璋所造成。在朱元璋思想中，早认为儒、释、道当合一，宜用释、道辅佐儒术以治国。既然释教能归诸禅门、教下，则道教亦仅取全真、正一已足，即视全真犹禅门，正一犹教下。详见朱元璋于洪武七年(1374)十一月御制之《玄教斋醮仪文序》。此一以意为之的决定，造成道教众多其他教派的衰落，仅存正一、全真两花独放。六百余年来的道教，基本为此所囿，或未通禅门、教下之理者，道教何能再发展。且多误认为道教之理，即在正一、全真之中，则何能更见道教的整体。故深入研究道教者，首当超越朱元璋的思想。而于全真、正一两个教派确应深入研究，并理解它们在整体道教中的地位。

一、南宋初全真道的创教过程

全真道创自王嘉，道号重阳子，于宋徽宗政和二年(1112)十二月

12

二十二日,生于陕西咸阳大魏村。这一日期,已成为全真道的重要纪念日。当他十六岁时(1127),徽、钦二宗被掳,北宋亡。咸阳属北宋的永兴军路,亦为金人所占。而王氏是咸阳望族,多赀产,仍能生活在异族统治下。重阳子始名中孚,字允卿。伟志倜傥,不拘小节,兼习文武,皆有成就。初修进士业,善属文,才思敏捷。于二十七岁(1138)易名世雄,字德威,以应金熙宗天眷元年的武举。此文武双全而年未三十的有为青年,目睹两宋之际的混乱,心理上自然有极大震动。更以客观形势论,岳飞于绍兴十二年(公元1142年)被害,南宋与金人的战争暂告段落。此可进一步造成重阳子的心理苦闷,对于北方大片土地上的汉民族,何能不起同情心。而孑然一身如何行动,此所以从二十八岁至四十七岁之二十年间,外形似觉消沉,日在酣醉之中,而其思想深处正在借狂饮之刺激,激发其如何解决自身及生民之疾苦,以成其自度度人的大愿。且当金天眷年间(1138—1140),已有道士萧抱珍在河南汲县创立太一教。金皇统二年(公元1142年),即岳飞被害之年,又有刘德仁在山东盐山创立真大道教。此皆足以启发重阳子创教之志,于四十六岁(公元1157年)始一心求道。于四十八岁六月望日,在终南甘河镇会见二位仙人。四十九岁中秋日,于醴泉县又遇真仙。乃于五十岁在终南南时村凿圹丈余,封高数尺,以活死人目之,坐于墓中。又于四隅各植海棠一株,人问其故,答曰:"吾将来使四海教风为一家耳。"及五十二岁秋,始填活死人墓,迁居刘蒋村。当填墓后,基本已自度。曾作有《悟真歌》一首,全不及世事变化,仅以自身及家庭言,可喻自度之象,宜录全文于此。

悟真歌(录自《全真集》)

余当九岁方省事,祖父享年八十二。二十三上荣华日,伯父享年七十七。三十三上觉娄耽,慈父享年七十三。古今百岁七旬少,观此递减怎当甘。三十六上寐中寐,便要分他兄活计。豪气冲天恣意情,朝朝日日长波醉。压幼欺人度岁时,诬兄骂嫂慢天地。不修家业不修身,只恁望他空富贵。浮云之财随手过,妻男怨恨天来大。产业卖得三分钱,二分吃着一酒课。他每衣饮全不知,余还酒钱说灾祸。四十八上尚争强,争奈浑身做察详。忽尔一朝便心破,变成风害任风狂。不惧人人长耻笑,一心恐昧三光照。静虑澄思省己身,悟来便把妻儿掉。好洗面兮好理头,从人尚道骋风流。家财荡尽愈无愁,怕与儿孙作马牛。五十二上光阴急,活到七十有几日。前头路险是轮回,旧业难消等闲失。一失人身万劫休,如何能得此中修。须知未老闻强健,弃穴趁坟云水游。云水游兮别有乐,无虑无思无做作。一枕清风宿世因,一轮明月前生约。

此篇《悟真歌》主旨鲜明,文字亦浅显,要在一片真诚,有以"悟真",反复阅读后,定可有得。继之即与和玉蟾、李灵阳二位高道结茅于刘蒋村。翌年五十三岁又遇真仙刘海蟾,且三友间之道力日增,计结茅四年。当五十六岁四月二十六日,始毅然自焚其茅庵,别二友而自行其度人之愿,辞众曰:"余东海捉马去。"到东海后,曾著《了了歌》,更有细读价值,再录原文如下。

了了歌(录自《全真集》)

汉正阳兮为的祖,唐纯阳兮做师父,燕国海蟾兮是叔主。终南重阳兮弟子聚,为弟子,便归依,侍奉三师合圣机。动则四灵神彩结,静来万道玉光辉。得逍遥,真自在,清虚消息常交泰。元初此处有因缘,无始劫来无挂碍。将这个,唤神仙,窈窈冥冥默默前。不把此般为妙妙,却凭甚么做玄玄。禀精通,成了彻,非修非炼非谈说。惺惺何用论幽科,达达宁须搜秘诀。

也无减,也无增,不生不灭没升腾。长作风邻并月伴,永随霞友与云朋。

究此《了了歌》,可得重阳子创立全真道的思想结构。其祖师汉正阳,著有《灵宝毕法》。师父唐纯阳确与正阳有关,更有《钟吕传道集》。喜取道号重阳者,有重合正阳、纯阳之象。叔主刘海蟾亦为正阳所度,实为唐末卢龙(今当北京)留后刘仁恭的相辅。仁恭父子建立北燕,险如累卵,被灭于梁凤历元年(公元913)。海蟾先此而去相从道,其时代略可核实,《宋志》著录有《海蟾子还金篇》一卷等。故重阳必至东海捉马者,近有海蟾之缘,远即战国时方仙道的旧处。定此创道的原则,庶有实践其度人的方法。计自四月二十六日焚庵离刘蒋村,至闰七月十八日抵宁海州,今当陕西终南山至山东牟平县,一人独行,毅力大可敬佩。及抵宁海州恰遇马丹阳,马为当地有名的宏道者,富于财,即为筑"全真庵"居之,始有全真之名。由是度得马丹阳夫妇,及丘长春、郝大通、谭长真三位真人。此见重阳子之创道及基本成就,全在五十六岁一年中(公元1167年)。于五十七岁又度玉阳真人,立七宝会。于五十八岁立金莲会、三光会、玉华会、平等会,又度长生真人。旋即携丹阳、长真、长春、长生四弟子西返,至汴梁过年,于正月初四召丹阳、长真、长春于塌下曰:"丹阳已得道,长真已知道,吾无虑矣。处机所学,一听丹阳,处玄、长真当管领之。吾今赴师尊之约耳。"丹阳请留颂,师曰:"吾已书于长安滦村吕仙庵矣,今日授汝。"言讫而逝。是年闰五月,于正月十一始立春,逝时尚未立春,当时视之为五十八岁。以今法计之,当公元1112—1170年。生卒日为旧历二月二十二日与正月初四,故在世尚未足五十七周岁。且其一生有意自度约十年,度人约二年,竟对后世道教产生如此重要的影响,令人惊讶。要在能得其时,以完成承前启后的作用。下作"全真道承启表"以示之。

15

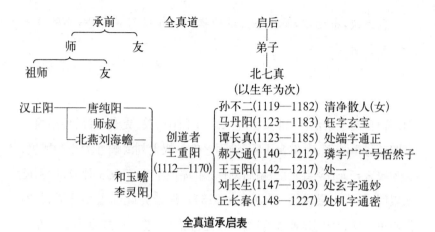

全真道承启表

由上表可睹全真道的承启关系。凡上承汉唐与北燕及同时代的二友,下启七位弟子,后世即以北七真称之。赖弟子的大力弘道,尤其是丘长春能会见成吉思汗,方成为全真道发展的基础。由金而元,北方的全真道,自然可南传而遍及全国。至于王重阳创道的思想结构,本诸儒释道三教合一。这一思想肇始于梁武帝时的陶弘景(456—536),发展于唐末五代。王重阳生当北宋沦亡之际,回思兴盛的汉唐时代,主要思想体系不出此三种,故全真道的教义,宜分三方面认识之。

其一于儒,重视日常生活的道德品质,此能继承北宋时兴起的关洛理学。

其二于释,要在吸取其律宗,除必须出家外,当舍去一切,严守乞食制。对不太重视戒律的道教,此为一大改革。

其三于道,不用符箓,不炼外丹,要在反身的修养。此自炼内丹本属道教的基本教义,然不贵肉身的长生不死,专重心灵能起超时空的相互感通,深信得道成仙后有永生的事实。此对道教而言,殊有时代精神。且所谓心灵,犹微观世界的情况,对研究人体及医学原理等,仍有深入体验并了解其客观事实的必要。八百余年来全真道尚有其活力,且潜能丰富,亟待信奉此道者有以发扬之。然必当尊信其为道教教派之一,或误信朱元璋的思想,则犹视王重阳前无道教。清彭定求所编的《道藏辑要》,其失即在此。唯其仅以全真道的教义为选辑标准,故视之为全真一派的"道书辑要"则可,视之为自古迄今的"道藏辑要"则不可。

二、北宋正一道兴起的情况

叙述毕全真道,再谈谈正一道。正一道就是供奉张陵为始祖,以世袭为主的张天师道。凡今日的正一道,宜分三个阶段以理解其史实。其一为张陵、张衡、张鲁祖孙三代,在东汉中后期大力弘扬五斗米道,后代尊称之为三代天师。其二为张鲁子张盛当四代天师,迁居江西龙虎山,世传其隐居修炼,此一阶段由汉魏晋初至唐五代宋初已传及二十代。其三为二十四代天师张正随,于宋大中祥符八年(公元1015)宋真宗召见之,封贞静先生,由是代代相传至今日。这一阶段,事皆可信而有征。然第二阶段的情况,决不可与第三阶段并论。由张正随传出之《汉天师世家》虽然可信,然而汉末至宋初道教自有其生气盎然、蓬勃发展的史实,与居于龙虎山的张天师基本无关。至于第一阶段的三代天师,其创道情况于古代史籍中尚留有种种记录,与《汉天师世家》所记载者殊有出入。故自宋真宗起的张天师道,并非其前的天师道。宋真宗又封孔子后裔为衍圣公,由是曲阜孔林、孔庙外,又有孔府。龙虎山天师府与孔府相对而当一道一儒,道因儒而重,传至今日已近千年,不期形成道教起源于张陵之说。

今用上推法,可概见正一道与全真道的面貌。正一、全真皆属道教中极重要的教派,因受宋真宗、明太祖的思想干扰,形成其特殊的地位。或执之而仅知《汉天师世家》所记述的第一代天师张陵与重阳子的一生,尚未及历史上的黄老,决难认识整体的道教。

第二节　认识隋唐以前的道教

继之当由宋上推,以说明隋唐以前的道教。唐代开国于武德元年

(公元 618)，稍安定即整理隋代史实成《隋书》。其间《十志》成于唐高宗显庆元年(公元 656)，于《经籍志》中除以儒为主的四部外，末附道经、佛经二类。此见在魏晋南北朝期间，日在增加佛道的专业文献，已未能兼容于儒术的四部。而三教各自独立，宜唐代遵循三教并存的原则，能开汉后的另一盛世。此当详究《隋志》所论述隋唐以前的道教情况。凡隋代所认识的道教，由三部分结合而成。其一，南朝的道教，以陶弘景为代表。其二，北朝的道教，以寇谦之为代表。其三，介绍元始天尊的形象。此一形象始见于《灵宝度人经》，是东晋葛巢甫本诸灵宝五符加以发挥而成，早已作为南北朝道教思想的基础。以下当概述陶弘景的茅山道，寇谦之的寇天师道，及葛巢甫的灵宝道。由此三种教派的教义，庶可进一步见到全真道、张天师道的根源。

一、南朝茅山道的传说

茅山位于江苏省句容县，本名句曲山。陶弘景曰："此山下是第八洞宫，名金坛华阳之天，周回一百五十里。昔汉有咸阳三茅君得道来掌此山，故谓之茅山。"陶于三十七岁(公元 492 年)入茅山立馆，自号华阳陶隐居，直至八十一岁卒于大同二年(公元 536 年)，凡居住茅山四十余年，故与三茅君有不解之缘，确有继其德业以创立茅山道的地位。有关茅山道的具体传说，谓先秦有茅蒙字初成，为鬼谷子弟子，一心修道。子偃仕秦。蒙于秦始皇三十年(公元前 217)修道有成，于华山白日升天。时有童谣曰："神仙得者茅初成，驾龙上升入泰清，时下玄洲戏赤城，继世而往在我盈，帝若学之腊嘉平。"始皇闻此，更有寻仙之志。且童谣中所谓"在我盈"，乃预指蒙的玄孙。即偃为其子，憙为其孙，祚为其曾孙。祚生三子，长名盈，生于汉景帝中元五年丙申(公元前 145 年)，次子固(生于公元前 143 年)，三子衷(生于公元前 141 年)，各小二岁。盈从小修道，有成而南下至句曲山。固、衷出仕汉，闻兄得道，遂弃官至句曲山寻兄，后各有成，是谓三茅君。宜迄今之神象,盈为翩翩少年,左右两侧祀固与衷,皆为须眉皓然之老者。此茅蒙与三茅君的传说,由来已久,汉明帝永平二年(公元59),诏敕群县修灵山大泽能兴云雨有益百姓者庙,如陈国老子庙,会稽夏禹庙,长沙湘水黄陵二妃、屈原之庙,而此丹阳句曲茅真人之庙亦在其中。至于茅山尚存的记载,为梁普通三年(公元522)的刻石,是年陶弘景为六十七岁。当时既尊汉初的三茅君,陶氏又重由儒而道的张良,可证在南朝所认识的道教,自然本诸方仙道,尚无起于张陵之说。

二、北朝的寇天师道及其作用

再论寇谦之(365—448)的天师道及其在北朝所起的作用。谦之字辅真,南雍州刺史寇赞之弟,上谷昌平(今属北京市)人。上辈因官徙冯翊万年(今陕西临潼北)。谦之生当前秦苻坚建元元年(公元365),其时北方尚相当混乱,而北魏有大兴的趋势。谦之二十二岁时,北魏拓跋珪即位,特好老子之言,诵咏不倦。而谦之已有绝俗之心,专修仙道。传记载曰:"少修张鲁之术,服食饵药,历年无效。"约当二三十岁间。三十后有遇成公兴之事,宜详为介绍。因当时的道教,早已本于方仙道而形成仙境,且有据于海市蜃楼之幻境,认为仙境略如人间,贵能长生不死。或于仙境中犯过,理当谪居人间受罪。唐代诗人李白即深信此说,亦自认为宜属于谪仙之列,故以谪仙为号。若寇谦之所遇之成公兴,传说就是谪仙。因在仙境失火烧毁七间房屋,乃谪居人间七年,是时寇谦之有其德,被罚作其弟子七年。当成公兴至人间,辗转归谦之之母姨处为佣。未久谦之探望其母姨,见成公兴操作勤勉,大可助己生活,特向母姨说明愿雇其为佣,由是成公兴始为谦之操作。而谦之善算天文,一日正布算七曜,有所不了。成公兴见之为其决疑,谦之始奇异之,欲以为师。成公兴固辞不肯,愿为弟子,且可助其修道,乃欣然从之。由是累斋三日,共入华山。兴得一石洞令谦之居之,自出采药,还与食之,谦之遂不复饥。辟谷既成,离华山入嵩山。觅得三重石室,令谦之住第二重。且兴常谓谦之曰:"如兴不在时,有人送药来,当不疑而食之。"寻有人将药而至,皆是毒虫臭恶之物,谦之惧而出走。兴还问之,谦之以实告,兴叹息曰:"先生未得仙,正可为帝王师耳。"兴事谦之七年而谓之曰:"兴不得久留,明日中应去。兴亡后,先生幸为沐浴,自当有人见迎。"乃入第三重石室而卒,谦之躬自沐浴。明日中有扣石室者,谦之出视见两童子,一持法衣,一持钵及锡杖。谦之引入至兴尸所,兴欻然而起,著衣持钵持杖而去。凡此七年,约当谦之四十岁前后。由是守志嵩岳,精专不懈,一心修道。直至五十一岁当神瑞二年(公元 415)十月乙卯,在嵩山石室中,忽遇大神。乘云驾龙,导从百灵,仙人玉女,左右侍卫,集止山顶称太上老君,谓谦之曰:"往辛亥年嵩山镇灵集仙宫主表奏天曹,称天师自张陵去世以来,地上旷诚修善之人,无所师授。嵩山道士上谷寇谦之,立身直理,行合自然,才任轨范,首处所位。吾故来观汝,授汝天师之位,赐汝《云中音诵新科之诫》二十卷。吾此经诫,自天地开辟以来,不传于世。今运数应出,汝宣吾新科,清整道教,除去三张伪法,租米钱税及男女合气之术。大道清虚,岂有斯事。专以礼度为首,而加之以服食闭练。"使王九疑人、长客之等十二人,授谦之服气导引口诀之法,遂得辟谷,气盛体轻,颜色殊丽。弟子十余人,皆得其术。上述寇谦之至五十一岁的史实,基本在完成自身的修炼。太上老君所谓"往辛亥年",指寇谦之四十八岁的一年。这一史实的真实性,全在谦之思想结构中,宜加以认识。而服食辟谷、导引口诀等,本为道教成仙的方法。成公兴一类的事例,自先秦以来,久在民间流传,若谦之的成就,已能在嵩山授弟子十余人,皆得导引术。幸存此记载,可反映北魏初兴时北方的道教情况。具体而论,谦之继承张陵的天师道,然与南方流传之说略有不同。宜谦之竭力否定天师及祭酒的世传,又能结合方仙道,故有以清整张鲁传下的道教教派。传为太上老君赐予寇天师的《云中音诵新科之诫》,于二十卷中尚有部分流传至今,择录一节,可喻寇天师道的教义。

老君曰,吾汉安元年(公元142)以道授陵,立为系天师之位,佐国扶命。陵以地上苦难,不堪千年之主者,求乞升天。吾乃勉陵身元元之心,赐登升之药,百炼之酒。陵得升云蹑虚,上入天官。从陵升度以来,旷官实职,久不立系天师之位。吾使诸州郡县土地真官主气治理鬼事,领籍生民户口,不用生人祭酒理民浊乱之法。而后人道官诸祭酒,愚暗相传,自署治箓符契,攻错经法,浊乱清真。言有三百六十契,令能使长生。鬼神万端,惑乱百姓,授人职契录,取人金银财帛。而治民户,恐动威逼,教人跪愿匹帛牛犊奴婢衣裳。或有岁输全绢一匹,功薄输丝一两,众杂病说,不可称数。妄传陵身授黄赤房中之术,授人夫妻,淫风大行,损辱道教。有祭酒之官,称父死子系,使道益荒浊。诚曰:道尊德贵,惟贤是授。若子胤不肖,岂有继承先业。有祭酒之官,子之不肖,用行颠倒,逆节纵横,错乱道法,何有承系之理者乎。铁券首云,父死子系何,是近世生官,王者之法制耳。吾今未立地上系天师正位,据听道官愚暗相传,自署治箓诸道官祭酒,可简贤授明,未复按前父死子系,使道教不显。吾论一事,吾岂有子孙系吾老君天师之后。天道无亲,惟贤是授,明慎奉行,如律令。

此节内容难免有数字错乱混杂,惜除《道藏》本外无他本可校。幸大纲仍在,要在否定世袭天师及祭酒,能了解"除去三张伪法,租米钱税及男女合气之术"的具体情况。考自汉安元年张陵系天师位,至建安二十年(公元215年)张鲁降汉,凡七十年间盛行三张的五斗米道,后人尊之为三代天师(张陵、张衡、张鲁)。然自张鲁后至寇天师系天师位,已经过二百年。在此二百年中,以五斗米道论,实由祭酒世袭制以继承发展。而在北方更见方仙道的作用,故谦之赖成公兴之助,能直接本诸先秦的辟谷导引法,仅取南方张陵一人为天师,废除其世袭而有以改革张陵所传的伪法。此与宋后的天师道,可云截然不同。惜自宋真宗后,每以世袭张天师为道教之主,而对在北朝曾起很大作用的寇天师道常予忽视。谦之于五十一岁系天师位,正属由自度变为度他的转折点。且当时东晋正将崩溃,南朝宋武帝刘裕登基于永初元年(公元420),谦之为五十六岁,尚在嵩山。经若干年的经营,早有发展于北魏之志,与崔浩结合可能为时甚久。乃于五十九岁又发生李谱文之事,谓当"泰常八年(公元423年)十月戊戌,有牧土上师李谱文来临嵩岳。云老君之玄孙,昔居代郡桑乾,以汉武之世得道为牧土宫主,领治三十六土人鬼之政,地方十八万里有奇,盖历术一章之数也。其中为方万里者有三百六十方,遣弟子宣教云,嵩岳所统广汉平土方万里,以授谦之"。"今赐汝迁入内宫,太真太宝九州真师、治鬼师、治民师、继天师四录。修勤不懈,依劳复迁。赐汝《天中三真太文箓》,劾召百神,以授弟子"。"凡六十余卷,号曰《箓图真经》,付汝奉持,辅佐北方泰平真君,出天宫静论之法,能兴造克就,则起真仙矣。又地上生民,末劫垂及其中,行教甚难。但令男女立坛宇,朝夕礼拜,若家有严君功及上世,其中能修身炼药学长生之术,即为真君种民。药别授方,销炼金丹、云英、八石、玉浆之法,皆有诀要。上师李君手笔有数篇,其余皆正真书曹赵道复所书。古文鸟迹,篆隶杂体,辞义约辩,婉而成章。大致与世礼相准,择贤推德,信者为先,勤者次之。又言二仪之间有三十六天,中有三十六宫,宫有一主。最高者无极至尊,次曰大至真尊,次天覆地载阴阳真尊。次洪正真尊,姓赵名道隐,以殷时得道,牧土之师也。牧土之来,赤松、王乔之伦及韩终、张安世、刘根、张陵近世仙者,并为翼从。牧土命谦之为子,与群仙结为徒友。幽冥之事,世所不了,谦之具问,一一告焉"。上述李谱文之事,就是谦之及其弟子,有据于辟谷导引的基础,在嵩山近十年的修炼中(谦之五十一岁至五十九岁之间)悉心精思如何度人的杰作,大量文献决非草率而成。能初步总结先秦时燕赵地区方仙道的情况,有取于汉武帝时成仙的李谱文。因自汉武帝开通丝绸之路后,始有西北方民族入主中国之事,故牧土李谱文命谦之为子,犹谦之能直继汉武帝之时,结合方仙道与儒术的理论,乃与崔浩合作有意于发展。中国化的北魏政权中,凡赤松、王乔、韩终、张安世、刘根、张陵等,皆当时民间盛传的成仙者,而张陵仅上距谦之未足三百年,故为最后一位成仙者。唯谦之能认识遍及当时道教的整个形势,既成《箓图真经》等文献,待北魏太武帝拓跋焘登基时,亲自上书以示庆贺。时朝野闻之,若存若亡,未全信也。崔浩独疑其言,因师事之,受其法术。于是上疏赞明其事曰:"臣闻圣王受命,则有天应,而河图洛书皆寄言于虫兽之文,未若今日人神接对,手笑粲然,辞旨深妙,自古无比。昔汉高虽复英圣,四皓犹或耻之,不为屈节。今清德隐仙,不召自至,斯诚陛下侔踪轩黄,应天之符也。岂可以世俗常谈而忽上灵之命,臣窃惧之。"录此崔浩之言,庶见浩与谦之早有默契,一道一儒之合,乃使世祖焘深信之,欣然命谒者奉玉帛牲牢祭嵩岳,迎接其余弟子在山中者。于是崇奉天师,显扬新法,宣布天下,道业大行。十余年间,谦之与浩合作,殊能有益于北魏之发展。于十六年后(公元440年),正式改元为太平真君,以应谦之的预言。太武亦亲备法驾而受符箓,刻天尊及诸仙之象供养之。凡北魏每帝继位,必受符箓,以为故事。此见寇天师道在北朝所起的重大作用。至于谦之本人,当太平真君九年(公元448年)年八十四岁,一日谓弟子曰仙官来,是夜卒。前一日忽言吾气息不接,腹中大痛,而行止如常,至明旦便终。须臾口中气状若烟云,上出窗中,至天半乃消。尸体引长,弟子量之八尺三寸,三日以后稍缩,至敛量之长六寸,于是弟子以为尸解,变化而去不死也。

　　寇谦之一生之事迹,上已详加叙述。因寇天师道属北朝盛行的道教教派,寇谦之为当时唯一重要的道教人物。观其成就的关键,在于已掌握道教炼气养生的原则,能准此以感通天神,此和张陵尚相似,与张鲁已完全不同。成公兴之事、李谱文之事极为重要,正记录其自度、度他的两方面。至于如何布算七曜,叙述统治地域之广大,今存之文字皆未明确,然可见其具有时空结合的思想,此即继承邹衍大九州之说而来。且神化老子成太上老君,幻想老子能随时代变化而出生,成为主持时代的人物,此与佛教的轮回说有不同的内容,亦在继承方仙道的思想。故寇谦之创建的寇天师道,决不为三张的五斗米道所囿,而是承黄老道、方仙道而更有所发展。

三、《灵宝度人经》中的元始天尊形象

东晋时,葛巢甫由灵宝五符以创建灵宝道。葛巢甫,丹阳句容人,葛洪(283—363)之从孙。葛氏为当地大族,历世好道,皆有成就。巢甫继洪之志,化《灵宝五符》成《灵宝度人经》,有据于易学之理,以塑造道教最高之神"元始天尊",故对道教之贡献尤大。于晋安帝隆安(397—401)末,已以"灵宝"传道士任延庆、徐灵期(?—473)等,风教大行。南朝陆修静(406—477)特取"灵宝"为三洞之一。南朝梁陶弘景,更重视"元始天尊"的地位,详见陶的名著《真灵位业图》。逐步传至北朝,约当北齐(550—577),北人注《度人经》最早为北齐人严东。由是南北朝的道教,能同本于灵宝道的元始天尊。故《隋志》曰:"道经者,云有元始天尊,生于太元之先,禀自然之气,冲虚凝远,莫知其极。所以说天地沦坏,劫数终尽,略与佛经同。以为天尊之体常存不灭,每至天地初开,或在玉京之上,或在穷桑之野,授以秘道,谓之开劫度人。然其开劫,非一度矣,故有延康、赤明、龙汉、开皇,是其年号,其间相去经四十一亿万载。所度皆诸天仙上品,有太上老君、太上丈人、天真皇人、五方天帝及诸仙官,转共承受,世人莫之豫也。所说之经,亦禀元一之气,自然而有,非所造为,亦与天尊常在不灭。天地不坏,则蕴而莫传,劫运若开,其文自见。"此为唐初人所认识的道教,尚属表面现象。今当深入研究葛巢甫的思想结构及其能塑造出"元始天尊"形象

的时代背景。

自汉武帝开通丝绸之路后,商旅往来频繁,对文化交流曾起大作用。两千年来,中华民族文化受到的最大影响,莫大于印度的佛教思想,经西域地区各国的发展,什之七八从丝绸之路传入。当汉末起国内战乱不断,百余年中已无力御外,造成西域民族的武力内迁。及西晋而东,黄河失守,古所谓"中原鼎沸","五胡乱华",大批汉民族不得不渡江而南,而另一方面亦能促使南方文化再度发展。当东晋元帝于建武元年(公元 317 年)继位于建康(今江苏南京),凡有志之士莫不具有民族感情,对汉民族之失败总结其原因,有以继承之,有以振兴之。其间有两位有识者,足可作为代表。其一,豫章内史梅赜上《古文尚书》。此书实为梅赜据古文献加以编辑而成,然必谓本诸汉武帝时所得者,如进一步信之,恰可补足伏生所背出之《今文尚书》,认为是孔子所编辑者,然其间有八百余年的时间差。究梅赜之情,乃欲由此书以继承并振兴汉武帝所提出的尊儒术斥百家,因视儒术为中国文化的唯一精华,足以破不可究诘的佛教教义。且此书今知为梅赜自辑而不足贵,然在当时禅让之美谈被魏晋之禅受所嘲弄,汲冢得大量古竹简又属三晋思想而不同于儒术,故汉武帝所尊之儒势将崩溃。梅赜辑此书以上于朝,且持续影响历代,迄今仍有不可低估的作用。其二,葛洪(283—363)于建武初,撰定外儒内道的《抱朴子》。此书更能继承汉武帝前的方仙道与黄老道,且以黄帝老子之时,下及尧舜孔子之时。这一学说是战国时所发展的文化,和《史记》托始于黄帝之思想相同。惜黄老之时代为汉武帝独尊儒术所忽视,而在民间仍广泛流传。宜于汉武帝后之传统文化,不期形成黄帝老子与尧舜孔子的相互对立,当战国及汉初决不如是。乃于东晋初自然出现《抱朴子》与《古文尚书》,从一道一儒两方面以继承之。此二书皆一字不提当时已深得民心的佛教教义,可喻其深厚的民族感情。此仅以道言,凡体验道教而不本黄老,决难见到道教的整体。且道教之继承黄老,非徒遵从其哲理,要能有得于医理。当战国汉初之善于医者,汇集诸家的医理以著成《内经》等书,著者必为方仙道、黄老道之继承人。能本诸《尚书》虞廷命官之对,以托名黄帝与岐伯等的对言,可见在汉武帝前黄老与尧舜孔子并不对立,同在重视人类问题而角度不同。以今日所用的概念加以说明,非常简单,就是主尧舜孔子之儒者专重社会学的人,而主黄老之道者专重生物学的人。葛洪善医,自然会产生外儒内道的思想,且这一思想直承刘向(前77—前6)、刘歆(?—23)父子编辑的"七略"而来。当西汉末早有大量黄老以及托名更早之文献,基本完成于战国中后期及西汉早期,什九属于专业知识。故"七略"除首略总纲名"辑略"外,其他六略以今日的分类学视之,三略属社会科学,三略属有专业知识的自然科学。刘向父子所校勘的是前三略,一曰"六艺略",二曰"诸子略",三曰"诗赋略",皆属社会科学。于其他三略,四曰"兵书略",属军事知识,另有步兵校尉任宏校。五曰"术数略",属天文历法等数学知识,另有太史令尹咸校。六曰"方技略",属医药知识,另有侍医李柱国校。而葛洪既继承方仙道与黄老道,又能深入其专业知识"方技略"。略名方技者,犹方士有医药的技术,此略分为四类,一为"医经",二为"经方",三为"房中",四为"神仙"。"医经"犹医理,"经方"为治疗疾病的方剂,"房中"指性知识,包括种种优生学的原理,"神仙"为医药的最终目的。神仙能否达到是一个问题,而作为人情的愿望、宗教的信仰是另一个问题。中国道教有长生的鹄的,何可不继承方技的医药知识。况道教最重视内外丹的修炼,即来源于冶炼以制药。此证道教的文献,与有关托名黄老的著作及含专业知识的"方技略"等,皆有不可分割的联系。中国的宗教思想自有其独特来源,方仙道的信仰实有其合理方面,要在能深入体验人体本身及人与自然界适应以生存的基本理论。且葛洪上承族祖葛玄以炼丹,下启族孙葛巢甫的改造灵宝五符,故对发展整体道教的教理贡献尤大。而在中国的传统文化中,这些内容皆本于一部奇特的文献《易》。自汉武帝独尊儒术后,《易》已成为儒家最重要的经典,以置于"六艺"之首,然汉武帝前的情况并不如是,基本为儒道兼用。更合诸战国时史实,诸子莫不利用《易》,且各国对《易》的认识亦并不一致,基本视为卜筮之书。故秦始皇焚书时,认为《易》是卜筮书而不焚。然虽属卜筮书,在东周五百余年间的发展,早已由简单的卜筮逐步进化为以象数原则结合自然科学和社会科学的哲理。此在中国文化中有重要意义,亦即所有的专业知识,必须利用易学的象数。推究秦汉之间的易学所认识的象数相当复杂,而其最根本的方法就是阴阳五行。凡卜用五行,筮用阴阳,似已流传了数千年。或认为邹衍所创,或据荀子认为子思、孟子所创,其实是指他们依五行生克之理合诸当时的社会科学,而决非创立阴阳五行本身的象数。今在殷墟的甲骨中发现"六十甲子表",近年来合诸周原的甲骨又认识了"数字卦",故殷周时代的象数水平,已经超过阴阳五行。此指北方文化言,及近年来对南方吴越文化的来源,由考古所得而有较深入的认识,知农业社会的兴起,南方反早于北方。以象数论,阴阳五行的形成,南方文化亦肯定起作用。此处谈到的灵宝五符就是指南方盛行的阴阳五行,在东汉袁康著的《越绝书》中,已有提到:

> 昔禹治水于牧德之山,遇神人授以《灵宝五符》,后藏于洞庭之包山。

故见《灵宝经》一类,确与古文化传承有关。葛洪《抱朴子·内篇·辩问》中亦提及,《灵宝经》有《正机》《平衡》《飞龟授袟》凡三篇,皆仙术也。并叙述吴王得此经以问孔子的传说,亦是其一脉。东晋末葛洪族孙葛巢甫乃改造《灵宝》经典和其他道教文献而成《灵宝度人经》,确有集大成之象。到刘宋文帝、明帝时陆修静增修此经,立成仪轨,于是灵宝之教,风行于世。此经之要,在出现了元始天尊的形象。随着灵宝"风教大行",元始天尊的形象广泛传播,成为道教的最高神祇。从思想史、文化史角度考察,元始天尊形象从《易》、《老》合一而来。

元始天尊,"元始"二字取自《周易·乾彖》"大哉乾元,万物资始,乃统天"。"天尊"二字,取自《周易·系辞》"天尊地卑,乾坤定矣"。故道教取元始天尊,乃用《周易》中的乾象,作为世界发生的本源和起点,亦即《老子》"道生一,一生二,二生三,三生万物"中的道。西汉严君平善《易》、《老》,史称其"专精大易,耽于老庄",作《老子指归》,亦阐发"元始"精义,有云:

> 道德变化陶冶元首,禀授性命乎太虚之域,玄冥之中而万物混沌。始焉神明文,清浊分,太和行乎荡荡之野,纤妙之中而万物生焉。天圆地方,人纵兽横,草木种根,鱼沉鸟翔,物以族别,类以群分,尊卑定矣而吉凶生焉。由此观之,天地人物皆同元始,共一宗祖,六合之内,宇宙之表,连属一体。气化分离,纵横上下,剖而为二,判而为五。或为白黑,或为水火,或为酸咸,或为徵羽,人物同类,同为牝牡。凡此数者,亲为兄弟,殊形别乡,利害相背,万物不同,不可胜道。合于喜怒,反于死生,情性同生,心意同理。……人但知一身之相通,不知一国常同体,人知一国是同体,不知万物是一心。万物既是一心,一心之中何所有隔哉,故不出户而知天下也。

严君平揭示的宇宙生成模式及整体思想,融会贯通《易》、《老》精义,天地人物,皆同元始,共一宗祖,天圆地方,山高水长,鸟飞兽走,花开草长,皆在其中。万物一心,六合之内,宇宙之表,连属一体,故物我无间,天人合一。于人与生物的大分辨,已认识到植物根在下,走兽横行而人能直立,此顶天立地的形象,确可自尊人为万物之灵。葛巢甫有感于此,结合南方原有的宗教,使其人格化,即为元始天尊,作为道教的最高神祇和最后目标。此神一出，道教哲理于是基本完备，方足以和当时已盛行的外来佛教相抗衡，取得独立的地位。陶弘景著《真灵位业图》，作了如此排列：

玉清三元宫

上第一中位：上合虚皇道君，应号元始天尊。

……

第四中位：太清太上老君。

葛巢甫在《灵宝经》中塑造了元始天尊，从当时的"现在"上推，一直向前追溯，直到此世界之起源及起源之前的情况，在跨度上早已超越当时的认识水平，把儒家推崇的"三代"尧、舜和道教乐道的黄帝时代排列于后。直接追到"元始"，并描绘出在此"元始"之前的几劫，因而有"龙汉、延康、赤明"几次天地的毁坏生成，才到了当代的"开皇"。陆修静在《灵宝经目序》中云："灵宝之文，始于龙汉。龙汉之前，莫之追记。"这种时间无限、无始无终的意识，渊源出自《周易》和《老子》，阐述推衍之功则在葛巢甫。

四、南北朝道教的教义实出于汉初之黄老

《隋书·经籍志》所总结的三百七十七部、一千二百一十六卷的道教文献，和一千九百五十部、六千一百九十八卷的佛教文献并列，可代表隋初所认识的道教。其中心思想有二，一论其宗教思想，二论其史实。宗教思想在元始天尊形象的塑造，故以生太元之先，禀自然之气，为成其仙道之本。冲虚凝远，莫知其极，乃成延康、赤明、龙汉、开皇诸劫极长的时空数量级。道教思想由此而进一大步，足以和输入的外来佛教相敌。此一道教思想的发展，相应的史实之本在魏晋南北朝道教的发展。其要有三：一、本汉初三茅君而来的茅山道。二、结合北方

方仙道,已改变三张世袭的天师道而成的寇天师道。三、由左慈、葛玄、郑隐、葛洪至葛巢甫而成之灵宝道。此三部分的内容,上已分别详述,而推寻其源,乃出于汉初的易黄老之结合。此亦有文献之依据,即《汉书·艺文志》,亦即《隋书·经籍志》寻求的南北朝道教之源:

> 推寻事迹,汉时诸子,道书之流有三十七家,大旨皆去健羡,处冲虚而已,无上天官符箓之事。其《黄帝四篇》《老子二篇》,最得深旨。

《隋志》上承《汉书·艺文志》。《汉志》的"七略"中"六艺略"本诸儒术,尚有"诸子略"含有道书之流三十七家,即为道教的教义所据。其间最得深旨者为《黄帝四篇》与《老子二篇》,就是中国道教的理论,必应直承传统的道家而来。或必使道教与道家严分为二,则何能了解道教文化的根源。凡《汉志》所著录的三十七家道书,有必要附录于此,乃见《隋书·经籍志》之源:

一、《伊尹》五十一篇(汤相)。

二、《太公》二百三十七篇(吕望为周师尚父,本有道者。或有近世又以为太公术者所增加也。师古曰:"父读曰甫也。")。《谋》八十一篇,《言》七十一篇,《兵》八十五篇。

三、《辛甲》二十九篇(纣臣,七十五谏而去,周封之)。

四、《鬻子》二十二篇(名熊,为周师,自文王以下问焉,周封为楚祖。师古曰:"鬻音弋六反。")。

五、《筦子》八十六篇(名夷吾,相齐桓公,九合诸侯,不以兵车也。有《列传》。师古曰:"筦读与管同。")。

六、《老子邻氏经传》四篇(姓李,名耳,邻氏传其学)。

七、《老子傅氏经说》三十七篇(述老子学)。

八、《老子徐氏经说》六篇（字少季，临淮人，传《老子》）。

九、刘向《说老子》四篇。

十、《文子》九篇（老子弟子，与孔子并时，而称周平王问，似依托者也）。

十一、《蜎子》十三篇（名渊，楚人，老子弟子。师古曰："蜎，姓也，音一元反。"）。

十二、《关尹子》九篇（名喜，为关吏，老子过关，喜去吏而从之）。

十三、《庄子》五十二篇（名周，宋人）。

十四、《列子》八篇（名圄寇，先庄子，庄子称之）。

十五、《老成子》十八篇。

十六、《长卢子》九篇（楚人）。

十七、《王狄子》一篇。

十八、《公子牟》四篇（魏之公子也。先庄子，庄子称之）。

十九、《田子》二十五篇（名骈，齐人，游稷下，号天口骈。师古曰："骈音步田反。"）。

二十、《老莱子》十六篇（楚人，与孔子同时）。

二十一、《黔娄子》四篇（齐隐士，守道不诎，威王下之。师古曰："黔音其炎反，下音胡稼反。"）。

二十二、《宫孙子》二篇（师古曰："宫孙，姓也，不知名。"）。

二十三、《鹖冠子》一篇（楚人，居深山，以鹖为冠。师古曰："以鹖鸟羽为冠。"）。

二十四、《周训》十四篇（师古曰："刘向《别录》云：'人间小书，其言俗薄。'"）。

二十五、《黄帝四经》四篇。

二十六、《黄帝铭》六篇。

二十七、《黄帝君臣》十篇（起六国时，与《老子》相似也）。

二十八、《杂黄帝》五十八篇（六国时贤者所作）。

二十九、《力牧》二十二篇(六国时所作,托之力牧。力牧,黄帝相)。

三十、《孙子》十六篇(六国时)。

三十一、《捷子》二篇(齐人,武帝时说)。

三十二、《曹羽》二篇(楚人,武帝时说于齐王)。

三十三、《郎中婴齐》十二篇(武帝时。师古曰:"刘向云:'古待诏,不知其姓,数从游观,名能为文。'")。

三十四、《臣君子》二篇(蜀人)。

三十五、《郑长者》一篇(六国时。先韩子,韩子称之。师古曰:"《别录》云郑人,不知姓名。")。

三十六、《楚子》三篇。

三十七、《道家言》二篇(近世,不知作者)。

右道三十七家,九百九十三篇。

道家者流,盖出于史官,历记成败存亡祸福古今之道,然后知秉要执本,清虚以自守,卑弱以自持,此君人南面之术也。合于尧之克攘,《易》之嗛嗛,一谦而四益,此其所长也。及放者为之,则欲绝去礼学,兼弃仁义,曰独任清虚,可以为治。

以上全引《汉志》的《七略》,是刘向(前77—前6)、刘歆(?—23)父子之言。此在两汉之际虽以儒术为主,然道与儒本已并行。道教云者,以道家为其理论基础而有所增益,宜《隋志》必取"去健羡,处冲虚"为道教之旨。或未及"最得深旨"的《黄帝四篇》与《老子二篇》,决难探得道教的整体。至于在《隋志》所述道家外另有所增益者,就是"上天官符箓"之事,此事当分两部分加以说明。第一部分为"上天官",即修道有成的羽士,可代君臣民众,上书于天官以消祸祈福。今究其实,与封禅时的祷辞及刻石等同义,与卜筮时的问辞目的亦相似。总之深信人格的天,与人能感应相通,此自然属于宗教范畴之事。且先秦时久已盛行封禅制,方士与儒士莫不参与,依时代上推,尚在老子、孔子之前,与原始宗教的信仰有关。第二部分为"符箓",基本是图腾社会的形象。今由"符箓"可考核图腾的形成与变化,其时代当然属于有文字以前的史前文化。凡道教中所保存的符箓,主要产生在南方的原始宗教内。此有无"上天官符箓"之事,可视为道教与道家的分歧点。然而必须认清,"上天官符箓"之事本属于原始宗教的形式,时间较道家的形成,可能早数千年以至上万年。且道家的逐步形成,正在撷取各种原始宗教的命题而加以哲理化。故道教与道家实有其不可分割的黏合处,汉唐学者基本知之。唯得其可通之道,庶可论整体的道教及其文化,且其来源自然须上推至在中国地域内各民族的原始宗教。

第二章

由古迄今，略论中国地区的原始宗教

第一节　概述客观的时空条件

《老子》曰："人法地，地法天，天法道，道法自然。"整体的易道亦概括成天地人三才之道。此为中国二三千年前著名的哲学命题，在今日人类的思想中仍有其重要地位。凡研究原始宗教，必须以考察今尚保存于少数民族中的情况及考古的资料为基础。此皆与各地之环境有关，然更需归纳以认识原始宗教的原则。所谓原始宗教已有各种定义，今综合而论其实，原始宗教为人类最初对自身及自身以外的环境的认识。因对某种环境有崇拜、恐惧等感情，直至能将其内容整体人格化，才脱离原始意义而正式成为宗教。

理解中国地域的原始宗教，首当注意由人而地、由地而天，此有不同的时空数量级，然后可深入研究生物和人类与神的起源。于地可直接注意地球距今最近一次造地运动，道教所谓"沧海桑田"之变，形成喜马拉雅山世界屋脊的地位，对中国地区的地形地貌有决定性的作用。此次造地运动时，尚未有类人猿。猿直立而人，是否受了造地运动产生巨大震动波的影响，似可进一步研究。从人种起源而论，自发现北京周口店猿人后,近年来又逐步发现云南元谋人、陕西蓝田人的骨骸。中国也是人类诞生地之一,此一事实逐渐得到公认。而近年来中国考古事业的大发展,使远古而来中国地域上所发生的历史,有事实资料显示,可进一步加以深刻认识。时间再推前,则需认识天象。初及日月属太阳系,已知约当四十五—六十亿年。深一步则至恒星及其成毁变化,属于更长的时空数量级。这些天象内容正是原始人类面对的事实,也是产生原始宗教的条件。经历二三百万年,原始人类所见到的星象与今日所见的星象有很多不同,然而于最近一二万年来的星象已变化不大。而以地球归诸太阳系论,当然受日月运行的影响最大。深入一步,也能更重视恒星的时空数量级。中国地处北半球,能观察的天象属北天区,南天区的星象不可能见到。究此客观的自然条件,属于中国地域的各民族,早知北极有定点而不知是否有南极,对南北向已有明确的认识。合诸对人类生活的直接关系,就是气温的流动,凡北至南为寒流,南至北为暖流。然又地处北半球,赤道的暖流自然不及北极的寒流,故处于中国地域中的民族迁移,大趋势为由北而南。凡生物有向光性、逆光性之辨,人类属向光性,宜以面南为可贵。又人类进化毛发日稀,亦以暖为贵。且以方位的南北,合诸时间的夏冬,此时空的结合,即本自然现象而产生。更以东西论,因地势已造成西北为高原,东南则临海,横贯东西有黄河、长江两大长流,这就形成了由西向东的流动方向。东方日出,于一日为晨,于一年为春,西方日落,于一日为暮,一年为秋。凡此认识方位与时间,一般动物尚能认识固定的居处及有冬眠等习惯,当属于生物的本能,何况已进化成人类。当一两万年前逐步产生原始宗教,其脑容量基本已与今日相差不大,当然能明辨时间与方向。更合诸中国的条件,西南为世界屋脊所阻,东北在今日的地域外白令海峡又断裂,故此一斜线较为平静少变。至于北胜南的气流,永为西向东的水流,相合以形成了西北向东南一线的往复多变,此所以中国人种及文化有西来之说。其实中国既为人种发源地之一,故人类一切文化本地可以固有,然不可否认一两万年来西北与东南间有史前史后的文化交流。地理形势与气候是直接构成先民生活的具体环境,据此客观的自然条件,形成了中国各地区基本相似又不全同的原始宗教。"西北天门,东南地户"的基本格局,由古一直贯穿至今。在这么一个既定的空间中,我们历史上大规模的民族迁移、文化传播,发生了多少兴衰盛亡的历史事件,气流往复,江河奔腾,永远不息,中华民族一出出有声有色、可歌可泣的历史剧就在这舞台上演出着。

第二节　生命起源和人类起源

庄子的美学观照,由人而及鱼鸟走兽。《齐物论》原文曰:"毛嫱丽姬,人之所美也,鱼见之深入,鸟见之高飞,麋鹿见之决骤,四者孰知天下之正色哉。"后世学者读此每以为荒唐,其实庄子确已能通观人与生物,故其自身幻物化于梦蝶(《齐物论》),知鱼乐于濠上(《秋水》)。道家的思想与生物进化有关,和今日认识论实相似。又能认识大、小年,于《逍遥游》曰:"朝菌不知晦朔,蟪蛄不知春秋,此小年也。楚之南有冥灵者,以五百岁为春,五百岁为秋。上古有大椿者,以八千岁为春,八千岁为秋。而彭祖乃今以久特闻,众人匹之,不亦悲乎。"由此大、小年之辨,犹今日分辨宏观、微观间的时空数量级。至于结合种种生物间之关系,庄子总结于《至乐篇》:"种有几,得水则为𰎅,得水土之际则为鼃蠙之衣,生于陵屯则为陵舄,陵舄得郁栖则为乌足,乌足之根为蛴螬,其叶为胡蝶。胡蝶胥也化而为虫,生于灶下,其状若脱,其名为鸲掇。鸲掇千日为鸟,其名为乾余骨。乾余骨之沫为斯弥,斯弥为食醯,颐辂生乎食醯。黄軦生乎九猷,九猷生乎瞀芮,瞀芮生乎腐蠸,羊奚比乎不箰。久竹生青宁,青宁生程,程生马,马生人,人又反入于机。万物皆出于机,皆入于机。"此不期与最新的分子生物学有密切联系,以

下准此方法以研究今日所认识的生命起源与人类起源的情况。下录
地质年代与生物进化对照表：

地质年代			距今年代	生物进化	
代	纪	世		植 物	动 物
新生代	第四纪	全新世 更新世	1万年—今 300万年—1万年	现代植物	现代动物 人类时代
	第三纪	上新世 中新世 渐新世 始新世 古新世	1200万年—300万年 2500万年—1200万年 4000万年—2500万年 6000万年—4000万年 7000万年—6000万年	被子植物	哺乳动物时代
中生代	白垩纪		1亿3500万年—7000万年	被子植物	爬行动物时代 两栖动物时代
	侏罗纪		1亿8000万年—1亿3500万年	裸子植物	
	三叠纪		2亿5000万年—1亿8000万年		
古生代	二叠纪		2亿9000万年—2亿5000万年	裸子植物	
	石炭纪		3亿5000万年—2亿9000万年	蕨类植物	
	泥盆纪 志留纪 奥陶纪 寒武纪		4亿年—3亿5000万年 4亿4000万年—4亿年 5亿年—4亿4000万年 6亿年—5亿年	裸蕨植物	鱼类时代
元古代	震旦纪		13亿年—6亿年 18亿年—13亿年	细菌和蓝藻时代	
			34亿年—18亿年		
太古代			46亿年—34亿年	地球形成与化学进化	

由上表观之，人类起源于新生代第三纪、第四纪之间，距今约三百
万年左右。这一认识虽仍在不断上推，然数字变化尚不大。至于生物

起源问题,自十九世纪以来有重大变化,达尔文(1809—1882)进化论确有划时代的作用,详细叙述优胜劣败、适者生存的进化事实,基本起于震旦纪。孟德尔(1822—1884)、摩尔根(1866—1945)继之而深入的基因论,则已当震旦纪前的情况,基因实有其不可变的事实。直至一九五三年沃森(1928—　)、克里克(1916—2004)有实验,见到了DNA(脱氧核糖核酸)与RNA(核糖核酸)双螺旋结构,又成为"基因"的基础。故分子生物学建立后,生物起源已属于分子级水平,可通于化学进化,迄今约有三十亿年,能本六十四种遗传密码相应于二十种氨基酸,其间已具生物反馈遗传等功能。当最初的生命产生后,又经过漫长的时间和变化的天文地质条件,由氨基酸结合成原始生命蛋白体才进化成细胞。细胞的出现,由于营养方式不同,分化为动物与植物。动植物的分化,表现出生命对外界反应的不同。生物进化到一定程度,便会感觉到地心的吸引力即重力。对此有两种反应,一是顺之,一是逆之。植物扎根于大地为顺,动物则逆。鱼游兽走,与重力方向垂直,禽鸟高飞,与重力方向相反。随后生物的繁殖又有了性的分别,于是生命进化中突变的可能性大大增加,动植物的种类渐渐增多,形形色色的生物布满世界。天空中百鸟飞翔,大地上百兽往来,水域中鱼儿游泳,再加地上水中多姿多彩的植物,形成了一个丰富多彩的生物世界。

　　世界不停地发展变化而又相对稳定,生物得以渐渐进化。动物由鱼类进化为两栖类、爬行类,最后进化到哺乳类。哺乳动物的进化又发展出几个分支,其中灵长类中又出现了各种古猿。古猿中的一支腊玛古猿是人类的祖先,它是各种古猿中直立行走的猿。从横爬到直立,意义重大。直立行走,解放了前肢变成双手,使其更能有效地使用工具和武器。直立行走,使得腊玛古猿能抬起头,放眼望,看得更高更远,能认识更广大的世界。直立行走,也促进了大脑的发达。腊玛古猿有了直立行走这一得天独厚的优势,其进化程度大大超过其他猿

类,由猿而猿人。列下表以见类人猿、猿人及现代人的脑容量比较:

		平均脑容量	脑容量与体重之比
人　　　类		1360 克	1∶45
猿　人	北京猿人 蓝田猿人	1059 毫升 780 毫升	
类人猿	黑猩猩 大猩猩 猩　猩 长臂猿	345 克 420 克 400 克 130 克	1∶61 1∶220 1∶183 1∶75

　　这是一般的人类进化史,我国也是如此,然而有独特的时空条件,气温水流等较优越,生物易于繁殖。现在我国发现的类人猿化石,当数一九五六年、一九五七年间在云南省开远县小龙潭前后两次发现的十颗牙齿化石为最早。经专家研究确认为腊玛古猿的牙齿,说明我国同样是人类起源的发祥地之一。七十年代后期又在云南禄丰县石灰坝煤场多次挖掘到不少腊玛古猿化石,其形态比其他地区的腊玛古猿更接近早期的猿人,大的距今八百万年。由于世界各地的具体自然环境不同,此时的类人猿开始了分化,奠定了现代黄、白、黑、棕四色人种的基础。黄种人的祖先在我国早已存在,由于直立行走,已有了上下的概念。上天下地,人在其间,产生顶天立地的气概。人的直立依赖于脊椎,故脊椎对人体是贯通天地的关键。汉语中"天"字的本义,是指人的头顶。《说文》云:"天,颠也。"从头到脚,就是贯通天地。又地球的自转,形成了昼夜的变化,生物都能感知明暗。地球围绕着太阳的公转,形成了寒暑变化,生物都能感知冷暖。这是客观的时空变化周期。到了哺乳动物,有了明确的生物钟,即自身的生物变化周期。进化到直立腊玛猿时,其生物钟已基本确定,平均周期就是我国古传的三十年为一世。所谓一世,即直立猿或猿人的生长、发育、衰老的周

期。这三十年为一世的说法,并非有文字记载后才有的认识,当时的腊玛猿或猿人已能体会或认识到,外能知一年里的寒来暑往,内能知自身的生、长、老、死。合生物钟与客观时空为一,犹主、客观的时空合一,正同庄子所谓出入之机。又庄子的思想总结了原始宗教,将对动植物崇拜,化成具有深刻内容的哲学寓言。不视此类寓言为荒唐,就成为道教的思想基础。达尔文进化论创立后,在国外受宗教的排斥,传入我国亦受儒术的否定。真诚研究并信仰道者,早已认识人与物有不同的时空数量级,且其间有不可分割的联系。至于庄子认为马为人者,因当时的交通工具以马为主,宜当时人尤能了解马之性情与人相近。

第三节　中国各地旧、新石器时代的考古资料和原始宗教

中国最早的猿人,就现在的发现而言,是云南元谋人,一九六五年七月在云南元谋县城东南发现。元谋猿人的年代有二种说法,根据古代磁法测出的,距今为一百七十万年左右,而根据化石年代测出的,最早为距今七十三万年。学术界一般承认元谋人是我国最早的猿人。

元谋人之后有代表性的为蓝田猿人,一九六四年在陕西蓝田县以东发现头盖骨等,其年代当后于元谋人而先于北京人。又在蓝田县城西北发现了一个猿人的下颌骨,形态与北京猿人的基本一致,推定其时间与北京猿人差不多,约距今六十五万年—五十三万年。

北京猿人比蓝田猿人更进步,其遗址位于北京房山县周口店村的龙骨山上。现已确知北京猿人距今有五十多万年,并在此处生活了约三十万年。北京猿人的脑容量平均为一千零五十九毫升,个别的达到一千一百四十毫升。他们除了锤击制造石器外,又能用火。用火一方

面能熟食,使食物的营养易于吸收,加快身体和大脑的进化,又能煮熟本来难以下咽的蛙蛤等动物,扩大食物的来源。另一方面多了向外界斗争的有力武器,能用火驱赶大型的猛兽,又能占领猛兽的洞穴作安居之用,以免风吹雨打之苦。火的应用对人类本身健康,对客观世界的改造,有着巨大的贡献,也是产生原始宗教的重要因素。

上述考古发现绝对年代,大约距今三百万年到十万年之间。其一在喜马拉雅山之南,由云南开远禄丰古猿进化成元谋猿人,文化遗址以黔西观音洞为代表,长江下游的猿人可能是元谋猿人的后裔。其二位于喜马拉雅山以北的猿人化石,其文化遗址尚未发现,但考知其后裔为蓝田猿人、北京猿人及北方各处猿人,其文化遗址当以陕西西侯度和北京周口店为代表。以地势论,旧石器时代我国地形地貌已与今天基本相同,西高东低,长江、黄河二大水系"一江春水向东流"。古代文化的发展也由西向东,在十万年前,当时的猿人已能遍布全国各地。

旧石器时代的中后期,即猿人进入智人的时期,其文化遗址也各处都有。其中北方以丁村人与山顶洞人为代表。丁村位于山西襄汾县,文化遗址位于汾河两侧。山顶洞人遗址在北京人遗址上面的山洞中,距今约一万八千年,骨骼形态已接近现代黄种人,出土的器物有石器、骨器和装饰品。除了生产力发达外,精神生活也大有发展,这一点极可重视。南方以马坝人和柳江人为代表。马坝人的化石一九五八年在广东曲江县马坝狮头峰的石灰岩洞穴中发现。柳江人的化石一九五八年在广西柳江县通天岩山洞下发现。智人的再进一步进化,由畜牧业社会进入农牧社会,人类的生产力进一步发展的同时,精神生活也进一步发展,原始宗教信仰由此明显起来。

新石器时代,我国的主要文化类型基本上仍分南北两支。北支的主要代表是仰韶文化、马家窑文化、红山文化和龙山文化。南支沿海的主要代表为河姆渡文化、马家浜文化、崧泽文化和良渚文化。这些文化类型最早的距今七千年,最迟的也有四千年。新石器时代广泛采用磨制方法,制造并使用的石器很精细,互相之间已有分工。人们发现了制陶和纺织,晚期则有了青铜器。生产方式由旧石器时代的迁徙狩猎发展为定居农牧,人类的生产力进一步提高了,原始宗教的信仰也有了较显著的痕迹。此时人死之后已重视墓葬,这些对生死问题的重大关心,正是原始宗教的基本内容之一。

一九七七——一九七九年在河南新郑县裴李岗发现了氏族墓地,经测定比仰韶文化还早。墓穴中已有随葬品,多为生产、生活用具,有磨盘、磨棒、斧、铲、镰及陶器,最多的有二十余种,分组置于死者周围。此时已认为人死后会存在于另一个世界中,在那儿还要继续生活,故要放入随葬品,以便死者带去使用。

仰韶文化遗址中婴儿夭折后的埋葬一般用瓮罐葬,即把尸体放入烧制的陶瓮,上以陶盆或陶钵作盖。在这类盆钵上往往绘有精美的人面纹、人面鱼纹或鹿纹,并在其底部有意凿出小孔。考古工作者认为,此时已有灵魂不死的概念,那小孔便是给死者留的灵魂出入口。这些瓮罐大多埋在住房周围,而不像成人死者那样埋入墓地,同样是基于灵魂不死的观念,认为小儿女还需要长辈亲人的保护。故瓮棺上盖子的花纹可看作是一种图腾,尤其是人面鱼纹的那种,因为有保护作用。除图腾外,其他一些图案也颇有宗教意义。一九八七年底在河南濮阳市西水坡仰韶文化遗址墓葬中发掘出用蚌壳砌塑成的龙和虎,分别安置在死者的右边和左边。道教传说中以青龙白虎为守护神和养生修炼有关,至今依然如此,可见其源远流长。

一九八三年在甘肃省秦安县大地湾发掘出仰韶文化晚期的大型房屋遗址和地面绘画,约距今五千年。此房屋有主室、侧室和后室。主室面积为一百三十平方米,室内地坪呈青黑色,平整坚硬,外观近乎现在的水泥地坪。这对当时刚从半穴居过渡到木构架建筑的时代来说,近乎奇迹。另一座遗址较小的房屋地面上有着绘画,用碳黑作颜料,长宽都超过一米,画着一男一女,都是两腿交叉而立,一手上举过头,一手下垂握棍棒一类器物。脚下长方形框内,画有两只爬行动物。仰韶文化的绘画,过去仅见于彩陶,地面绘画的发现极不寻常。考古工作者根据遗址的形制和出土陶器的组合,推测大房子为部落的中心场所,用于集会和祭祀,而地面绘画可能是祖先崇拜的产物。祖先崇拜和灵魂不死相关,也是原始宗教的一个基本内容。由于氏族成员都是由共同的祖先繁衍下来的,生产生活经验也是祖先传授的,加以对于本氏族的产生有一种探索心理,并与图腾联系在一起,对祖先的崇拜是自然的。这种崇拜抽象为伦理观念便是"孝",是中华文明中根深柢固的纲纪。

仰韶文化后,距今四五千年的红山文化时代,原始宗教有了极大的发展,最杰出的例子便是在辽宁西部发现的女神庙。一九八三年到一九八五年在辽西的凌源、建平两县交界处的牛河梁山坡上,发现了一处殿堂模样的遗址。在一米深的表土下,挖掘出一批珍贵文物。首先是神殿遗址,依中轴线对称布置,有主室、侧室和前后室。墙壁残片上有彩绘图案,残存物中有着泥塑的人像,动物像和陶器的残块。人像残缺,有头、肩、臂、手、乳房等部分,显示出女性柔和的线条特征。其中一个头像与真人差不多,面敷红彩,口唇涂朱,眼珠是磨圆的绿玉镶嵌而成,流光溢彩,顾盼有神。有关专家认为造型准确生动,是举世无双的珍宝。动物像主要是泥塑的猪龙。在女神庙周围,环列着几处大型的积石冢,因其用石筑室、垒墙、封顶故名。冢中死者身上佩戴有玉琢的猪龙和云形玉佩、薄形玉镯。此外在离牛河梁不远的喀左县东山嘴,还发现了一座类似城堡或方型广场的石砌围墙遗址,很可能是祭坛。其中出土了一批小型的陶质妇女裸体雕像,这在我国是第一次。看来这一组遗址是红山文化母系社会全盛时期的产物。专家们认为,在约五十平方公里之内,庙、冢、坛的联合布局有点类似北京的天坛、太庙和十三陵的布局,不但超越了图腾崇拜的低级阶段,而且是国家的雏形。从宗教角度看,这种合"敬天、祈神、祭祖"为一体的观念,已可脱离原始宗教的范畴。

龙山文化又比红山文化稍晚,许多遗址中发现了大量的卜骨,大多是猪、羊、鹿、牛的肩胛骨制作的。上面有火灼的痕迹,这肯定已是早期的卜筮。

南支文化在河姆渡文化时代,已普遍有随葬品出现,一般为釜、豆,少见生产工具随葬。马家浜文化中随葬品也为一般日用陶器,个别女性墓中还有猪、狗等家畜骨头陪葬。这反映了当时还是母系社会且生产力较为低下,然已有灵魂不死的观念。其实先民的这种思想,在《山海经》等古籍中"不死民"、"不死国"的传说中已充分反映了出来。值得注意的是马家浜文化中,已有少量的玉器出土。到了崧泽文化和良渚文化时期,玉器大量出土。如上海青浦县福泉山出土大批精美玉器,令人叹为观止,专家认为其重要性不在秦始皇兵马俑发现之下。再如江苏武进县寺墩一座墓中,出土了随葬的玉璧五件,玉琮二件,玉珠、玉管、玉坠十八件。考古专家认为玉璧、玉琮是祭祀天地的贵重礼器,可见此时已有比较正规的祭祀天地的仪式了。

以上仅略述了中国七千年至四千年间考古所得中国原始文化的一小部分,可见中国原始文化时间之长、内容之丰富、分布范围之广,为世界各国所少见。以文献论,《史记》根据稷下派学说,有推源至极早的《封禅书》:

> 古者封泰山禅梁父者七十二家,而夷吾所记者十有二焉。昔无怀氏封泰山,禅云云;伏牺封泰山,禅云云;神农封泰山,禅云云;炎帝封泰山,禅云云;黄帝封泰山,禅亭亭;颛顼封泰山,禅云云;帝喾封泰山,禅云云;尧封泰山,禅云云;舜封泰山,禅云云;禹封泰山,禅会稽;汤封泰山,禅云云;周成王封泰山,禅社首;皆受命然后得封禅。

这里历数了上古封禅者无怀氏、伏牺、神农、炎帝、黄帝、颛顼、帝喾、尧与舜等，其间无怀氏、伏牺、神农、炎帝、黄帝等都属原始文化，有着传承的一致性。而儒家执著于尧舜三代，断绝了尧舜三代和原始宗教、原始文化的关系。尤其是孟子"言必称尧舜"，无形中把尧舜时代无限上推，历代所发现的古代史实，都被限制在尧舜三代之中。此对正确认识中国古史有较人的阻碍作用，直至宋邵雍《皇极经世》，始据大部分可信的资料，逐年推排尧、舜、禹的正确时间，特录于下：

尧元年（公元前 2357 年）

舜元年（公元前 2238 年）

禹元年（公元前 2224 年）

有此时间方可与新石器时代能直接联系，当时早已进入农业社会。儒家认为周始祖姜嫄与后稷开创农业社会，其实尚属母系社会，极可能在尧舜前。况尧舜同时及其前中国地域中，尚有种种不同的部族与民族，各有其相似而不全同的原始宗教与原始文化。且今据出土的资料，确知南方的农业社会早于北方。凡此等战国时兴起的黄老之说，实为人类认识的进步。自二千年来，仅以儒家为主的观点并不完全，今必须进一步认识的尚有方仙道、黄老道的道教文化。孔子推本于尧舜基本可信，由稷下派推本于黄帝亦有可信的史实。《史记》托始于黄帝，今已有实物为准，何可为孔、孟之说所囿，认为黄帝时代全属神话。

第三章

由原始宗教而来的道教中心内容

第一节　封禅之源与人类生存

《史记·封禅书》记载之说,是战国稷下派的观点,能由封禅之礼又经黄帝而上推,方能上通原始宗教和原始文化。老子有言:"道可道,非常道,名可名,非常名。"唯此方能包括"名家"而得其"本体",又能破"本体论"而得"神无方,易无体"之体。此"道教"的名实,所以两三千年来极难掌握。凡时代与地点,尤其是高道思想的不同,道教可有不同的内容,对此事实宜以道教的教派视之。至于整体的道教,必须结合中国原始宗教而形成,要在理解道教的中心内容。以下先从封禅说起,因自然环境为人类生存的直接依托,它的存在和变化,对人类的命运不能不有深刻的影响。自然环境对人类的资助和人类对自然环境的利用,成为人类生息的基础。人类与所生存的天地山川这种自然的联系,是原始宗教的基本内容之一,而且这一联系延续至今。在原始社会,人类对自然环境的认识尚难把握,无论是畜牧时代的狩猎,以及农业时代的耕植,都基本有赖于自然环境的好恶。对于自然环境的不可捉摸,人类的敬畏之感就产生了早期的祭祀和祈愿。这种祭祀和祈愿最初极为简单,以后逐渐具备一定的规模和仪式。这种情形世界各大地区的原始宗教都有,在中国随着社会组织的逐渐完备,这种原始宗教中个人或部族的祭祀和祈愿逐步演变为国家性的封禅。封禅由原始宗教而来,最初所祭为各地的名山大川,以后逐渐集中到以泰山为主。《史记·封禅书》所记:"古者封泰山禅梁父者七十二家,而夷吾所记者十有二焉。"即为此类传说和史实。泰山处于黄河下游,位置重要,已可概见当时北方和南方的形势。且孔子有"登泰山而小天下"之说,方仙道产生于燕齐一带,亦非偶然。而其余的名山大川亦各有神灵,各有祭祀,也有实际内容的流传。故封禅和祭祀,各地名山大川都有联系。如先周建国于岐山,宜《周易》有"王用享于岐山"的文字记载。又如禹为"封泰山禅会稽",可见夏已及南方民族。且在黄帝前,从伏牺的畜牧社会,到神农的农业社会,中国南北文化早有交流。故这一内容以后演变为道教中心教义之一,凡祈神斋醮等皆从此出。封禅乃上古祭祀,为原始宗教的基本内容,由对天地山川崇拜而来,以后儒道的思想都从此化出。

由于历史久远,封禅的详细情况已不得而知。司马迁《封禅书》:"厥旷远者千有余载,近者数百载,故其仪阙然湮灭,其详不可得而记闻云。"秦始皇统一中国,巡视天下,上泰山封禅,杂用儒士、方士,并不专主儒家。又东游海上,祀八神,求仙人羡门之属。所祀八神为:"天主,地主,兵主,阴主,阳主,月主,日主,四时主。"以上八神之要,为人所处之时空,深得封禅之意。祀名山大川和八神与求仙相联系,所求的海上三神山云云,正是邹衍与方仙道思想和活动的痕迹。汉袭秦制,封禅祭祀初为高祖,后为武帝。汉高祖四年,下令各种祭祀由巫主持:"长安置祠祝官、女巫。其梁巫,祠天、地、天社、天水、房中、堂上之属;晋巫,祠五帝、东君、云中君、司命、巫社、巫祠、族人、先炊之属;秦巫,祠社主、巫保、族累之属;荆巫,祠堂下、巫先、司命、施糜之属;九天巫,祠九天;皆以岁时祠宫中。"高祖以楚人入主咸阳,北方文化渗入南方文化的因素。在国家祭祀方面,大量命巫行事,继承了楚地浓厚的巫风。至汉武帝时,多宠信方士与巫。他有一次生病,由巫祈祷,病果然好了。于是听从巫者之言,祭天、地、太一诸神。汉武帝元封元年封禅,参与者有儒生,有方士。最后尽罢诸说不要,用"郊祠太一之礼"。封禅的目的仍是像秦始皇一样,希望通过封禅来求仙,以期长生不死,故其封禅还是从巫风出。"罢黜百家,独尊儒术",主要取方仙家合诸儒术而言。

封禅的仪式,上古的已不可知。秦汉以来多是参考古书,借用祭天仪式,听从方士、儒士之言,加以变通而已。从《封禅书》可知,封就是在泰山上筑土为坛以祭天,而禅就是在泰山下的小山筑土为坛以祭地。又有一种说法,封就是用金泥银绳或石泥银绳,再盖上印玺把祭告神灵的文书封缄起来,埋入山上的坛中。汉武帝封禅时即如此:"封广丈二尺,高九尺,其下则有玉牒书、书秘。"又古书记载周人祭天则焚玉,祭地则埋玉,祭水则沉玉,祭人鬼则藏玉。封禅时也有"柴"的仪式,即焚木以祭,可见其仪式互相参照使用的情况。其实道教中的"三官手书",即是此种仪式的延续。所谓三官指天官、地官、水官,传说天官赐福、地官赦罪、水官解厄,这天、地、水的神灵就是封禅所祭祀的天、地和名山大川之神。上"三官手书"即书写三份病人的姓名及忏悔之意的表章,上天官的置于高山之上,上地官的埋入泥土之下,上水官的沉入流水之中。此仪式与封禅有繁简贵贱之分,其原则是一致的。封禅的意义,《五经通义》云:"易姓而王,致太平,必封泰山,禅梁父。何? 天命以为王,使理群生,告太平于天,报群神之功。"即报答天对帝王统治天下的认可,以取得受保佑的安全感。此一意义流传于后世,与道教中的授符箓有着同样的意义。北魏太武帝崇信寇谦之,为了表示他是受了天命来统治中原的"真命天子","亲至道坛,受符箓,备法驾,旗帜尽有,以从道家之色也"(《魏书·释老志》),并改元"太平真君"。此后北魏的每个皇帝即位,都亲自到道场接受符命,作为"受命于天"的依据。到了隋末唐初,有名的道士王远知还向李渊、李世民父子"密授符命",这种仪式实质出于封禅。故封禅从原始宗教而来,演变至后来,于国家政治则为历代的祭天仪式,于民间则为道教的祈神斋醮。这二者都是相近的,其内容一脉相承,可作为原始宗教而来的道教中心教义之一。至于秦皇、汉武之封禅,又与寻求长生相联系。且自汉武帝后,所谓"尊儒术,斥百家",实以方仙道、黄老道亦应用的封禅独归诸儒,此所以尚信黄老道的司马谈,未能参与封禅,难免有极深的感慨。故属于宗教概念的封禅之礼为儒道所通用,至于封禅所祈求的目的,儒未出人类之社会,道已通于无穷的生物变化而归诸自然仙境。

第二节　仙境的憧憬和洞天福地

在原始宗教中,人类对自然的探究中可归入封禅,人类也不能不关心自己的命运。这一关心的最后在探究生命的起源,以及它和自然的起源是否有着共同的关系。人从何处来,又往何处去,从古以来人类就在考虑这些问题。至于生的问题,原始宗教中有对生殖器的崇拜,及其始祖有来源于其他生物的传说。对死的问题,其丧葬之礼更与宗教信仰有关,如西藏现今仍存"天葬"习俗、悬棺之礼,正属人愿登山成仙的具体表演,所以道教称死为羽化。这些可说明由生存时的封禅,已关心到生前死后的情况。原始宗教中发展出"始祖配天"的思想,这一现象一直延续到清,尚讳言其始祖为人类而必归诸仙女。再推溯上去,人和自然是否有共同的起源,老子曰"有物混成,先天地生"的命题,实际就是从原始宗教而来,是否有其理也值得探索。这些问题有两方面,一方面向上发展对仙境的憧憬和对生的追求,一方面又落实到洞天福地修炼和医疗养生实践。这些道教由原始宗教而来的基本内容,也就是道教的中心教义。远古人类对仙境的憧憬起源于海市蜃楼,所谓海市蜃楼乃是一种光学现象,光线经过不同密度的空气层,发出显著的折射,把远处景物显示在空中或地面的奇异幻境。我国东临沧海,西有大漠,这种奇异的幻境从古至今都会发生。浮现在空中缥缈变幻、奇丽诡谲的海市蜃楼,在原始社会的人们灵魂不死、万物有灵的观念下,自然会联想到这是"另一个世界"。海市蜃楼多出现在天上云中,其中人物飘逸,被认为是能驾云升天的神仙。其中的奇禽异兽、琪花瑶草,当然也都是神物。这无疑会激起人们寻仙求仙的热情,帝王当然更是如此。《史记·封禅书》记载:

> 自威、宣、燕昭使人入海求蓬莱、方丈、瀛洲。此三神山者,其傅在勃海中,去人不远。患且至,则船风引而去。盖尝有至者,诸仙人及不死之药皆在焉。其物禽兽尽白,而黄金银为宫阙。未至,望之如云。及到,三神山反居水下。临之,风辄引去,终莫能至云。世主莫不甘心焉。

海上三神山的神话出于燕齐一带,正是临海之处。其特点"望之如云","终莫能至","及到,三神山反居水下",正是海市蜃楼的特征。由是刺激人们的想象,敷演夸大,编出神乎其神的故事。汉武帝时李少君自称:"臣尝游海上见安期生,安期生食巨枣,大如瓜。安期生仙者,通蓬莱中,合则见人,不合则隐。"这是东南沧海上的仙山琼阁,而在西北大漠之上的神仙世界,便是赫赫有名的昆仑山。《史记·大宛传》引《禹本纪》云:"昆仑其高二千五百里,日月相避隐为光明也。其上有醴泉、瑶池。"《淮南子·坠形训》描写得最具体:

> 禹乃以息土填洪水,以为名山。掘昆仑虚以下地,中有增城九重,其高万一千里百一十四步二尺六寸。上有木禾,其修五寻。珠树、玉树、琁树、不死树在其西,沙棠、琅玕在其东,绛树在其南,

碧树、瑶树在其北。旁有四百四十门,门间四里,里间九纯,纯丈五尺。旁有九井、玉横维其西北之隅。北门开以内不周之风,倾宫、旋室、县圃、凉风、樊桐在昆仑阊阖之中,是其疏圃。疏圃之池,浸之黄水,黄水三周复其原,是谓丹水,饮之不死……昆仑之丘,或上倍之,是谓凉风之山,登之而不死。或上倍之,是谓悬圃,登之乃灵,能使风雨。或上倍之,乃维上天,登之乃神,是谓太帝之居。

　　昆仑山的特点,一在于其高大雄奇,二在于有不死之树、不死之水,都符合道教仙境的特征。而从凉风之山到悬圃到上天,即似道教三清之境,从大赤天太清境,到禹余天上清境,到清微天玉清境。另外传说西王母居昆仑之山,《山海经·大荒西经》:"西海之南,流沙之滨,赤水之后,黑水之前,有大山名曰昆仑之丘……有人戴胜,虎齿,有豹尾穴处,名曰西王母。此山万物尽有。"《淮南子·览冥训》又有"羿请不死之药于西王母"的说法,于是昆仑山又与不死之药、西王母结下了不解之缘。这些传说都被后来的道教全盘吸收,蓬莱三岛、昆仑玉山成了道教中神仙洞府的代名词,后又发展为洞天福地。此类神话的逐渐形成和变化,和人类对时空认识的智慧逐渐发展深入有关。而且道教的仙境与其他宗教的彼岸世界最大不同,在于它不是一个纯粹空虚死寂的世界,而是和充满了活力的人间相似。由原始宗教而至战国,此一见解以邹衍之说为代表。《史记》述邹衍之说:"先序今以上至黄帝,学者所共术,大并世盛衰,因载其礽祥度制,推而远之,至天地未生,窈冥不可考而原也。……以为儒者所谓中国者,于天下乃八十一分居其一分耳。中国名曰赤县神州。赤县神州内自有九州,禹之序九州是也,不得为州数。中国外如赤县神州者九,乃所谓九州也。于是有裨海环之,人民禽兽莫能相通者,如一区中者,乃为一州。如此者九,乃有大瀛海环其外,天地之际焉。"此一思想和由原始宗教而来的方仙道相关,所谓仙境必须至大九州内外的"天地之际"乃得其源。有其源则种种仙境可在大九州内、大九州外,又可在内九州内、内九州外,故成昆仑或上天,蓬莱或入水的变化。以后到了《灵宝度人经》,中国跟封禅有关的星罗棋布的原始宗教和原始文化,虽然受到三代文化和汉代崇儒思想的抑制,其实质性的内容依然留存。道教圣地往往都是上古文化之遗,至唐代由司马承祯——指明即当时某地某处。原始宗教、原始文化星罗棋布的遗址,犹道教十大洞天、三十六洞天、七十二福地,乃见唐代道教的鼎盛面貌。

第三节　长生的追求和医疗养生

热爱生命,向往长生,是人类的一种本能。原始社会已有灵魂不死的观念,灵魂既然能不灭,自然会推想身体是否能长存。憧憬仙境必然也憧憬仙人,古籍中多次提到不死的人和物,便是长生愿望的强烈表现。《山海经》保留了上古不少传说,《海外南经》提到:"不死民在其东,其为人黑色,寿,不死。"《大荒南经》提到:"有不死之国,阿姓,甘木先食。"《海内经》提到不死山在"流沙之东,黑水之间"。《海内西经》提到不死树在昆仑开明之北,不死药在昆仑开明东的巫彭等巫师手中。《庄子》中则提到神仙的形象:"藐姑射之山,有神人居焉。肌肤若冰雪,绰约若处子,不食五谷,吸风饮露,乘云气,御飞龙,而游乎四海之外。"(《逍遥游》)有真人,"登高不栗,入水不濡,入火不热","不知说生,不知恶死","其寝不梦,其觉无忧,其食不甘,其息深深,真人之息以踵,众人之息以喉"(《大宗师》)。有至人,"至人神矣。大泽焚而不能热,河汉沍而不能寒,疾雷破山、飘风振海而不能惊。若然者,乘云气,骑日月而游乎四海之外,死生无变于己"(《齐物论》)。有仙人,"千岁厌世,去而上仙,乘彼白云,至于帝乡,三患莫至,身常无殃"(《天地》)。然而憧憬仙境仙人还不可贵,中国文化的特色,在于此一憧憬和修炼的具体实践相结合，而且和医药养生的具体实践相结合，不绝其地天通，乃中国文化至为可贵之处。中国远古文化以来，一直有修炼长生者，老庄孔孟之教皆重养生，老庄更能深入。《史记·封禅书》提到的宋毋忌、正伯侨、尚充、羡门高等，正是方仙道中的修炼有成者。

古人对于生命的理想和追求，"我命在我，不在于天"的精神气魄，完全有积极的意义。以今日的分子生物学论，有二十种氨基酸相应于六十四种遗传密码的情况，三十亿年没有改变。从单个的生物体来看，当然是有生有灭，然而从整个生命历史来看，却绵绵不绝，永无止境，《庄子》中有"指穷于为薪，火传也，不知其尽也"的妙喻（《养生主》）。且以不变论，三十亿年虽似久远，然仍为与地球相比。以老子之哲理观之，此当人法地，而未及地法天。当太阳系外全属等离子体，生命将如何生存。由太阳系通于银河系，正大有研究余地，况银河系外尚有无穷的天体。故遗传密码虽未变，仍属小年，此道教以生命角度反身之哲理，仍将有无限之发展前途，与今日寻找宇宙生命正可配合。道教贵长生之原则似未可贸然否定之，故首当观道教为已具有现代思想的宗教之一。

由长生追求再深入一步，则至医疗养生一路，两者依然相连。追求长寿和长生是道教的目标，有健康的身体便是前提，而健康的身体离不开医药保健和养生之道。凡生物都有自己医疗自己的本能，动物的表现更加突出。不少动物受伤后或找温泉浸浴以消炎，或找蜘蛛网缠缚以止血，有的动物生了病会寻找草药吃，一些有药用价值的温泉和草药就是这样被人发现的。有意识地进行医药的实验，也是自疗的本能的发展。传说神农尝百草，一日而中七十毒，由此成为医药之祖。黄帝炼养之后，神龙下降迎上天，乃为一切医药、养生的最后目标，故把一切医药、养生的知识都归之于他的名下。

在我国第一部目录学著作《七略》中，许多医药之书都冠以黄帝之名，也说明了由原始宗教至汉代黄老道对医药知识的掌握程度。《汉志·七略》归结为最后的《方技略》，其内容都是关于医药与养生，乃见一切文化之原。《方技略》又步步皆征实，分为医药、经方、房中、神仙四类。"医经者，原人血脉经络骨髓阴阳表里，以起百痛之本，死生之分，而用度箴石汤火所施，调百药齐和之所宜。""经方者，本草石之寒温，量疾病之浅深，假药味之滋，因气感之宜，辨五苦六卒，致水火之齐，以通闭解结，反之于平。""房中者，性情之极，至道之际，是以圣王制外乐以禁内情，而为之节文。""神仙者，所以保性命之真，而游求于其外者也，所以荡意平心，同生死之域，而无怵惕于胸中。"医经讲的是生理病理，现代分类属于医学。疾病治疗的经方讲的是药性方剂，对症下药，现代分类偏重于药方。房中跟遗传有关，讲性知识、性心理。最后神仙讲养生，乃合于长生的理想。各类著作托名黄帝著书的比重又特别大，这些书中，医经类中有《黄帝内经》，为中医学经典。经方类十一家中，以黄帝为名的有二家，《泰始黄帝扁鹊俞拊方》、《神农黄帝食禁》。房中类有《黄帝三王养阳方》。神仙类中有《黄帝杂子步引》、《黄帝岐伯按摩》、《黄帝杂子芝菌》、《黄帝杂子十九家方》等。这些典籍合观，可知由远古文化到西汉末期医药养生高度发展的情况。四类文献最后特别把养生与神仙联系在一起，正见远古至黄老道教教义重心所在，这是整体道教逐渐发展的基础。

综上所述，道教的中心内容不外封禅的仪式，通过生物为一，归诸有人情味之仙境，宜重视人生对本身的修炼，由医药原理以达长生的目的，此即方仙道前早已具备的道教内容。自脱离原始宗教而成为具此内容的道教，时间极早，正可当传说距今为六千年以上的黄帝时代。故道教的内容不外黄帝成仙与老子得道，仙道相合，始为非常名之名，非常道之道的整体道教。

简短的总结

中国文化史内容的薄弱点,是中国宗教史始终无人认真地加以研究。因历代的中国学术界,已形成反宗教的思想,误认宗教全部是迷信,唯有愚夫愚妇信之。西方文化受宗教影响极大,虽当千余年的黑暗时代,基本文化如逻辑、几何学等,仍保存在教会中。迨文艺复兴开始,方能扩大教会所保存的文化,然自然科学的发展仍在纠正教会中所固执的迷信,并不是全部否定宗教。宜直至今日,包括自然科学家在内仍多深信宗教者,此不足为怪。

反观中国文化史,其反宗教的特色起于经学。自汉武帝尊儒术后直至清末,约二千年中可云并未有原则上的大变化,此为西方文化史所无。进一步观之,似在起反宗教作用的经学,其本身难免有陷入宗教之可能。迨蔡元培先生废读经,创北大,方能进入近代相似于西方的学术体系。然并观各类文化,难免在名实上有极大的差别。以宗教论,西方有种种不全同的定义,而以孔子为代表的经学,究竟是否属宗教,争辩迄今未已。且在中国,本有儒释道三教之名。释教于汉武帝开通丝绸之路后,逐步由印度经西域而传入,部分又由海路传入,同样有二千年左右的历史。道教起于何时,教主何人,内容如何,尚众说纷纭。宋后基本认定张道陵为教主,内容为神化之老子。如取此说,当时佛教已传入且已盛行,道教乃受佛教影响而形成。在佛教传入前,中国并无宗教,这一概念是否可成立,是否合乎中国唯一的土生土长的道教。况任何民族莫不有原始宗教,经历漫长的历史过程,然后产生史前史后的原始文化,凡一切哲理皆属总结并发展原始宗教、原始文化而建立。然而对道教的形成,竟推原于佛教传入之后,对先秦确已存在的方仙道、黄老道等等皆不认为道教,事实上唐代尚以孔子、释迦、老子为三教教主而并论其哲理之得失。

今仅论封禅礼制,完全可视为宗教仪式。此仪式的作用,就是在人格化万物。孔子有言:"曾谓泰山,不如林放乎?"林放为孔子弟子,曾问:"何谓礼之本?"孔子联系泰山而发此议论,泰山如此之名山,怎么会不知礼之本,乃享不应来享山之人的祭祀。其实泰山何能及林放,何能知人世间的礼制。从这句最简单、最明确的议论观之,孔子早已人格化泰山,此即宗教思想。孔子有此思想,完全不妨碍他哲学思想的伟大,必讳言孔子有宗教思想者,实为中国学术界历代轻视宗教所造成。且当时的方士、儒士同用封禅仪式,老子、孔子的哲理中,亦均有极丰富的宗教思想。孔子七十岁后,且愿归诸"予欲无言",完全是悟得老子"道法自然"的哲理。道教的一切斋仪,即本传统的封禅礼制等发展而成。惜自韩愈排佛老后,部分学者竟言孔子非宗教,又多否定道教与道家哲理的联系。由是道教的内容日趋贫乏,信仰者日益通俗,而渐失其对精深教义的体验者,此为道教衰落的根本原因。

自佛教传入后,其具体经论源源翻译而出,道教反割裂与先秦诸子百家哲理的贯通,如何可与佛教相比。而佛教自用"格义"起,日在受黄帝老庄尧舜孔孟等学说的影响,以增益其宗教哲理而更趋完备,故由中国传出之大乘佛法,与印度经东南亚传出之小乘佛法大有不同,可见佛教确已受中国儒、道哲理的影响。又儒术若不受佛道影响,决不能产生宋元以来的理学。然儒与佛皆自认为本身已具足,唯道教则不然,自三教并存后,明言兼取儒佛之长而成为三教合一的道教。虽名三教合一的道教,道教本身仍有其特色。所以必须综合三教者,方能不失时代之变化而永得时代之几,其几即为道教的特色,就是三清。凡伏牺易理以当元始天尊在玉清境,黄帝医理以当灵宝天尊在上清境,老子哲理以当太上老君在太清境。且以三清综合三教,已完成于宋初,今日之时几,尚不限于三教,凡深究三清之理以反身者,尤当体验以得之,道教确有无限光明之前途。至于儒术是否是宗教,道教与道家是否全同,仍可各抒所见,唯不可截然分裂为二。

于此画册前,写戋戋数万字的《道教文化》,特说明整体道教的总纲,及其来自原始宗教的概况。秦汉以来之具体教派,既有全得三清之理者,亦有仅得其一部分者,今日讨论之文献已多,兹不赘。

图片说明

一、道法自然与洞天景色

道教崇尚自然,上古时代的封禅仪式,就是对人类生存所依托的山河大地的崇拜。当时封与禅是两回事,筑坛祭天是封,洁坛祭地是禅。后来把封禅结合在一起,专在泰山举行。故泰山自古以来,就在道教中占有特殊的地位。由泰山封禅发展而来,又继承了上古各地祭自己境内名山大川的习惯,形成了对五岳的崇拜。成于齐国稷下学者之手,托名为周公所著的《周礼》说:"以血祭祭社稷、五祀、五岳,以狸沉祭山川林泽,以疈辜祭四方百物。"(《春官·大宗伯》)稷下学派为黄老道前身,故道教也祭五岳、山川、林泽、四方,后代道教有五岳大帝、四渎神、四极天地和四灵帝君。这是以五岳四方与中央以合于五行的思想。邹衍创立大九州之说,后世道教结合海上三神山的方仙道传说,发展为十洲三岛的神仙世界。汉武帝通西域以后,原有的西方昆仑群玉之山的传说再度被重视,也发展为道教的昆仑、阆圃等仙山传说。至今全国各地的不少名胜古迹都有道教神仙的传说,而不少道教宫观都位于风光优美的崇山峻岭之间和江湖滨海之畔。

故茅山又名地肺山。陶弘景取华阳洞之龙能聚气,自称“华阳居士”。昭明太子撰陶弘景墓志铭,即以“华阳洞陶先生”称之。今洞口所刻之“华阳洞”三字,传谓苏轼所书。

22　(编号 11)茅山玉柱洞。洞口较隘,洞中遍垂石乳,亦有狭处,仅容一人通过。妙在此洞与华阳洞上下相连。

23　(编号 14)茅山三天门石坊。旁联曰:“修真句曲三峰顶,得道华阳八洞天。”三峰顶指句曲山三座山峰,即大、中、小茅峰,八洞天指十大洞天之八。

24　(编号 16)顶宫外景,即大茅峰之峰顶,大门题额为“敕赐九霄万寿宫”。内祀三茅君,殿门外有联曰:“在家不孝双父母,何必灵山见世尊。”是即陶弘景起道教尊信三教合一之理,上联儒、下联佛,以归兼及出入之道教。

25　(编号 21)茅山顶宫,道教斋醮道场。

26　(编号 23)第九洞天西洞庭山林屋洞。西洞庭山古名包山,为太湖中最大之岛屿。山下多洞穴,潜行水底,无所不通。传说吴王阖闾(前五一五—前四九五在位)时,灵威丈人寻洞,得素书三卷。持回上于吴王,王不识,请孔子辨识,孔子说:“此夏禹之书,并神仙之事,言大道也。”得此书处,即今西洞庭山之林屋洞,道教第九洞天。

27　(编号 24)林屋洞内部景色。唐宋历代帝王,屡于洞内举行大规模法事,今尚留有金龙等文物。

28　(编号 25)林屋洞出口处。历代题咏者刻石甚多。出口处上距山顶已近,此所谓山不在高,有仙则灵。

29　(编号 264)天柱山。位于安徽潜山县境,周大夫皖伯封国于此,故又名皖山。汉武帝时封之为南岳,隋文帝开皇九年废此封号。天柱山与道教发展颇多联系,汉末道士左慈及魏晋郑隐皆隐于此,茅盈虽得道于茅山,最后却于此山升仙。天柱山临潜江,山明水秀,为道教三十六小洞天之十四。

30　(编号265)天柱山八景之一"晴天雪景"。此山岗,实因山石风化而成小石,视之如雪,履之如沙。为天柱八景中最有特色的一景。

31　(编号680)南岳衡山。湖南衡山在隋代开始替代天柱山为五岳中之南岳。山势雄伟,风景绮丽,为道教三十六小洞天之三。有青玉坛为二十四福地,先天坛为二十五福地,洞灵源为二十六福地。山上文物寺院甚多,山麓有宋苏东坡"黄庭观"碑刻,后人以为此处为魏夫人升天处。

32　(编号781)南天门石坊。衡山南天门有祖师殿、卧龙碑等名胜古迹。

33　(编号558)峻秀冠天下的华山。山因远望若花状,故名华山。五岳中的西岳,为道教三十六小洞天之四。秦代已有茅蒙在华山成仙,又有秦宫女遁逃在华山成仙,今留有"毛女洞"古迹。历史上著名隐士、高道均先后来华山,五代宋初道教老祖陈抟即学仙在此洞天。山上道观古迹甚多。

34　(编号367)中岳嵩山全景。道教三十六小洞天之六。气势磅礴、巍峨雄伟,主体在河南登封县,原名嵩阳县。唐武则天登高加封嵩山,嵩阳县从此更名登封县。北魏著名道士寇谦之在此山中修炼有成,后北魏太武帝尊崇成立北天师道,当时道教几成为北魏之国教。

35　(编号360)"岳立天中"石碑。嵩山居五岳之中,按五行之说,中岳属土位,土是地的意思,唯地才能配天,故在五岳中嵩山有其独特地位,雄镇海内。

36　(编号302)武夷山属三十六小洞天之十六。唐朝前已为道教圣地。山名由来更早,《史记·封禅书》已提及祀武夷山神以干鱼。古史记载周代有少数民族领导者,名武夷君,定居于武夷山一带。后人为纪念他,以武夷名其山。图为武夷山麓。由远山以观数进之三清殿。

37　(编号309)武夷山石刻"升真元化之洞"。

38 (编号673)洞庭湖中之君山。道教七十二福地之十一,位于湖南省北部。

39 (编号252)王乔洞。位于安徽巢县,为道教七十二福地之十八。王乔相传为周灵王太子,字子晋,或名晋,字子乔,在此修道炼丹有成而登仙。洞内多道佛神像。

40 (编号537)龙虎山麓之"天师府"。江西贵溪县龙虎山为七十二福地之三十二。龙虎山三面皆悬崖,上有悬棺,其时间约当在周代。唐司马承祯认为,当时治龙虎山者为张巨君,为当地少数民族,而张陵在此活动时间当晚于此。至宋代张氏子孙方追溯张陵之祖为张良,在龙虎山活动并修建"天师府"。今据悬棺为证,张巨君的宗教活动远比张陵为早。

41 (编号418)贵溪龙虎山嗣汉天师府之匾额。自宋至今,有大量弘扬道教者,已极少研习黄老之教义,仅一心尊信嗣汉张天师之神。

42 (编号211)蓬莱为先秦方仙道发源地之一,因其下临大海,殿阁凌空,云烟缭绕,素有"仙境"之称。古代传说蓬莱、方丈、瀛洲为海上三仙山,秦皇汉武都曾为求仙觅不老药来此。唐宋后"八仙过海"之说,亦发生于此。此处因能常见"海市蜃楼"奇景而为人所神往。图为山东蓬莱县北丹崖山上之蓬莱阁。方仙道言渤海中有蓬莱、方丈、瀛海三神山,去人不远有不死药。徐市(一作"徐福")以语秦始皇而出海。

43 (编号103[大])缺

44 (编号113[大])缺

45 (编号209)缺

46 (编号215)三清宫。三清宫是指元始天尊居于玉清境,灵宝天尊居于上清境,太上老君居于太清境。此三清境为一炁所化,匾曰"玄门鼻祖",正指三清之气。

47 (编号230)崂山位于山东半岛西南部,主峰名巨峰,俗称崂顶,海拔一千一百三十三米。凡地处海滨之名山,久为东周时方仙道所占有,崂山亦被认为是"神窟仙宅"。秦始皇二十八年(公元前219)曾临此以望仙山蓬莱,并遣徐福往东海求仙药。今太清宫前尚有"徐福岛"。汉武帝即位六年(公元前140),江西瑞州府张廉夫来此始筑茅庵供奉三官,名"三官庙",第二年后改名"太清宫"。图为崂山"太清胜境"刻石。

48 (编号233)崂山之"三官殿"。自原始道教起,已知重视名山大川,成为封禅的认识基础,方仙道继之。封禅即祭天地,于水即祭大川,故化为天地水三官。

49 (编号239)张公洞又名庚桑洞,七十二福地之五十九,今江苏宜兴城西南禹峰麓。据《庄子·庚桑楚》记载,谓老子有弟子姓庚桑名楚,得老子之道,以北居畏垒之山,居三年畏垒大壤,畏垒之民相与尸祝之,俎豆之。楚不受,复隐于此。后名张公洞者,指张天师之后裔曾数主茅山,或有居于此者。图为相传汉代张道陵曾在此修道的张公洞入口处之石碑。

50 (编号243)张公洞有"海内奇观"四字之石刻。此洞奇在洞洞毗连,洞中有洞,辗转贯穿,游人如入五里雾中。

51 (编号241)道教洞天善卷洞水洞之出口。位于江苏省宜兴县,陶弘景曾在此修炼。

52 (编号458)贵州镇远县万寿宫内"中元洞"为道教福地之六十六。明代以后,已成为三教合一之道教道场。

53 (编号700)武当山位于湖北均县,是我国著名道教胜地。相传道教真武大帝曾在武当山修炼,功成飞升。武当山道教兴盛实始于明初,传说明张三丰曾前后两次入武当山修炼,第一次入山,预言此山异日必大兴,此后离山云游天下。明太祖、成祖多次召张三丰,故明成祖大兴武当山。图为道教胜地武当山紫霄宫鸟瞰。

54 (编号701)南岩之景。南岩为武当山三十六岩中最美景点,山峭清绝,林木葱翠,相传真武帝舍身成神之处。下临万丈深渊,上绕流云飞雾。

55 (编号702)南岩宫。于悬崖绝壁建有天乙真庆宫,为仿木结构石殿,远望如仙山楼阁,唐宋以来道教修炼在此,元即建有道观,素有"路入南崖景更幽"之誉。

56 (编号713)从紫霄宫观武当山景。

57 (编号703)拾级而上步入紫霄宫山门。

58 (编号709)宏伟的紫霄宫。展旗峰下紫霄宫是武当山保存较完整的道观。松杉围绕,使道院愈益庄严静谧。

59 (编号747)武当山。

60 (编号748)武当山金殿。位于武当山主峰天柱峰,海拔一千六百一十三米。此殿建于明永乐十四年(公元1416),除殿基是花岗石砌,整座大殿系铜铸鎏金仿木结构,内供重万斤的"真武铜像",左右侍立"金童"、"玉女"以及"天罡"、"太乙"二将均是铜铸金式。金殿建在十仞危岩上,四周建有雄伟紫禁城墙围绕,气势雄伟。

61 (编号271)拜岳台圆石面上刻有太极图,然已属明、清时所增建。

62 (编号172)桐君山全景。位于浙江桐庐县,富春江与天目溪交汇处。

63 (编号74)齐云山在今安徽休宁县西十五公里,以奇峰、怪崖闻名,唐宋以来,道观佛寺林立,其间修道者居之尤多,有较早年份之刻石,为南宋绍熙癸丑(公元1193年),正当朱熹、白玉蟾之时,且位近浙江、江西、安徽三省之交界处,可聚集浙江、江西之僧道于此。经元、明之振兴,益以山势之优胜,曾闻名全国。清乾隆帝巡游江南,特临此山,誉为"天下无双胜景,江南第一名山"。惜乾隆后与整体道教同现衰象。图为齐云山之一景。"天开神秀"四字刻于嘉靖己酉年(公元1549)。

64　(编号 79)齐云山"玉虚观"之门楣。其精细之砖雕石刻,系明正德戊寅年(公元 1518)初建时旧物。迄今已有四百七十余年。

65　(编号 285)江西三清山,即少华山,位于江西玉山县境。山名三清,以思道教太清、玉清、上清之三清仙境。山上奇峰峥嵘,岩壑幽深,为道教名山之一,有"高凌云汉江南第一仙峰,清绝尘嚣天下无双福地"之称。图为三清山由飞仙台仰观,气势旷达,有仙境形象的双峰景色。

66　(编号 291)三清山之葫芦峰。二巨石相叠,恰似葫芦,于诸峰中独具形象,仙气盎然。

67　(编号 296)三清山之晨曦云雾。苍翠静谧,有身入大罗仙境之混醇气氛。

68　(编号 297)祭天处。左右矗立之华表,气象俨然,睹山岚薄雾之上出,观浮云飘飘而下降,天地交泰,祭天应人之道,尽在其中。

69　(编号 800)庐山。又名匡山、匡庐,位于江西省九江市南,相传周代匡氏七兄弟上山修道,结庐为舍,故名庐山。东汉明帝时为佛教中心,刘宋著名道士陆修静在此修道,成为释、道二教并存之山。庐山峰险景奇,匡庐瀑布更是名传天下,为道教胜地,"虎溪三笑"即出自此山。

70　(编号 54)天泉洞。洞不深,常具醇厚安静之象,明朱元璋与仙人周颠常出入此洞,故又名仙人洞。洪武二十六年(公元 1393)御笔题诗曰:"匡庐之颠有深谷,金仙弟子岩为屋,炼丹利济几何年,朝耕白云暮种竹。"镌刻于洞侧御碑亭石碑上。

71　(编号 600)终南山。地处陕西西安市南,道教十大洞天之三。汉代钟离权祖师隐于终南山修炼,获长生之术。此后为历史上隐居者重要居处。唐朝皇帝特喜召隐居者为宰辅,乃有人有意隐居待仕,庸俗不堪,司马承祯讥之为"终南捷径"。

72　(编号 61)白鹿洞前之流泉。

二、黄老学说与炼丹养生

　　人类开始距今约有三百万年,中国亦为发源地之一。距今约五十万年左右的北京周口店,就有原始人类活动的遗址。由北京猿人到距今约二万年左右的山顶洞人,数十万年间连续不断。已知山顶洞人有葬仪,陪葬有死者生前的饰品,这就是原始宗教。而且中华大地上古人类遗址分布较多,决不限于山顶洞人一处。此时人类已知用火,有火能熟食,促使人体结构起大变化,由此悟到人体经过某种变化,也有可能变有限为无限,此即后代炼丹术之起源。生物本身有其自疗能力,人类为万物之灵,从这种能力发展,形成了医疗和养生的方法和学说。经过长期实践,认识到人类对自己身体和生命有能力加以控制,从延年益寿发展到企盼长生不死,故以炼丹、医疗、养生等方术求长生,即为道教的基本教义。中国的黄老之学研究"有物混成,先天地生",炼丹、医疗、养生等方术都包括在内,著名的中医典籍《黄帝内经》即托名黄帝所作,故黄老之学与道教有不解之缘。

　　1　(编号481)中国猿人遗址。一九二九年我国古生物学家裴文中于北京房山县周口店发现第一个距今五十万年猿人头盖骨,经进一步发掘,发现人类化石、文化遗物和大批脊椎动物化石。

　　2　(编号484)猿人洞口。洞穴为猿人藏身与保存火种地,遗址的发现为研究人类起源的重要科学基地。

　　3　(编号485)山顶洞人遗址,在北京房山县周口店龙骨山顶上。此处曾发现三个完整头盖骨等和其他残骨,比中国猿人体质更明显进步,除能取火以外,已能有钻、磨、锯等技术。在遗骨旁还留有赤铁矿粉末,可能是原始宗教信仰萌芽。山顶洞人代表一两万年前新人类型。

4 (编号482)山顶洞人洞口。

5 (编号114)"半坡"遗址。半坡位于西安市,为母系氏族聚居地遗址之一,其时已明显有原始宗教信仰。小孩死后用"瓮棺葬",瓮上留有小孔,为小孩灵魂出入之处。

6 (编号736)"河姆渡遗址"。一九七三年于浙江余姚县河姆渡村发掘出距今六千—七千年前新石器时代最早文化层。在出土文物中有迄今发现最早人工栽培水稻与大量骨耜农业工具,足证长江下游在六千—七千年前已有进步的原始文化。

7 (编号737)"河姆渡遗址"博物馆。

8 (编号714)"青浦福泉山遗址"。近二十年来,江南遗址陆续出土,包括青浦福泉山、崧泽与浙江河姆渡等遗址。其中出土文物,玉质稀世珍奇,价值连城。从此新石器时代晚期玉器一直被误认为"汉代之宝"得到了纠正,恢复了历史面貌与如实年代,局部可认识南方民族产生农业社会早于北方。道教起源于南方的原始宗教为时极早。

9 (编号576)黄帝陵入口处。黄帝陵位于陕西黄陵县,气势不凡,令人起敬慕之心。

10 (编号573)"黄帝陵"碑后即为黄陵,为"桥山龙驭"之处(黄帝在桥山乘龙升天而去)。

11 (编号577)黄帝庙入门处。轩辕庙位于陕西黄陵县。

12 (编号584)古汉柏。黄帝庙内古柏参天,此柏高九米,是群柏之冠。传说是黄帝手植,距今已四千余年,被誉为"世界柏树之父"。

13 (编号579)"诚心亭"。历代帝皇临黄帝庙后先在此亭内整衣冠,后再入内祭祀黄帝。过"诚心亭"后有"碑亭",内有石碑七十多道,均系历代皇帝并现代领导人祀祭碑文,极为珍贵。

14 (编号582)"人文初祖"殿。相传轩辕黄帝是中原各民族共同祖先。我国历史上许多创造发明如养蚕、舟车、文字、音律、医学、算数等,都创始于黄帝时期。

15 (编号 581)殿内供奉之黄帝浮雕像。

16 (编号 587)传说此为黄帝之脚印。

17 (编号 174)桐君山上之桐君祠。近年所修建,尚保存乡土建筑之特色。

18 (编号 176)桐君祠中所塑之桐君像。相传桐君为黄帝时人,善知药草,炼药成丹,行医济世,历代相传,立祠以纪念之,左右配祀者为葛洪、陶弘景等。

19 (编号 177)17—19,桐君。桐君祠旁之桐君塔。塔为佛教建筑形式,佛教建塔以藏佛骨、佛像、佛经等。后人特为桐君建塔,亦以藏桐君行医济世之善念云。

20 (编号 612)姜嫄塑像。位于陕西宝鸡县金台观内。宝鸡为周朝开国基地,特祀姜嫄纪念之。传说姜嫄踩巨人足迹而生后稷,因无父被弃,故名为"弃"。然弃于狭巷中牛、羊避让,弃于森林中百鸟翔集遮护,有此神异,又抱回养育。成人后,好稼穑,种百谷,是农业的开始,故尊为后稷。后稷为周人始祖。

21 (编号 163)禹祠。位于浙江省会稽,一九三四年重建。大禹封禅见之于《史记·封禅书》,书中记述管仲之言,谓大禹封泰山禅会稽。

22 (编号 164)禹庙之主殿。屋脊有"地平天成"四字,本诸《左传》、《尚书》,犹老子之由"人法地"及"地法天"。凡地平本诸水,天成以见水流之时。此殿为一九三四年重建。

23 (编号 166)禹庙中之大禹神像。

24 (编号 167)21—26,禹陵、禹庙。碑亭系一九七九年重建,碑文"大禹陵"三字是明代进士南大吉(1487—1541)所书。

25 (编号 351)禹县锁龙井。河南禹县古为夏禹国。相传大禹治水,降伏兴风作浪的水怪蛟龙,用铁链将其锁在城内深井,链即挂在井口左侧石柱上,据称不得随便抽动铁链,以免蛟龙在井内翻涌外跃。

井上筑有亭榭,雕梁画栋,颇为宏伟,今已成为游览胜地。

26　(编号477)老子诞生处石碑。

27　(编号473)"微妙玄通"老子像。

28　(编号469)太清宫,位于河南鹿邑县道教创始人老子故里。太清宫创于东汉,历代屡加重修,现存五开间大殿为清初重建,门前古柏旋转直立,朴实壮观。

29　(编号476)老子生前居处。从山门下石梯三十二阶,拾级而上,有正殿三间,台上古柏十余棵。此地香火鼎盛,游客如云,影响颇广。

30　(编号479)32—33,老子生前居处,又名"升仙台",亦为老子飞升处。筑有圆柱形城墙,气势雄伟,六十四城堞,象征六十四卦。

31　(编号588)说经台。楼观台位于陕西周至县东南秦岭山麓,此为入门处。老子出函谷关时,关令尹喜强老子说"道德经"。老子说经于此,后人在此建"说经台"以记其事。

32　(编号593)楼观台内老君殿。

33　(编号597)楼观台后殿之一部分。

34　(编号601)宗圣殿。时在公元前520—前517年间,老子出函谷关当有其事,后人为之建"宗圣宫"。

35　(编号602)终南山麓老子骑青牛西出景象。老子是否骑青牛,当然不一定。这是传说,此像观之颇有风趣,以见东南之生气。

36　(编号649)青羊宫。青羊宫位于四川成都西隅,始建于唐,现存殿建筑于清代。老子与尹喜在楼观台说经后,临别曰:"子行道千日后,于成都青羊肆寻吾。"传说老子骑的青牛变成青羊,另有一说青羊乃二十八宿中龙神所化。

37　(编号648)青羊宫前八角亭。亭为二层,按八卦方位建成之八角亭,八根柱上雕滚龙抱柱,栩栩如生,工艺神奇。

38　(编号652)二王庙。庙在四川灌县,倚山临岷江与都江堰相望,取势雄伟,创于南北朝。现建筑为清代重修,庙貌巍峨,为崇敬战国秦昭王时蜀郡守李冰父子治水而建。宋以后,敕封为王,故称"二王庙"。

39　(编号661)安澜索桥。索桥位于都江堰鱼嘴,横跨内外二江,两岸行人可安渡狂澜,故名安澜桥。为我国古代桥梁建筑之一。

40　(编号655)李冰塑像。战国秦昭王时,蜀郡守李冰为变岷江水害为水利,率子二郎带动人民凿山引水,筑堤分水,既保证灌溉,又免水患,构成科学完整的排灌系统,使川西平原成"天府之国",得到人民崇敬。

41　(编号656)二王庙字库。庙内刊刻治水经验与论述。

42　(编号658)后殿供李冰子二郎。手持工具,似劈山修堰雄姿。

43　(编号660)老君殿。匾额"道德其传"。

44　(编号90)子贡居墓处。

45　(编号189)

46　(编号191)45—46,杭州吴山。

47　(编号740)兵马俑。陕西临潼县骊山麓是秦始皇陵墓。一九七四年在陵东出土近万件兵马俑,大小如真人,反映秦始皇之豪气,亦为艺术宝库,闻名全球。其中兵马俑均面向东方,秦始皇位于关中,欲从西向东发展,至海边见到大海无边,向往海中仙山,故深信方仙道,以求不死之术。

48　(编号113)秦始皇曾赴东海望仙,认为神仙都在海上,以求长生之道。

49　(编号249)刘安墓。汉淮安王,为汉代继承先秦道教的唯一重要人物,重视律历及炼丹等术。后为汉武帝所废,愤而自尽,墓址位于安徽省淮南市。

50　(编号570)"汉武仙台"。位处陕西黄陵县。汉武帝征朔方回来,为纪念黄帝,在黄帝陵旁筑台祈仙,以期继承黄帝思想。

51 (编号586)"挂甲柏"。传说汉武帝征朔方归回时,曾挂金甲于陕西黄帝庙碑亭后之柏树上,致柏树内液外流,似有断钉在内。

52 (编号262)由巢湖望天柱山。此处今已为水库一侧,景色淳静有仙气,仍以炼丹湖名之。

53 (编号270)面对天柱山顶的拜岳台。汉武帝封天柱山为南岳。

54 (编号282)天柱山。临山以望潜江,诗意盎然,今地名为善士坊,当年汉武帝封禅时即由水路抵此以入山。

55 (编号220)泰山。

56 (编号202)红门宫。登泰山时必先经此,故曰"瞻岩初步"。在其西北悬崖上,有两块似门阙之红色岩石,故建宫以红门名之。初建时已难考核,今存者为明朝天启六年(公元1626)所重修。

57 (编号193)泰山南门之建筑群,最高最远处即玉皇顶。

58 (编号116)入岱庙正阳门。

59 (编号192)东岳泰山之神像。位于玉皇顶,为全山诸神之主。此岳神本为儒、道所共尊者。

60 (编号197)俯视碧霞宫全景。泰山南天门上时有大风,一般瓦片常被吹散,故碧霞宫顶之瓦皆用金铁特铸。

61 (编号101)碧霞君殿外景。

62 (编号248)碧霞元君之神像。碧霞元君为元始天尊所封,专主泰山之女仙。民间称元君为"泰山娘娘"。

63 (编号200)玉皇顶旁之无字碑。碑高六米,宽一点三米,厚零点九米。顶上有较大之石片覆盖,镇之以一石块,碑色已呈黄白。据《史记·封禅书》,汉武帝封禅于元鼎三年,立石泰山,距今已二千一百年。

64 (编号773)明《正统道藏》。

65　(编号 776)《道藏》系道教经书总集,历代《道藏》早已散佚,现存的是明英宗正统十年(公元 1445)由邵以正督校刊成的《正统道藏》,凡五千三百零五卷,分装四百八十函。

66　(编号 826)内景图。

67　(编号 828)《度人妙经》,道教拔度之最大经文。此为元代书法大家赵孟頫所书真迹。

68　(编号 813)璇玑玉衡图。

69　(编号 749)刻于甲骨上的卜筮记录。

70　(编号 722)湖北随县出土的战国时代曾侯乙墓随葬品,漆箱盖上的二十八宿图箓和青龙白虎图。

三、三教絪缊与三教合一

汉武帝开始时信仰方仙道与黄老道,后来将方仙道和儒术结合而特尊儒术,造成儒道分辨。汉武帝通西域后,佛教通过丝绸之路源源不绝深入中原,约从两汉之际楚王英开始,已有三教的相互絪缊,以孔望山为代表。提出三教合一的第一人是梁武帝时的陶弘景,以茅山为代表。认识三教原理与《周易》可通的第一人是唐玄宗时的李鼎祚,以青城山为代表。具体实践者是五代宋初的陈抟,以华山为代表。其中内容变化甚多,宋后的南北宗,皆立足于三教合一。南宗初祖张伯端为天台山人,而得道于四川成都。北宗创教于王重阳,得道于终南山而传道于沿海诸地。

1　(编号 1)孔望山全貌。其山面对黄海,有取于道教远眺海中之岛屿以寄其神思。渤海中有蓬莱、方丈、瀛海三神山,何尝不可漂移于此。传言孔子曾登此山以望海,故名孔望山。这一传说似未可信,或系后世信仰道佛者,有以借重孔子之名。

2 （编号3）道教神像石刻,位处其他神像之上,以见佛教初传入时,须借重道教本有之神仙形象。此神像稳重,淡然幽然,其为西王母之像乎。二目垂帘,有太上忘情之神态。

3 （编号4）道教神像石刻,位处下层石刻之第一尊。此神像二目向左凝视,炯炯有力,似在概观同排神像。其旁另有较小之一尊,二目圆睁,似属侍者之身份。

4 （编号8）连云港花果山三元宫之三官宝殿,花果山旧称苍梧山。此宫初建于唐,历代有兴修,明吴承恩名著《西游记》每以此处为背景。

5 （编号9）——五,孔望山。三官宝殿中所供奉之三元神像。道教教义,三官指天元、地元、水元为三元,各有神主,以保佑风调雨顺。

6 （编号94）

7 （编号95）

8 （编号93）

9 （编号99）6—9,曹娥江。

10 （编号665）

11 （编号666）10—11,鹤鸣山。此山形似鹤之美而名之,位于四川剑阁县城郊。张道陵受道于鹤鸣山后,去青城山传道。鹤鸣山留有唐刻道教造像,此为入门槛,两旁各有浮雕甲胄武士像多组,姿态雄伟。旁有联:"万山合抱足以大观,九天同游斯为盛会。"

12 （编号617）四川灌县城西南的青城山,山青水秀,四季常青,为道教发源地之一。汉张道陵修炼于此处,历代高道均先后来此。建福宫规模宏大,是入青城山必由之地。

13 （编号616）天师洞"古常道观",为青城山主观。旁联曰:"胜地冠两川放眼岷峨千派绕,大名尊五岳惊心风雨百灵朝。"

14 （编号621）天师洞三清殿。

15 （编号629）青城山中全国最古、最大银杏树,高数十米,枝叶扶疏。相传汉张道陵手植。有联:"银杏千年征道性,青城一洞试幽探。"

16 (编号630)降魔石。传说张道陵在此降魔时,轰雷掣电中巨石当道,乃挥剑劈石。

17 (编号632)上清宫。青城山另一大观,地处高台山。

18 (编号634)上清宫内殿。

19 (编号635)上清宫内殿。此地虽处高山一千六百米,仍烟雾缭绕,香客不绝。

20 (编号281)左慈炼丹处。左慈,东汉末术士。

21 (编号268)20—21,天柱山。天书飞丹处。相传左慈幼时在此炼丹时,巨石自天落。或谓左慈炼丹成,飞来者即与丹合,左慈得之而仙去,其道传与葛玄。

22 (编号559)汉神医华佗之墓。华佗被曹操所杀后,后人悼念华佗,移墓于华山。

23 (编号347)

24 (编号349)

25 (编号350)23—25,光孝寺。位于广州市区,原为西汉南越王宅第。三国时,吴国经学家虞翻(164—235)被流放南海,在此讲孟氏易并魏伯阳《参同契》,后改为佛寺,可见此寺与道、儒之渊源关系。

26 (编号310)位于广州市区中唯一古老道观——三元宫大门。

27 (编号314)三元宫之主殿。望之深邃、庄严、肃穆。

28 (编号318)三元宫中供奉的吕祖神像,横额题为"道门乾坤"可喻唐代吕祖在道教中的地位。

29 (编号320)26—29,广州三元宫。

30 (编号368)洛阳关林为三国蜀将关羽首级葬地。明万历年建庙,清康熙尊关羽为夫子,雍正追封为武圣,道光元年加封新号。因之洛阳关庙正式称"关林",一再修建,建筑均按帝王宫殿式样,规模雄伟。图为关林石栏板甬道和月台。栏板上每一石柱头上有形式不同的石狮共一百零四个,雕刻精细,足示我国古代艺术之优异。

31 (编号369)拜殿。拜殿原为历代百官祭祀时谒拜之处。殿外古柏苍郁,关林翠柏约八百余株,径二十公分以上有四百余棵。

32 (编号371)关林大殿。殿内供关羽面帖金塑像,匾额"声灵于铄"、"气壮嵩高"。两旁对联:"翊汉表神功龙门并峻,扶纲伸浩气伊水同流。"

33 (编号372)威风凛凛的关羽全身塑像。

34 (编号389)山西晋城关庙圣君殿。关羽为民所尊,全国各地均有关公祠或关帝庙。此庙创建于南宋宁宗庆元间,距今已七百九十五年。庙宇宏伟壮观,殿门外有精工细刻十盘龙柱的石柱。

35 (编号390)关庙内三义殿。

36 (编号754)关羽夜读《春秋》图。

37 (编号178)

38 (编号181)37—38,杭州葛岭抱朴书院。

39 (编号339)"稚川丹灶",位于广东博罗县罗浮山。葛洪字稚川,此灶由花岗石砌成八角形基座,上有"未济炉",按当时水平,此灶已为世界最先进。葛洪在炼丹过程中应用医药,发现重要的化学原理和方法。

40 (编号340)仙人洗药池。葛洪移居罗浮山采集中草药,即在此池洗制,与百姓治病,广传医药知识。清末诗人题咏:"仙人洗药池,时闻花香发。洗药仙人去不还,右池冷浸梅花月。"

41 (编号283)三清山之飞仙台。此台似由人工堆石而成,间有自然之趣,且属明代遗迹。五百余年来,屹立如故,可云奇迹。

42 (编号293)三清山之丹井,井水迄今未干涸。

43 (编号289)三清山炼丹台旁之石虎雕像。对称之石龙惜已毁,能以左龙右虎相伴两侧,始见炼丹时有东西辗转之变,合诸内丹,指人之气血。

44 (编号410)嵩山中岳庙是我国最早道教庙之一,北魏寇谦之修炼于此。他改革东汉旧天师道,制定出较完备的箓章新法,为道教史上有影响的人物。始建于秦,宋按开封皇宫造,清又仿故宫重修,建筑宏伟,翠柏满院。图为中岳庙大门。"遥参亭"位于大门外,前来进香者为慎重起见,先遥参拜于此亭前。

45 (编号352)配天作镇坊。斗拱华丽,配有庑殿式屋顶,更显雄伟。

46 (编号353)峻极殿全貌。峻极殿是嵩山最宏伟的古建筑,殿增建于宋真宗大中祥符六年(公元1012),明崇祯十四年(公元1614)失火被烧,清顺治十年(公元1653)重建。殿前御路石雕,殿顶盘龙藻井,大殿重檐庑殿式,面阔九间,红墙黄瓦,金碧辉煌,气势磅礴。

47 (编号358)中岳神塑像。唐代封为中天王,宋真宗加封为"中天崇圣帝"。

48 (编号357)中岳庙长廊。大殿左右有东西廊房,与大殿成一座完整的院落。宋建为七十二间,明时失火,清重修九十二间,现剩廊房六十二间。

49 (编号363)"五岳真形"之图碑。此碑立于明万历三十二年(公元1604),碑顶雕有线刻式双龙戏珠,为中岳庙古迹之一。

50 (编号16)

51 (编号21)50—51,茅山。

52 (编号557)华山道观之一。陕西华山为五岳中之西岳,历代有许多道教徒居住在山洞修道,后逐渐改成木结构,建筑成庙宇。因之华山自山麓至顶,庙宇古迹与自然奇景处处可见。

53 (编号563)华山山麓"玉泉院"主殿内陈抟像。宋代道士陈抟是道教中老祖。他隐居华山,闭门独睡可累月不起。宋太宗因他学问高超,多次要他进朝做官遭拒,惟愿以山水为乐,学仙在洞天。后宋太宗赐号"希夷先生",并令地方官与他修筑道观,遂使华山成道教胜地。

54　(编号561)山莃亭。亭旁山莃为陈抟手植,因莃而名亭,有独特之乐趣。

55　(编号32)南昌万寿宫之左侧,以祀许真人为主,特书"飞升福地"以显其神。

56　(编号34)万寿宫高明殿中所祀之许真君神像。前后有两尊,前尊为世间朝服像,后尊为神仙真人像,可喻南宋后之道教,每重儒道合一之旨。

57　(编号35)高明殿全貌。建筑宏伟,一株数围之柏,传说为许真人生前所手植。大殿上悬"忠孝神仙"之匾额,以见儒道合一之旨。

58　(编号454)贵州万寿宫附近风景。贵州镇远县中和山绝壁千尺,古树差错,三面临江,风景奇特。清代陆续修建万寿宫、玉皇殿、吕祖殿等,于山间隙地成一大群古建筑物。

59　(编号455)万寿宫大门。宫傍山倚水,拾级而上,步入佳境,大门壮观,门首匾"水德灵长"。

60　(编号456)万寿宫内戏台,结构精致,二旁建筑似黏壁悬空,金碧辉煌,壮丽非凡。台中有额:"中和且平",两旁对联曰:"不典不经格外文章圈外句,半真半假水中明月镜中天。"

61　(编号115)三苏祠。四川眉山县宋代著名文学家苏洵及其子苏轼、苏辙的祀祠。祠原为苏氏故宅,明洪武年时人为纪念三苏,始就地改宅为祠,供三苏塑像。苏氏父子三人均为主张儒释道三教合一者。

62　(编号57)庐山以瀑布名,宋朱熹特以"枕流"二字题此。

63　(编号59)白鹿洞。宋时朱熹在此建白鹿洞书院。

64　(编号58)白鹿洞石刻。唐学者李渤隐居匡庐,养白鹿一头,乡人以神鹿目之,其地亦以白鹿洞名之。李著有叙述上清派之《真系传》。

65　(编号423)吕纯阳为传说中八仙之一,原名吕洞宾,号纯阳,生于唐贞元十二年(公元796),文宗开成二年(公元837)中进士。传说在长安遇钟离权,经过"十试"授以延命之术、金液太丹之功,因得道法。浪迹江湖,留下许多仙迹,世尊为吕祖或纯阳祖师,因此宫殿遍及各地。图为"吕天仙祠"纯阳宫山门。位于山西太原市,斗拱重叠,绿黄琉璃瓦,单檐顶,极壮观。始建于明万历年(1573—1619)。清乾隆增筑巍峨阁三层,主殿为吕祖殿,面阔三间。

66　(编号424)纯阳宫内吕祖殿前院。前院为楼阁式,建筑高低相错,四隅建八角攒尖亭,益增雅趣。

67　(编号426)吕祖殿后二院。巍阁最高,登高远眺,太原市内景色历历在目。

68　(编号258)仙人洞入口处。

69　(编号260)仙人洞牡丹盛开,花出岩间,别有情趣。

70　(编号87)齐云山象鼻崖。象鼻较桂林者直,观之似少情趣,然进入象身下之崖洞另有特色。

71　(编号728)天台"赤城栖霞"。浙江天台八景之一,山上赤石如城,望之如霞,故名。山顶有南朝岳阳王妃所建"赤城塔"。又四川青城山一名赤城,而与天台之赤城在道教中有联系,不单限于地域。道教南宗张伯端为天台人,悟道于四川赤城。张直承陈抟三教合一之理,著《悟真篇》。后人尊张伯端为南宗初祖。

四、仙趣传说与文物艺术

道教中有许多有趣的思维形式和传说故事,历代脍炙人口,对于中国古代的哲学、科技和文学艺术有深远的影响。如"鼎湖龙去"讲述黄帝成仙的故事,"写经换鹅"讲述书圣王羲之的故事,"黄粱一梦"谓道教的大、小年度人的故事,吕洞宾"三醉岳阳楼"谓道不远人的故事,"八仙过海"的神话更为人们所熟知。至于道观的建筑艺术、石刻、塑像等有栩栩如生的形象,各具特色。

1 (编号640)太极图。道生一,一生二,二生三,三生万物。人法地,地法天,天法道,道法自然。

2 (编号723)浙江仙都鼎湖峰。此峰傍山临溪,拔地而起如春笋,高一百六十八米,又称玉笋峰,峰顶有湖,故名鼎湖峰。传说轩辕黄帝置炉于封顶炼丹,丹成飞升。

3 (编号604)石刻青牛,位于陕西终南山麓周至县。传说老子骑青牛西出函谷关。

4 (编号306)福建崇安县武夷山。整座山峦中藏有若干悬棺,目前考古研究者用 C^{14} 测定其时间距今为三千五百年左右。此为内藏悬棺之洞口。

5 (编号697)黄鹤楼。武昌蛇山又名黄鹤山,楼因而得名。创于三国吴黄武年间,此后经过各朝代屡毁屡修,此楼为近年重新修建。黄鹤楼有许多神话传说,唐崔颢题黄鹤楼诗:"昔人已乘黄鹤去,此地空余黄鹤楼。黄鹤一去不复返,白云千载空悠悠。晴川历历汉阳树,芳草萋萋鹦鹉洲。日暮乡关何处是,烟波江上使人愁。"更名闻千古。

6 (编号343)罗浮山会仙桥。桥处广东罗浮山冲虚观山门外,传说苏东坡被贬岭南,酒后游罗浮山咏诗戏谑一村姑,殊不知村姑乃八仙中之何仙姑化身,见他放肆,作法兴雨水罚之。铁拐李见苏东坡狼狈不得归,投毛竹成桥以解其围。后人以此传说在溪上筑桥,称之"会仙桥"。

7 (编号545)西安八仙宫大门。初创于宋,原名八仙庵。现为西安市最大、最完整的道观之一。道教八仙传奇在民间影响深远。起始于诗人杜甫描述八位酒友为八仙,在道教中渐渐形成八仙观念。其中汉钟离权被全真道尊为正阳祖师,唐吕纯阳是全真道师父,逐步增加李铁拐、张果老、何仙姑、蓝采和、韩湘子、曹国舅成八人。八仙人物的塑造,亦经过相当长时间。元杂剧中更多八仙形象,就逐步巩固下来。明代起成为家喻户晓的传奇人物。

8　(编号552)八仙宫内吕祖殿。此殿香火袅袅,比其他各殿更为旺盛。

9　(编号548)丘祖殿内匾额"玉清至道"。庚子之乱,八国联军入京,慈禧太后西去,在西安八仙庵避难。光绪二十六年(公元1900)回归,赐八仙庵道士李宗阳匾,并敕封"西安东关清门万寿八仙宫",从此八仙庵改名八仙宫。

10　(编号527)邯郸故观大门。位河北邯郸市北,又称吕翁祠。初建年代不详,县志中有金代元好问的题诗。

11　(编号528)入门照壁"蓬莱仙境"。

12　(编号529)"吕翁祠"旁有八仙楼阁。祠门首有匾"泽沛苍生",联曰:"蓬莱仙境逢来客,万世儒风万卷诗。"

13　(编号532)古观内布局紧凑,有莲池、石桥、八角亭,清净素雅。

14　(编号535)钟离殿内供奉之"正阳帝君像",相传为八仙中的首仙。

15　(编号536)吕祖殿。匾额为"孚佑帝君",联曰:"道院光招蓬莱客,玄门常会洞中仙。"

16　(编号538)卢生石雕卧像。置于卢生殿内,殿北壁有"黄粱梦"壁画。"黄粱梦"源出唐沈既济作《枕中记》:卢生在邯郸客店遇吕翁,叹己困苦不得志,慕荣华富贵,吕翁授青瓷枕,谓由此枕可得志。时旁店家正在煮黄粱,卢倚枕果梦获所需,福涉子及孙,寿及八十,终于病榻。梦醒,吕翁在旁微笑,而店家所煮黄粱尚未熟。卢生悟,随道仙而去。

17　(编号503)北京白云观窝风桥。传说白云观原名白云寺,所住王和尚在皇宫里祈雨失败,不服气,与丘处机以寺打赌,结果他输了,只能交寺退出。后按八卦另修庙,名"西风寺",想用西风吹化白云。丘祖使术用八卦修了窝风桥,以顶住西风。

18　(编号553)西安东岳庙斗拱一角。泰山位东方故称东岳。历代帝皇以山高有灵修庙祭祀,因而名东岳庙者遍全国。此庙建于北宋政和六年(公元1110),由此斗拱足可见大殿建筑宏伟。

19　(编号430)飞云楼。此楼在山西万荣县介店镇东岱岳庙山门内,高耸入云,结构巧妙,外观玲珑,秀丽壮观,为我国楼阁建筑代表作。创始年不详,唐贞观时已有,经历代多次整修。清乾隆十一年(公元1746)重修,即现状。

20　(编号433)乾隆"重修岱岳庙"之碑头。

21　(编号375)奉仙观,位于河南济源市。此观始建于唐垂拱元年(公元六八五),唐鲁真人及宋贺兰栖真曾先后修道于此。

22　(编号378)奉仙观内"三清大殿"。面阔五间,造型系单檐悬山,八角形尺柱斗拱。建筑上采用减柱构造,材料上就地取材,动用建筑榜上无名的荆、枣、柿、桑四种木料,且以荆木为梁。故奉仙观又称"荆梁观"。这种手法豪放、运思奇特的建筑法,吸引中外考古学者与建筑家欣赏惊叹。

23　(编号526)天坛内之圜丘台。北京天坛为明、清二代帝皇祭天祈谷处,地处北京崇文区正阳门外。圜丘台在清代,祀天最隆重,为冬至大祀祭所。台为白玉砌成,建筑法完全与今几何数理相符,为世界驰名古艺术建筑。

24　(编号520)祈年殿。在天坛北部,为帝王祈谷之处。殿分三层:中央四柱代表四季,外圈二排柱子各十二根,代表十二个月与十二个时辰。每层有石护栏,外有遗墙一种,气势雄伟。

25　(编号524)皇穹宇。在天坛圜丘以北,是存放圜丘祭祀神牌位之处。正殿及东西配庑,共围于一围墙之内。由于内侧墙面平整光洁,声音可沿内弧传达,故又称回音壁。

26　(编号 679)岳阳楼。湖南洞庭湖畔江南有名三大楼阁之一。相传楼始于三国时,吴将鲁肃阅水兵于此。

27　(编号 677)岳阳楼前石坊。

28　(编号 674)三醉亭。吕纯阳三醉岳阳楼而名此亭。

29　(编号 79)安徽休宁齐云山玉虚阙之门楣,可观赏其精细之砖雕石刻。系明正德戊寅(公元 1518 年)初建时旧物,迄今已四百七十余年。观其门阙之结构严密,石雕精细,图案活泼,形象栩栩,可喻当时之重视此一工程,方能使玉虚宫适应于齐云山之自然景色。且此道宫虽已破旧,赖名山胜迹之神,远近乡民素具崇道之情,宜香火之缘仍未间断。

30　(编号 98)曹娥庙中之藻井。浙江上虞孝女曹娥庙中藻井图案,色彩各具特色,有传统的民族风格。

31　(编号 391)晋城关庙"三义殿"雕刻石柱近图。此殿位于山西晋城关庙内。石柱上人物形态逼真,朝代分明,上自周文王访姜尚,哪吒脚踏风火轮,下至三国凤仪亭等传奇。雕刻细致,充分表现了古代艺术创作。

32　(编号 109)泉州"天妃宫"龙柱。

33　(编号 223)泰山岱庙"王殿"天贶殿。建于宋大中祥符二年(公元 1009),大殿长四十八点七米,宽十九点七九米,高二十二点三米,可见其规模宏伟。全国唯北京故宫的太和殿、曲阜孔庙的大成殿,能与此天贶殿相互媲美。

34　(编号 102)天贶殿中之部分壁画,画名"启跸回銮图",描绘泰山神像出巡回銮之过程。全画高三十三米,长六十二米,属宋代作品。内有人物六百七十二个,神态各异,栩栩如生,诚为独一无二的艺术精品。

35　(编号155)《兰亭集序》之碑刻。

36　(编号157)兰亭前之流觞曲水。

37　(编号158)35—37,浙江会稽兰亭。

38　(编号449)"寿碑"。山西芮城县"永乐宫"吕祖纯阳诞生祠门右首,立有吕祖于绍兴戊寅手书之"寿"字碑。

39　(编号445)"永乐宫"壁画经历代整修,保存此元代宝藏,被誉为"东方艺术"之冠。壁画用色、用笔厚重流丽,画中审美贯穿着全真道的宇宙观。一九五九年因黄河水利工程,原址将因筑三门峡水库淹没,乃将永乐宫连壁画一无损坏、原样原料搬移山西芮城,以供国内外来者观摩。图为重阳殿壁画一角。此殿壁画内容为王重阳一生活动。

40　(编号716)纯阳殿内壁画。为"纯阳帝君神游显化图",画的是吕纯阳一生经历。此图完成于元至正十八年(公元1358),示钟离权度吕纯阳。

41　(编号718)三清殿内壁画,总称为《诸神朝元图》,完成于元泰定二年(公元1325)。

42　(编号717)三清殿东壁画,玉皇大帝及河流山川诸神。

43　(编号719)三清殿壁画,供养人。

44　(编号715)三清殿西壁画,王公及太乙诸神。

45　(编号104)老君岩造像。此像刻于福建泉州市北郊清源山右峰下。宋代其地有北斗殿、真君殿等,为道教宫观集中地,惜皆久圮。此仅存之老君造像高五点五米,厚七点二米,宽七点三米,为全国仅存之宋代巨型石刻,造型古朴、浑厚,颇有汉代雕刻艺术余韵。"老君"神态安详,似在向人们讲述"长生久视"的秘诀。此像为全国唯一之老君像。

46　(编号396)玉皇庙位于山西晋城市东,创建于北宋神宗熙宁九年(公元1076),距今已有九百余年,规模宏伟,有两道山门,分四进,有玉皇大殿、成汤殿及诸神殿、殿宇、献亭及厢房一百余间。明嘉靖年值风雨之催,万历癸巳(公元 1593 年)仲夏重修。全庙有近三百尊塑像,是文物珍品,造型生动,体态自然,男的表情奔放,女的温柔娴静,衣纹清晰,动物亦均惟妙惟肖,充分体现了我国古代人民雕塑技艺和创作想象。清雍正五年丁未(公元 1727 年)曾作重粧。图为玉皇庙山门。

47　(编号 393)玉皇庙成汤殿。成汤殿建筑结构以荆木石柱,故又有金(荆)梁玉(石)柱之称。

48　(编号 395)玉皇庙内二殿相对处,单檐侧角起升,斗拱复杂,屋顶雕有龙头,更显华丽。

49　(编号 399)玉皇庙内钟鼓楼。

50　(编号 408)玉皇殿内泥塑玉皇大帝。

51　(编号 401)配殿内泥塑"十二生肖像"。

52　(编号 402)

53　(编号 403)

54　(编号 404)52—54,配殿内"二十八宿"。二十八宿是星座,道教加以人格化,尊为天神。

55　(编号 405)配殿泥塑"天棓"、"人枪"。亦为天上二座星像,道教加以神化塑成像。

56　(编号 406)配殿内泥塑星宿像,属六十甲子元辰之一。

57　(编号 407)配殿内泥塑"三垣"中之紫微垣像。按"三垣"为太微垣、紫微垣、天市垣,紫微垣居三垣之中。

58　(编号 417)龙山石窟之一"玄门列祖洞",位于山西太原龙山山顶。从洞外残迹可见门外原有浮雕像,洞内三尊坐像惜均已遭破坏。

59　(编号 420)洞内清晰可见一女尊,旁立二侍从,造型生动逼真,温柔庄严。

85

60 （编号421）卧如翕。雕工朴实,像虽遭损坏,仍见神态自然,修道养身之怡然。

61 （编号662）鹤鸣山道教造像。四川剑阁县城郊著名道教胜地鹤鸣山,留有造像多尊,此尊形象古朴。史载汉张道陵客居蜀北学道鹤鸣山中,后创五斗米道,流传巴蜀。

62 （编号667）足穿道靴、身穿宽道袍、神态肃穆之天尊像,刻于唐大中十一年(公元八五七)。

63 （编号663）另一天尊像。

64 （编号720）湖北随县战国曾侯乙墓出土的编钟。此钟为战国一个诸侯国君主随葬物。它在地下埋藏二千四百余年,音乐性能好,音色优美,音域广,变化音完备,为我国古代文化艺术之珍宝。

65 （编号721）鹿角立鹤。湖北随县战国曾侯乙墓随葬之青铜礼器,艺术造型优美,以见楚文化之特色,亦见道教思想之空旷豁达。

66 （编号722）漆箱盖上的二十八宿图像。由此图像可证中国古代天文学于二十八宿的研究,早在被描绘箱盖作装饰之前,它的形成时代比此文物入葬年代早得多。两旁是东西方星象所形成的青龙白虎,中间是北斗星。

67 （编号772）河南开封龙亭。开封为北宋都城,龙亭内雕龙宝座传为赵匡胤御座。龙亭旁有“五岳真形图”石碑,足资证明宋时道教盛行。

68 （编号373）陈列于陕西洛阳关林的唐石蟾蜍。蟾蜍被视为神物,它能辟五兵、镇凶邪、助长生、主富贵,为吉祥之物。此蟾蜍出土于唐上阳宫遗址。

69 （编号366）嵩山中岳庙石翁仲像。此像置立于东汉安帝元初五年(公元118),刀法简练,古朴大方,为研究汉代雕刻艺术和衣着服饰的实物资料。

70 （编号712）紫霄宫香炉。此炉建于明万历十四年十月,置于湖北均县武当山紫霄宫前。

71 (编号119)战国楚帛书。出土于湖南长沙战国楚墓,系用占辞术语讲述日月星辰运转正常与否,以影响山川变化。古人认为日月星辰逾轨乱行,由于人对上天不敬,罪在于人。炎帝通过巫祝告诫人民,敬之即得保佑。古人又认为鬼与神是对立地位,神福人,鬼祸人,用五木之精防卫四时正常与安宁。此帛书亦是对怪兽、山川、草木的信仰,内容丰富,包括宗教思想、天体意识、文学风格、绘画技巧等等,以见当时人们对自然现象和社会现象的揣测理解。此帛书用古文写在丝织上,为我国字最多、保存最完整的古文物。此图为摹写本,真本现在保存于美国耶鲁大学图书馆。

72 (编号741)"庄子梦蝶"。

73 (编号742)"列子御风"。71—72,此二图为元佚名画家所作。内容深得道教教义。"列子御风"的寓言,见《庄子·逍遥游》,其意为列子待风而飞行,无风不能飞行而有所待。庄子认为其知二而不知一,未足可贵。庄子能物化蝴蝶,作"梦蝶"的寓言,见《庄子·齐物论》,已能一而二。这位画家深通道家之一、二阴阳变化的哲理,构思成此两幅杰作。画面新颖,含义深远。特选录以供赏玩。

五、历代高道与道派兴衰

道教教义之所以丛杂,在于不能得道教的整体。秦汉以来某一时间、某一地域、某一人物即可自创一道派。因之道派众多,而且朝不同方向发展,保存时间长短亦不一。仅取某一教派为道教,此所以造成道教内容有极大的差异。至于整体的道教,不外仙道结合以归诸三清,历代高道莫不知之。故道派宜视为随时代以发展之道教,惜高道不世出而继之乏人,难免兴衰频繁。

1 （编号 214）

2 （编号 213）1—2，蓬莱。

3 （编号 644）青羊宫"三清殿"。四川成都青羊宫，传说老子曾于此度尹喜成仙。唐代建观以来，一直是道教颇有影响的著名道观。现所见青羊宫为清康熙年间修复，规模宏伟。此"三清殿"共五大间，高敞非凡，供三清贴金泥塑坐像。殿前旁联："日月两轮天地眼，道德真经圣贤心。"

4 （编号 638）斗姥殿。北斗星神称斗姥，殿前香火旺盛。

5 （编号 646）唐王殿。唐黄巢之乱，僖宗避居此作行宫。他重返长安后，下诏将青羊观易名青羊宫。据此称唐王殿，殿内供有唐王夫妇像。

6 （编号 276）天柱山混元霹雳石。传说左慈以混元霹雳法击断此巨石，此石刻于咸丰辛酉年（1861）春，长白云麟题。

7 （编号 152）兰亭。在浙江省绍兴市西南。晋王羲之等人在兰亭"修禊"，王羲之为文集作序，亭以此闻名。王羲之（321—379）有书圣名，信奉当时盛行的五斗米道。兰亭旁有鹅池，王羲之喜鹅，有为高道书《黄庭经》以换鹅之佳话。

8 （编号 154）7—8，兰亭遗址。

9 （编号 323）东晋咸和年间，葛洪弃官到广东博罗县罗浮山修道炼丹，采药济世，开创南岭道教圣地。图为罗浮山冲虚古观山门。殿宇掩映在苍松古柏中，宋元祐二年（公元 1087）哲宗赐"冲虚观"匾额。殿旁有联"典午三清苑，朱明七洞天"，又有楹联"妙景空不空四百峰峦朝紫府，尊躬上之上五千道德启玄门"，大有禅风。

10 （编号 326）冲虚观内"三清宝殿"全貌。

11 （编号 331）"三清宝殿"内供道教始祖。"元始天尊"、"灵宝天尊"、"太上老君"金身塑像。

12 （编号 337）葛仙宝殿内供葛洪、鲍姑金身塑像。葛洪、鲍姑夫妇俩志同道合,炼丹制药,治病济世,对我国医药学有重大贡献,民尊之为神仙。

13 (编号338)冲虚观内黄大仙祠,供奉葛洪弟子黄野人。传说黄野人即"圯上老人"黄石公,张良童时曾在"圯桥进履"而获黄石公授"太公兵法"。张良佐汉定天下后,终乃道成仙去。

14 (编号26)苏州玄妙观。初建于西晋咸宁间,距今已一千七百余年。大殿供奉太清、上清、玉清三位真人,为三清殿,所谓"太上一炁化三清"是其象。

15 (编号30)苏州玄妙观所供奉之三清神像。三清者,中供玉清元始天尊为圣境,右供上清灵宝天尊为真境,左供太上老君为仙境。

16 (编号688)玄都观。位置在南岳衡山半山亭附近。

17 (编号683)衡山"三清殿"。

18 (编号685)南岳之"大罗宝殿"香火旺盛,"大罗天"指道教之天宫。

19 (编号13)茅山藏经楼所藏道教之经籍。凡上清派之文献基本全出茅山。

20 (编号380)阳台宫内大罗三清殿。阳台宫位河南济源县王屋山麓,唐司马承祯曾修道于此。此大殿建筑方形石柱上雕有云龙纹饰,刻工精细,形态生动。殿前有大梭罗树,树叶茂盛。

21 (编号381)阳台宫内玉皇阁。此阁高二十米,明万历三十一年(公元1603)修,为三重檐黄、绿琉璃瓦顶,规模宏伟,气势磅礴。

22 (编号383)玉皇阁石檐柱。二十根石柱上雕有山水、人物、花鸟、云龙栩栩如生,与龙头斗拱相继,颇为壮观。

23 (编号198)泰山唐碑。

24 (编号308)武夷山之九曲溪水。水清现山之倒影,心平悟物之憧憧,悠然淡然,确然陨然。

25 (编号47)龙虎山天师府外景。有旷达清闲感,门联曰:"南国无双地,西江第一家。"

26 (编号42)元代以"万法宗坛"之匾额赠张天师。考自宋以来,道教之符箓,基本聚于三山。其一,三茅君之上清派法符属闾山。其二,葛玄传自左慈之灵宝派法符属闾皂山。其三,张陵之正一派法符属龙虎山。元代诏收三山符箓归一于龙虎山,乃改"正一玄坛"为"万法宗坛"。

27 (编号43)天师府中尚保存元至正十一年(1351)所铸之铜钟。

28 (编号33)南昌万寿宫。江西南昌久为道教圣地,尤以"西山"名重全国。自唐宋以来,盛传不衰,足与贵溪龙虎山齐观。唐司马承祯所选定的洞天福地,取西山洞为第十二小洞天。传说晋代有许逊,曾任四川旌阳县令,居官清廉,屡次为民除害兴利。晚年弃官修炼于此,成道后全家白日飞升,乡人兴祠纪念。宋真宗曾封祀许逊之观改名玉隆宫,徽宗又亲书"玉隆万寿宫"。自南宋起,许真人之地位与日俱增,此山即成为儒道结合之有名道场。所谓"生前正直,死后为神"。

29 (编号460)永乐宫位山西芮城县。按道教文献记载,八仙之一吕洞宾诞生于此。民尊以为主,立"吕公祠",后扩建为观。元道教全真派丘处机受宠于朝廷。太宗四年(公元1232)丘祖师吕洞宾倍受尊敬,敕令升观为宫,派丘弟子潘德冲等主持,在永乐县大规模营建,工程浩大,历一百二十多年,几乎与元共始终。一九五九年因黄河水利工程,始将永乐宫自永乐县原样原料全部搬迁到芮城县。图为永乐宫入门处。

30 (编号435)"无极之门",永乐宫主体建筑之一。无极宫门,气势雄伟,面对"无极殿",寓意此乃通向玄妙道之门径。

31 (编号463)无极殿。无极殿为永乐宫主殿,近于皇宫设置。殿内有精美元代壁画,以列绘诸神众群像为主,总称《诸神朝元图》。

32 (编号465)重阳殿。殿内壁画内容,为有关道教全真派主王重阳的神话传说。

33　(编号 466)纯阳殿。纯阳殿气势雄伟,亦称吕祖殿,吕洞宾号"纯阳子",故名。殿内壁画描述吕祖神话故事。

34　(编号 451)金母像。金母亦称西王母。匾额"萱堂永照",联曰:"殿下万众仰金母,堂上萱圣赐恩福。"

35　(编号 452)永乐宫内吕祖墓。道教全真派主宋德方、潘德冲葬于此墓两侧。

36　(编号 500)北京白云观位于北京西便门外,历史悠久,道教全真龙门派始祖丘长春藏蜕之所。现为中国道教协会所在地。图为白云观入门处"棂星门"。

37　(编号 502)"敕建白云观",为白云观大门。白云观为始建于唐天长观故墟上重建的宫观,规模宏大。历史上经过多次火焚。正大元年(公元 1224),经丘长春积极募化修葺。康熙时大规模修建,始奠基今之白云观。

38　(编号 508)四御殿。殿旁联曰:"无上三尊乃乾坤之主宰,混元一炁为造化之根源。"殿为二层建筑,上层三清阁内藏明道经三千卷。

39　(编号 516)丘祖殿内瘿钵。丘长春生前在此演教,立龙门之宗,元太祖二十二年(公元 1227)七月羽化于此。此瘿钵为乾隆年赐一古树根雕刻而成瘿钵。

40　(编号 413)龙山石窟全貌。石窟位于山西太原龙山山顶。元道人宋德方在元太祖十四年(公元 1219)曾随全真道师丘处机赴西域乃蛮国朝见成吉思汗后,传道活动于今河北、陕西、山西之间。太宗六年(公元 1234)由宋主持营建龙山石窟,窟分三层共八龛,各龛雕像数不等。现虽有残坏,完好不多,仍为研究道教石窟艺术的重要资料。

41　(编号 226)

42　(编号 228)

43　(编号 225)

91

44　（编号 227）41—44，崂山。清蒲松龄（1640—1707）著《聊斋志异》，早已脍炙人口，部分写于崂山，且有《崂山道士》等篇。《香玉》一文，亦蒲氏以太清宫中之牡丹与耐冬，神化为"香玉"与"绛雪"，缠绵感人，令人不忘。或谓此耐冬系张三丰所手植，则未免蛇足。

45　（编号 105）天后，人称天妃，东南沿海与台湾等处尊"天上圣母妈祖"为海神，对她的信仰已逾千年。传说福建莆田眉州林氏女，生于宋雍熙四年（公元 987），有"生前能预知人祸福"的记载，得到人们信仰，死后神化，逐步由人而神，宋代将她纳入道教。明郑和太监出洋船队，航前都到女神前祈求，派官出使南洋等亦趋神前求保佑。后以此神显圣助阵之事奏于上，历代皇帝一再褒封，清康熙十九年（公元 1680）圣号由天妃进封天后，地位更高。沿海道观莫不设有天后神位，随着东南沿海华侨漂洋过海，"妈祖"成为祈求保佑、精神寄托的神灵。"妈祖"的信仰由是传播至港澳及日本、朝鲜、东南亚及国外诸地。图为福建泉州南门天妃宫外貌。

46　（编号 217）蓬莱天后神像。全年香火兴盛，有以赐福于旁山近海之居民，以祈海运平安。

47　（编号 489）晨曦中天津天后宫大门。始建于元，明清重修扩建。

48　（编号 492）天后宫内正殿。匾额"护国佑民"，宫内为历代海祭中心，也是古代船工聚会娱乐之所。

49　（编号 493）天后娘娘神像。

50　（编号 486）天后宫内戏台。天后宫内除举行隆重祭祀仪式外，还常有酬神演出，通宵达旦，热闹非凡。台上匾额"乐奏钧天"，两旁联曰："望海阔天空，千帆迎晓日；喜风轻云淡，百戏祝丰年。"

51　（编号 607）泉州天后宫。始建于南宋庆元二年（公元 1196），明永乐时郑和奉旨重修，为我国东南沿海、台湾及南洋一带现存最大的一座妈祖庙。

52 (编号608)香港天后庙。

53 (编号610)财神。亦称"赵公元帅",相传姓赵名公明,秦时得道于终南山,授"正一玄坛元帅"。

54 (编号495)吕祖堂。位于天津红桥区,始建于清康熙五十八年(公元1719),为供奉吕洞宾塑像的道观。光绪二十六年(公元1900)义和团运动兴起,著名的乾字团首领曹福田率团曾在此设总坛口,各方首领经常在此拜坛议事,指挥义和团抗击八国联军的斗争。

55 (编号497)五仙堂旁"道观三乘"前空地。为义和团练拳之所,是现存义和团总坛口完整遗址之一。

56 (编号609)金台古观为陕西宝鸡有名道观。因张三丰而著名,建于明初,此观独特处在观建于窑洞内,为他处所无。

57 (编号611)张三丰塑像。张三丰为明初传奇人物,曾多次隐居武当山,修道于金台观。他主张修炼内外丹,并创内家拳,即今之太极、八卦、形意。朱元璋屡次下诏求其人不成。当地有张三丰死后不见其尸之说,由此仙化张三丰。更由于明历代帝皇求之不得,历代增加封诰,益使之神化。

58 (编号606)金台古观花堂。朱楹雕栏,极为壮丽。

59 (编号613)金台观全貌。金台观地处宝鸡市区北面高原,登高可俯视全观及宝鸡市容。

60 (编号78)

61 (编号88)60—61,齐云山。

62 (编号690)武汉长春观之太清殿。太清殿内供金饰太上老君塑像。明末清初,龙门派传人伍守阳主持此观,著《仙佛合宗》流传至今。长春观因此书而著名。

63 (编号691)七真殿。殿内供七位真人,均系全真派王重阳弟子。道教是多神教,派别较多,七位弟子为马丹阳、丘长春、谭长真、刘长生、郝广宁、王玉阳与孙清静仙姑,其中以丘长春最为突出。

附：《道教文化》任选
若干章节示例

一、道教之名实

　　老子曰："道可道,非常道。名可名,非常名。"这两个哲学命题非常简单,而对中国传统文化已起很重要作用,亦即说明不可能有固定之名实。或有引孔子之言,所谓"名不正则言不顺,言不顺则事不成"(《论语·子路》),由是认为孔子重正名,老子不重正名,似为儒、道之异。其实似异而仍同,能进一步体味之,老子亦重视正名。唯其深入考察所正之名,所核之实,莫不有一时一地为人所认识。非其时,非其地,非其人,则其名实不可不变。故任何可名之名殊非常名,其名所指之实,以道字之,就成为任何可道之道殊非常道。此名实必将因人在时空条件中变化之哲理,影响中国学者之思想极深。当年庄子取法老子之义,可使"公孙龙口呿而不合,舌举而不下,乃逸而走"(《庄子·秋水》)。此虽为寓言,亦见正名之理,老、庄确有深刻之理解。依老、庄观之,任何名实必有所囿,决不可视之为常道常名。或知其非常而道之名之,亦何尝不可,且仍应重视名实。因中国学者基本具此思想,故能驾御名家而知其变化

94

为贵。法此以变化之思想认识名实,乃可叙述道教文化。

先合诸"道教"而言。此"道教"之名,决非常名;"道教"之实,决非常道。以名言,历代称"道",在当时各有不同之称谓,如方仙道、黄老道、太平道、帛家道、五斗米道、天师道、茅山道、正一道、净明道、全真道、太一道、清微道等等。以实言,历代认识道教之内容,亦各因其名而不尽相同,证诸史迹完全正确。或必先固定道教之名实,使历代之道教,皆须合此名实之标准,则牵强附会,捉襟见肘,决不能说明历史上客观存在之道教。本书以史实为准,不以各代所认识之道教,强加于前代之古人,则方能说明中国土生土长之道教,及其兴衰变化之具体事实。在其兴衰变化中,又对历代中国文化,曾产生不同作用之影响,可见道教文化早已成为中国文化的重要组成部分之一。

二、老子与孔子——《史记·老子列传》疏释(已收入《易与佛教 易与老庄》)

三、孔望山之汉石刻

楚王英是汉光武(25—57 在位)之子。于建成十五年(公元 39)封为楚公,十八年(公元 42)进爵为王,二十八年(公元 52)就国,封地在今徐州市一带。光武太子明帝即位(58—75 在位),其弟楚王英数受赏赐。英少时好游侠,交通宾客。晚节更喜黄老学,为浮屠斋戒祭祀。明帝于永平八年(公元 65),曾诏令天下死罪,皆入缣赎。英愿出缣纨以赎愆罪。国相以闻,诏报曰:"楚王诵黄老之微言,尚浮屠之仁祠,洁斋三月,与神为誓,何嫌何疑。"英遂大交通方士,作金龟玉鹤,刻文字以为符瑞,连续四五年。有男子燕广,于永平十三年(公元 70)告英与渔阳王平、颜忠等造作图书,有谋逆事,大逆不道,请诛之。帝以亲亲不忍,乃废英徙丹阳泾县。明年(公元 71)英至丹阳自杀,此事坐徙者以千数。以上事迹,据《后汉书·楚王英传》。可确证当两汉之际,佛教已从丝绸之路源源传入,且随时与民间之黄老道结合。楚王英地处徐州市一带,尚有经南方海路传入之佛教。以方士论,战国中期起已盛行于沿海口岸。东汉初,其理论有淮南王总结于前。考淮南王刘安自杀于元狩元年(公元前122),然信道之传统并未断绝,大半食客怀其所信仍散在民间。经数代继承,传道者不绝于两汉之际,势必再度风行,且逐步相应于不断传入之佛教。凡初入之佛教,亦必须依赖于中国本有之黄老道以发展其信徒。故楚王英所信奉者,为约于公元前后各五十年之百年中,所形成最初融合之佛道教。或谓楚王英仅属王府之私人信仰,信徒未广,其实不然。在其前民间信仰者早已众多,然后影响于楚王英,唯尚与官方尊儒之思想不同,宜楚王英不得不自杀。其后结合佛道之信仰,非但没有中止而信徒更多。今于徐州市之东连云港孔望山上,发现东汉中期之石刻,已肯定与楚王英之信仰有关。石刻间颇多宣扬佛教故事,而主要亦有道教神像(见图片),此为信仰黄老道者结合佛教之情况,时间约于公元一、二世纪之际,即汉安帝(107—125在位)前后。

四、道教中心是否为龙虎山

回答道教中心是否是龙虎山之问题,非常简单,必须合诸时间而言。或不辨时间而贸然回答,是与否皆非。能合诸时间,其答案有二。其一,自北宋真宗于大中祥符八年(公元1015)封张正随为贞静先生起,龙虎山在道教中心之地位,日增无已。将近千年来,确已为历代统治者所重视而成为道教中心。因由张正随传出之家谱,其初祖为张陵,二代为张衡,三代为张鲁。祖孙三代所发展之五斗米道,尤其是张鲁治汉中之史实,对汉末时确有大影响。张鲁于建安二十年(公元215)降汉相曹操而任为镇南将军,封阆中侯。然五年后由汉而魏,形势大变,传说鲁之子盛,即隐于龙虎山,至张正随当二十四代。约于二十代后,张氏宗谱始全部可信,且在道教史上渐有其地位,龙虎山亦自然成为道教中心,并认为道教创始于张陵。其二,道教一名多实,道统宗派不一而足。自原始宗教起,早已分布在今日全国之各地域,主要取长江黄河两流域以分南北,龙虎山当属南方道教中心之一。唐司马承祯(647—735)游览并总结全国之道教圣地,凡得十大洞天、三十六小洞天、七十二福地。而龙虎山仅属七十二福地中之第三十二福地,有仙人张巨君主之。故在盛唐时,根本不知居于龙虎山者为张陵之后裔,而在当时早有张天师之正一道,然未尝以为道教起源于张陵,况与龙虎山尚无关。至于张巨君之情况,很可能确属张正随之祖先,时间当上及春秋战国时。今于龙虎山地区发现大量悬棺,属两三千年前之道教遗迹,仅存在于南方长江流域以南之地域,凡贵州、广西、江西、福建诸山地皆有。目的在死后须全身升天,故与北方信仰灵魂升天、肉体入地之土葬不同。此犹白日飞升之现象,惜生前未能得道成仙,孝子亦当置父母之棺舟(悬棺之棺制成舟状)于山崖,且愈高愈好。此对生死问题之认识,恰为道教重视肉身最具体之信仰仪式之一。及唐代悬棺之情况已不为道教所重视,故司马承祯并未注意龙虎山之中心地位。唐后以五斗米道张陵当之,虽仅上推至汉末,反因文献不足而未可深信。今得悬棺之事实,上推至春秋战国,正当北方老子孔子之时,乃有据于 C^{14}、树轮等实测手段而可深信。及北方民族之风气影响南方,如庄子等已不贵肉体之长生,宜悬棺之风俗逐步失传,龙虎山亦失其为南方道教中心之一。唯白日飞升之幻想,始终是道教追求之鹄的。

后　记

一九八九年四月，承香港友人秦孟潇先生推荐，和平图书有限公司聘请我和金宝源先生合作编撰《道教文化》画册。

道教为我国本土宗教，与传统文化关系密切。介绍道教知识和情况，有助于海内外人士对中华民族悠久历史、灿烂文明的了解和认识，故不揣浅陋，欣然应命。全书照片由摄影家金宝源先生负责摄制，金先生跋山涉水，深入穷乡僻壤，不辞劳苦，拍摄了大量精彩照片。我负责全书文字和图片的编撰，后因心脏欠佳，由我的学生伍伟民协助工作。承上海图书馆古籍部、华东师大图书馆古籍部、上海白云观等部门为本书中部分资料的拍摄提供方便，在此一并致谢。

潘雨廷

一九九一年十月

原始宗教和易学初创[*]

四次冰河期的具体经验,对认识环境和适应环境,有大量信息在遗传。第四次冰河期渐告结束时,因环境的改善,更以岁差理论证之,是时有一等星角宿第一星适在冬至点,或对地球上的生物包括人类之思维可有微观的影响。证以具体的考古所得,两三万年前的山顶洞人,已有鬼魂迷信与葬礼,亦即早已有原始宗教。分辨原始宗教的内容,主要有自然崇拜、鬼神崇拜及信仰占卜巫术等三大类。然既有原始宗教,已自见生物钟,必有所崇拜,实未能正确理解客观时空与本身生物钟的关系。而伏羲氏时代,正继承原始宗教的思想而始作八卦,第一次建立有意义的时空概念。

据《系辞下》记载,伏羲氏始作八卦的内容,来自天文、地质、动物、植物、本身与外物,其作用为通德类情,其具体贡献在能结网罟以佃渔。今以文献的记录,合诸两万余年前的人类生活情况,基本相似。山顶洞人属已被发现的一种,其他地域中尚可有其他人种,平均智力相差不会太远。彼此间有原始宗教当亦相似,对宗教迷信的具体内容

---

[*] 此篇为作者未写成的残稿,标题为整理者所加。

或有不同,分三类而言,仍可概论人类于两万余年前的思维。凡对自然崇拜,就是不理解客观环境的变化,包括天、地、动植物与外物等。对鬼魂崇拜,就是怀念上一代,包括本身及同族等。信仰占卜巫术等,就是需要先知未来之事。今更深入而论,此三类迷信活动的产生,亦是人类思维的进步。当产生原始宗教的同时,必有变盲目崇拜为研究者。由崇拜自然的迷信,可进一步认识天地、动植物与外物的客观世界;崇拜鬼魂的迷信,可进一步认识本身和本族的生物钟;迷信占卜巫术等,亦可进一步积累主客观的知识而推知未来之事。而易学的来源属于第三类的原始宗教活动,此种活动的产生实本于前二种崇拜的知识,且出现占卜的重要性,在于人类已能理解抽象的数字。两万余年前的人类,因手足皆五指而取十进制,已极普遍。在我国地区中的人类,能根据阴阳的观点,经三次变化而始作八卦,为比较特别的思维。考其对客观世界的具体了解,如昼夜、寒暑、日月、风雷、云雨、山泽、水火等等,对人类本身的具体认识,如男女、老少、生死、哀乐等等,皆可合诸阴阳。由阴阳而八卦,又经四时四方的步骤。当时为渔猎社会,因外出流动性甚大,何时往,往何方,为必须的知识,且有结绳为网罟的生产工具,为庖牺氏的标志。可推知八卦之象,当时即以八索表示。凡明确理解春夏秋冬与东南西北,即当时已能掌握的客观时空。可见由阴阳两仪分析而得四象八卦,全属对客观世界的认识,亦为吾国古史中第一代能脱离宗教迷信而进入科学时代。故以宗教史论,吾国原始宗教的起源,当早于庖牺氏。而以自然科学史论,庖牺氏始作八卦,实为划时代的东方文化。以名字论,由庖字而伏字,由重唇音变为轻唇音,凡重唇音在前,逐步进化乃有轻唇音。故古作庖牺氏,后作伏羲氏,所指实属一人。二音同用,可证传说之古,地域之广。又孔孟不取庖牺氏,而《系辞下》作者取之者,因孔孟所取之古史,以黄河流域为主。上推至黄帝,与老子的主张有关,尚属黄河流域的文化。更上推至神农、伏羲,则与长江流域及更南的南方民族的古史有关。且战国时农业生产力大发展,于哲学思想必能进一步推究农业生产之原,故上推至神农氏。若理解伏羲氏者,见及渔猎生产与农业生产不同,且人类的食物古以动物为主,农业社会后始以植物为主,则渔猎时代当在农业时代前。而渔猎的生产工具以网为主,可见《系辞下》作者之说,即使纯属推理,亦有事实可据,况当时尚有古代的传说。然时空的范围,必须以今日自然科学水平考得古史的事迹,加以明确。至于理解阴阳概念的三次变化,能分析八种情况而观其变化,于两万余年前在吾国地域内的人类为正式具有的知识。此决非神话,故易学史当始于此,中国的自然科学史亦当始于此。抽象认识阴阳而及八卦,亦为十进制外的另一数学基础。至于八卦符号的形成,方位的排列等等,皆属于后世发展此理而成。伏羲氏时代的具体事实,及考古方法有新发现,必将进一步有所证实。

孟子斥许行,已提及创造农业社会的条件,惜尚限于尧,视农业生产的创造者从《诗》《书》取后稷,盖用黄河流域周民族的古史观。至于被斥之许行,乃楚人而为神农之说,然则神农氏创立农业社会之说,属长江流域的古史观。合于史前文化,由旧石器时代而成新石器时代,于生产力当有所突变,其时进入农业社会,为人类进化必经的一大时期。凡伏羲氏时代约经一万年,其时更新世将结束而全新世将开始,于自然条件即开始冰后期,则地绕日一周的春夏秋冬四时,更容易为当时人类理解。对植物的繁殖渐见其周期变化,为建立农业社会的基本条件。且猎物既多,逐渐产生饲养家畜。《系辞下》有言:"庖牺氏没,神农氏作。斫木为耜,揉木为耒,耒耨之利,以教天下,盖取诸益。日中为市,致天下之民,聚天下之货,交易而退,各得其所,盖取诸噬嗑。"以考古所得,由渔猎产生家畜,同时进入农业社会,水稻生产已得浙江河姆渡出土的厚达五十厘米的稻谷堆积层,时间在一万年前左右。然在当时长江流域其他各地,亦可能出现,因有相似的自然条件。此即神农氏时代继庖牺氏时代而成易学的第二个历史时期。凡农业社会的特征,客观一年的标准时间,可有明确的认识,则阴阳学说势必有所发展。抽象数字由八而六十四,已不足为奇。《管子·轻重戊篇》:"虑戏作造六峜以迎阴阳,作九九之数合天道,而天下化之。"此当然亦可认为是战国时人所记,考其内容肯定有所继承。迎阴阳之事实,两万年前的人类已能主动认识,问题在于造三峜还是六峜,亦就是何人重卦的问题。《尸子》有言:"伏羲始画八卦,别八节而化天下。"此谓明辨八卦的八种情况,以合诸客观的时间,当然可别阴阳变化的事实。于阴阳可变者,管子名之曰峜,故两万余年前之人类,既能掌握三峜而八,正在研究八者之变化。然则峜由三而六,卦由八而六十四,恰属伏羲氏时代进化的极致。进入约一万年前农业社会的人类,理解八八、九九之数,当为客观事实。而人类基本用十进制,九九数全人类相同,惟特别重视阴阳学说而产生八八数,且三峜与六峜中各有抽象的阴阳概念,故八八数尤较九九数复杂。或未能理解阴阳之实质,决不能深入理解易学的内容。如讨论重卦问题,孔颖达提出伏羲、神农、夏商、文王四说后,既未能合诸古史,故反复讨论决不可能有合理的解决。今准诸古史之事实,两万余年前的伏羲氏时代,本诸原始宗教的活动,已确能理解阴阳理论,则由分辨八种情况,进而研究八种情况的消息变化。约经一万年的经验,神农氏进入农业社会,当易学的第二个历史时期,就是历法的改进,完成六峜以迎阴阳的六十四卦。主要的时间周期,已理解十二月为一年,犹今日之回回历。此十二月分阴阳以当六峜,实据于八八六十四卦中之十二消息卦。同时单纯抽象的九九数或亦形成,可作为物物交换时计数。至于当时的卦象亦保存在原始宗教中,卜具与方法有种种不同,除宗教迷信外,数学就产生于其中。然九九数早已进入科学范畴,而八八卦数因含有更深入的阴阳抽象,故迄今犹徘徊在宗教、科学二者之间。然此实为东方文明之特色,亟宜详细分辨其科学与迷信。今视一万年前,因已进入农业社会,既能改进工具教天下以耒耜,又能为市以交易,则完成伏羲氏之消息而具备六十四卦的象数,殊有可能。若盖取益与噬嗑,皆后人之推论,一万年前其思维行动可有当时之卦象,而尚无文字云。

《系辞下》又曰:"神农氏没,黄帝尧舜氏作,通其变使民不倦,神而化之,使民宜之。易穷则变,变则通,通则久。是以自天右之,吉无不利。黄帝尧舜垂衣裳而天下治,盖取诸乾坤。"此节所记当易学的第三个历史时期,并称黄帝尧舜,可证传说黄帝与尧舜的年代相差不远。此一时代的特征,开始产生农业社会的上层建筑,距今时间约当六至七千年,今可依西安半坡文化为例。《系辞下》的作者,明辨此三个历史时期后,又引制器尚象之例八,其辞曰:"刳木为舟,剡木为楫,舟楫之利,以济不通,致远以利天下,盖取诸涣。服牛乘马,引重致远,以利天下,盖取诸随。重门击柝,以待暴客,盖取诸豫。断木为杵,掘地为臼,杵臼之利,万民以济,盖取诸小过。弦木为弧,剡木为矢,弧矢之利,以威天下,盖取诸睽。上古穴居而野处,后世圣人易之以宫室,上栋下宇,以待风雨,盖取诸大壮。古之葬者,厚衣之以薪,葬之中野,不封不树,丧期无数。后世圣人易之以棺椁,盖取诸大过。上古结绳而治,后世圣人易之以书契,百官以治,万民以察,盖取诸夬。"以上八事,确可视为黄帝尧舜时代已具备。如畜牧业发展,乃利用动物而服牛乘马,水上用舟楫以济,已能利用树木之浮力而加以刳剡。臼杵之碎物,利用动静以增加力量,用途尤大。当产生农业社会后,即与生产力未能进入农业社会的人类有矛盾,且上层建筑即为保护生产力,由是保守一方面有重门击柝事,进取一方面有弧矢之威。传说黄帝逐蚩尤,似以农业社会的生产力,排斥尚未进入农业社会的民族。以下三事,其一,由穴居野处而成宫室,当尚未进化成人类的类人猿等生物时期。本为穴居野处,人能自建宫室,乃进入农业社会后逐步形成,迄今万年中进化成今日的居住条件。其二,两三万年前的人类已知葬,然能封树而有丧期,约发生在黄帝尧舜时代,既是宗教的表演处,亦是生物钟的记录。发展封树与丧期的标准,乃人类思维进化中必经之阶段。此二事当生前死后之安处，系人类超过其他生物标志之一。两者并论，庶合继承与发展之理。其三，由结绳而治而易之以书契，属伏羲氏时代的八索，发展成抽象的形数，所谓大事大结，小事小结，此与结网有关。进入农业社会后，逐渐由象形之图案进入文字。当形成简单的文字，数字符号亦同时产生。二进制的阴阳，由四方四时以至八类、六爻的认识，亦在逐步明确。此即由原始宗教中发展出科学的事实，且十进制分辨阴阳而有五进制即手指数，因用手指计数，可代入种种事物。固定用金木水火土为五行，乃三代后之事，当黄帝尧舜时，阴阳与五进制必已通行。又农业社会开始而有一年四季的历法，此所以产生十二周期的客观事实。且月之朔望周期约为三十天，亦为当时所能理解的周期。以合诸一年，日数的周期必须用更大的周期以计时。巴比伦于距今四千年前，产生六十进位制，然今已不知六十数之来源。吾国传说黄帝命大挠造甲子，取十与十二两种周期相合而成。由殷墟甲骨的六十甲子表之普遍，可证其来已古，况殷商之帝名必用干支，其重要可知。且不可能一时产生，必已进入农业社会。黄帝能总结十与十二两周期变化而命大挠造甲子的六十周期，这一抽象数学概念，盖属由农业社会的生产方式所建立的上层建筑的思想基础。此六十进位制的来源，即阴阳五行与阴阳六爻。阴阳既通于五行与六爻，故不必一百二十而六十已足。此六十甲子之大用就是记录时间，且不但记录客观的时间，已包括人类本身的生物钟，即以人类的生物钟，合诸日月运行的客观时间。凡地球自转为一日的时间周期，表现在生物的向光性与不向光性。地球公转为一年的时间周期，表现在生物对气温寒暑的反应。另有月行一月的周期对自然界相应于潮汐，对人类的生物钟与性生活有密切联系，此与六爻当十二月以应一年的周期相应。故最初的历法未能周密，概以三十日为一月，十二月为一年，此自然与六十甲子相合，且可每月、每年在积累经验以校正日数。而六十甲子的周期始终保存在吾国民族的头脑中，此实与人类传代的时间相应。平均凡三十年传一代，"世"字本取其义。可见六十甲子周期全属人类的生物钟，因公转六十次于日地关系未见有明显的变化，而人类社会以生物学论不可能不变，且有自然的节奏。故由八卦、六十四卦而及六十甲子，为黄帝尧舜时代起，属易学第三个历史时期，亦即人类开始有自觉地配合客观时间的生物钟。至于书契的发展，于半坡古迹中已发现有字母，其他地区包括长江流域的文化，约于五千年前逐步产生文字决非幻想。原始宗教中占卜象数的发展，就是易学的发展。一从宗教角度，一从科学角度，凡六十四卦周期与六十甲子周期的形成，宗教与科学两种角度各在利用，且迄今尚未作明确的分辨。而吾国书契的产生与发展，就在了解此两种周期后，这一观点须大量的考古资料加以证实。证实的作用无非说明象数虽起于原始宗教中，而实为自然科学的基础。凡自一万年前进入农业社会，当时各地域的发展未必一致，约经一百代的遗传，进入黄帝尧舜时代，始肯定农业社会之重要。又约经一百代，逐步完成上述的制器。以考古所得，新石器时代的各种陶器各地域皆有发现，今当由生活情况以理解其思想情况。此十翼作者，即属二千余年前总结制器尚象的事实。尚象即人类的思想，取象以制器，所以发展人类之文明。此见战国时人所理解的易象，未尝空而不实，方能上推三个易学的历史时期。惜制器尚象的易学，秦汉后大半失传。汉人言象，已多象无所指，然易书未经秦火，尚知易本在象，因象核实，仍可制器。况汉代去古未远，故汉易犹存古义。迫王弼扫象后，则属于科学范畴之易象，几乎全被误解为迷信。今必须核实易学出于阴阳的易象，实从原始宗教中蜕化而出。进入农业社会后，生产关系渐起作用，自然重视社会组织，此并列黄帝与尧舜者，犹母系社会与父系社会。孔孟尊尧舜者，从父系社会的上层建筑。老子尚柔者，犹尊早期母系社会的思想结构。

《尔雅·释天》曰："载，岁也。夏曰岁。商曰祀。周曰年。唐虞曰载。"此记时间单位名称的不同，亦见各个时代对时间的认识。唐虞曰载者,重视巡狩天下的周期。因春夏秋冬四时,早已积经验而知历法之周流。合四时之气候以载而往东南西北四方,乃孔子所理解尧舜能掌握的"天之历数"。及夏而天文知识有进步,知木星绕日一周须十二年(其实为 11.86 年),则已确立十二辰次之坐标。至商曰祀者,四时有不同的祀法,盖已结合社会之礼。至周曰年者,农业有大进步,且重视农业产生。既济九五曰:"东邻杀牛,不如西邻禴祭,实受其福。"对祭祀礼法之繁简,正合商曰祀、周曰年之义。《论语》贵"行夏之时",时既指建寅为岁首,然不可不知岁之含义。故《尔雅·释天》于太岁当地支,其次为:"太岁在寅曰摄提格,在卯曰单阏,在辰曰执徐,在巳曰大荒落,在午曰敦牂,在未曰协洽,在申曰涒滩,在酉曰作噩,在戌曰阉茂,在亥曰大渊献,在子曰困敦,在丑曰赤奋若。"此不起于困敦而起于摄提格,正合夏时首寅之次。上述载、岁、祀、年四名,以当时间单位,由尧舜起以及三代其实未变。《吕氏春秋》归诸颛顼,传说颛顼为黄帝之孙,当时或有所据。

中国的时空背景[*]

道教是中国的宗教,其内容与产生地及流传地的时空条件密切联系。故未对中国具体的时空背景加以研究而得其概貌,决难深入探索道教的核心思想,及其有关的各类文化。

至于了解中国时空背景,宜从认识日月星辰、山河大地、声光电化等自然世界说起。迄今人类的智慧,尚不足以全部说明自然世界的究竟,故种种猜想与推理不一而足,包括各种宗教的教义与各种学派的理论。且了解自然世界中的人类本身,尤须有自知之明。人在自然世界中的地位如何? 人在生物界中的地位如何? 生命的起源如何? 又如何认识人类及一切生物的生死? 人类的社会结构又是如何变化的?凡此类极复杂而又变化多端的问题,道教有其独特的认识,且皆以认识自然世界作为基础,而其时空背景宜从中国文化的灿烂时代东周说起。当时处于中国地区的人类知识水平,基本为道教所保存并发展。

《老子》曰:"人法地,地法天,天法道,道法自然。"凡人所效法者,由地、天、道而及自然,故人与自然的关系,应注意属于地的山河大地,

---

　＊　这是作者未写成的残稿,标题为整理者所加。

属于天的日月星辰，及属于不可道、不可名的常道与常名。且分天地人三才的整体易道，于东周时早已遍及。"稗海环之，人民禽兽莫能相通者，如一区中者乃为一州。如此者九，乃有大瀛海环其外，天地之际焉。"此当战国时，已有此广阔的思路。秦始皇统一天下，其势由西北向东南，及东南沿海而止，仍在中国一州之内。汉刘邦、项羽起于东南以亡秦，更有汉武帝继其业，开通西域的丝绸之路，则殊有远出中国一州之象，宜有西王母等等的传说。其后有佛教传入，更促使中国有识者增添遐思。而此十洲三岛的形成，正所以扩大固执于赤县神州之隘。故虽为后人托诸东方朔之名，而作此者的思想继承邹衍大九州之说，当重视之。其书本入地理类，分类者尚有见，自《四库》退入小说类后，变成全属幻想，完全忽视开辟丝绸之路后的具体史实，尤见编辑《四库》者正当世界交流将大步发展之时，犹守此赤县神州的狭隘思想，此所以二三百年来之中国，日趋衰落。从今而后，更当继承邹衍大九州之思，且已由地及天。人类足迹已迈步月宫，然则此十洲三岛的思想结构，虽退属小说类，更当以科学幻想小说视之，且宜重视其所指之实。

凡此十洲有明确的方位，以下表示之：

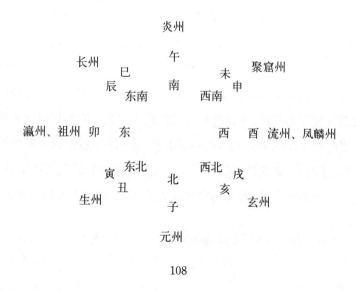

中国位处于地球的北半球,能见到北极点,故晴天晚上必有位近北极而极光亮的七颗星象,自古以来名之曰北斗星,于道教中始终重视之。而位近南极的南十字星座,在中国根本不可能见到,因此就不会提及。孔子亦曰:"为政以德,譬如北辰,居其所而众星拱之。"至于拱之之象,以三垣二十八宿为主,今尚保存宋黄裳(1148—1196)的天文图。及一九五六年掘得五代吴越王钱元瓘(887—941)墓,于墓顶亦有石刻星象图,则略早近三百年。然形成二十八宿的周期,时间极早。于一九七八年在湖北襄阳地区更掘得曾侯乙墓,下葬的时间因出土的钟上刻有纪年为楚惠王五十六年(公元前433),故可能在此年或稍晚。今取其出土文物,漆箱盖面上所绘的青龙白虎及二十八宿与北斗的星象,可证当时对天文学的认识水平。且此星象已用作为箱盖面上的装饰图案,可了解形成此一星象体系的时间比下葬此墓的时间要早得多,故孔子(前551—前479)所谓众星拱之之象,当已见类似此图的形象。再者,此图对北斗星的图案绘得极生动,以斗字旁及"心"、"危"、"觜"、"张"四宿,约当春冬秋夏四时与东北西南四方,因恒星东移,故二十八宿之次,于冬夏与北南必须易位,这一全准自然的现象,所谓天左旋地右旋,其后于道教教义与易学理论中,就成为一切变化的基本原则。合诸声色象数,详示如下:

时	位	声	色	象	数		七宿星座名					
春	东	角	青	龙	八		角	亢	氐	房	心	尾	箕
冬	北	羽	黑	玄武	六		斗	牛	女	虚	危	室	壁
秋	西	商	白	虎	九		奎	娄	胃	昴	毕	觜	参
夏	南	徵	赤	鸟	七		井	鬼	柳	星	张	翼	轸

《诗经·大东》:"维南有箕,不可以簸扬。维北有斗,不可以挹酒浆。维南有箕,载翕其舌。维北有斗,西柄之揭。"此一文学作品有其极浪漫的思维方式,然读者不知成象已久的天文星座,可谓不知所云。

其实就是取北斗星座及二十八宿中的箕星座,因箕星座的形象似箕,作为农业工具可以簸扬。北斗星座的形象似长柄汤匙,作为饮食用具可以挹酒浆。然天上的星座有此象而已,岂可具体应用,不期西人即取箕宿,引其舌以食东人之粟,又于斗柄西指当秋时,西人更持柄以饮斗中东人的酒浆。可见此诗在抒黄河上下游东西方矛盾之情,是之谓春秋。然观其所取用的方位仍受地处北半球的影响,且仅知盖天仪尚未知浑天仪,故"维北有斗"确为北极,"维南有箕"则指二十八宿周流于四方的形象。由是视北为不变之一,视南为变化之二,所谓"天一生水,地二生火"。凡北方水以北斗当之,南方火以南斗当之,皆有据于客观自然现象而定。唯其二而周期变化,必须知其终始之点。《参同契》有言:"始于东北,箕斗之乡。"即取银河的起讫点,作为二十八宿的终始点。唯其有据于客观事实,况银河的起讫点的确重要,宜今日定银河系的坐标中心,亦相当于"箕斗之乡"。凡道教中的科仪重视礼拜南北斗的仪式,创此科仪者必已深通自然世界的天象。明其南北斗以当变不变的形象,尤为研究道教文化所不可不知的标准。

《诗经·蝃蝀》:"蝃蝀在东,莫之敢指。"蝃蝀即虹,分光成七色。古人观蝃蝀而已知,光谱全部吸收为北方黑,全部反射为西方白,于东方南方与中央,庶见七色之变。而其变化始于南方赤由橙而及中央为黄,又由绿蓝及东方为青,更由东方及东南为紫,是之谓紫气东来。刘向《列仙传》:"老子西游,关令尹喜望见有紫气浮关。"于方位为紫色,且东南方名地户,直射西北方天门,天门间于全部吸收与反射的黑白之间。又东南地户以紫气直射西北天门,故于三垣中特以紫微垣为中心,所以重紫色。历代帝皇基本重紫与黄,贵其在中。且东南与西北的对称,全与中国的地势有关。凡地球西转而水向东流,且由黄河流域的文化以影响于长江流域的文化,乃合成西北至东南的对角线,经数千年的经验,始形成五色之配合于四方与中央。或仅以黄属中央,乃以地理的土色当之,今合诸天象,必知紫微垣之所以重紫色。以光谱的红紫二色言,其哲理正合中国传统思想儒与道的分辨。儒重红,《论语·阳货》:"子曰恶紫之夺朱也。"而道则重紫。今知光波于可见光外,必须了解红外与紫外,是犹儒与道的哲理。

《易经》与中医的理论
会通于象数[*]

　　中国传统的思想文化,其理论基础莫不建立在象数之上。象数合诸今日的概念,就是数学语言。唯有高度抽象的象数,庶能适应于任何学科而得其整体。

　　《易经》的理论,本诸天地人三才之道。其中视人的范围,除当万物之灵的人类以外,尚及动物与植物,即由人类而及整个生物界。《易经·系辞》的原文为:"仰则观象于天,俯则观法于地,观鸟兽之文(动物),与地之宜(植物),近取诸身,远取诸物。于是始作八卦,以通神明之德,以类万物之情。"此已说明《易经》的本源在八卦,而八卦之作就是观察天地及生物的三才之道而成。且能以生物进化成人类的本身,结合身外的天地万物,然后得其整体。至于中医的理论,于三才之道中本诸生物学的人,研究其生理心理的本能,结合天地万物的条件,以治疗身心的各种疾病,且以防病养生为主。《易经》除研究生物学的人以外,更研究社会学的人,因人类有合理生活

＊　一九八六年寄圣地亚哥国际中国哲学会提纲,此会于一九八七年七月召开。

的本能,故要在重视礼乐,礼以稳定人类间的行动,乐以和谐人类间的精神。

不论社会学的人与生物学的人,可共同抽象成八卦之象,又可合诸七八九六之数。此四个数字,有其极深邃的象数原理。以下论述七八九六与三才之道的关系,以成会通易理与医理的核心理论。

先示八卦的卦象如下:

八卦	☰	☳	☵	☶	☷	☴	☲	☱
卦名	乾	震	坎	艮	坤	巽	离	兑
卦德	健	动	陷	止	顺	入	丽	说
自然之象	天	雷	水	山	地	风	火	泽
人伦	父	长男	中男	少男	母	长女	中女	少女
人身之象	首	足	耳	手	腹	股	目	口
动物之象	马	龙	豕	狗	牛	鸡	雉	羊
八卦之数	九	七	七	七	六	八	八	八

八卦有其卦象且有卦名,所以示天地万物间的情状,要能"类万物之情",是谓卦德。以卦德合诸天地等为自然之象;合诸人类间的关系为人伦;合诸人身,各当全身之某一部分;合诸动物,又各以动物之性格当一卦之象。其他有种种事物,皆可配合于八卦之象,故《系辞》曰"易者象也",以上仅言其要。其间最关键处,又以卦象合诸数字。据考古最近所得,已证实殷周之际的卦象尚直接用数字,今名之曰"数字卦"。其后在东周时逐步统一数字的概念,今有《尚书·洪范》的记载,就是"一曰水,二曰火,三曰木,四曰金,五曰土",故一至五当五行。而七八九六成为阴阳的变不变。七为阳不变,八为阴不变名卦;九为阳变,六为阴变名爻。其后又发展成"阴阳符号卦"的卦象,阳的符号为 —,阴的符号为 --,此以符号的形象示数量的不同,即视 — 为三分之三,视 -- 为三分之二。《说卦》所谓"参天两地而倚数",就是这个意义。由是乾卦三阳画,其数九;震坎艮同为一阳画二阴画,其数七;坤卦为三阴画,其数六;巽离兑同为一阴画二阳画,其数八。此四个数字于《礼记·月令》、

《吕氏春秋》诸书中,早已配合于四时四方,即东方春其数八,南方夏其数七,西方秋其数九,北方冬其数六。《内经·金匮真言论》所取用之数亦同,皆以东南西北的空间方位,合诸春夏秋冬的时间间隔,犹以数示其时空合一的坐标,义与爱因斯坦创立的四维时空连续区概念相似。更以三才之道观之,尚有"河图"、"洛书"的分辨。凡九为乾天,六为坤地,七为人之三男,八为人之三女。且易道之旨,贵在阴阳相交。上天下地的卦象名否☷☰,属否塞不祥之卦;而天地相交的卦象名泰☰☷,方为吉祥之卦。故易理所定的七八九六之数,以当三才之体,而医理所取的七八九六四数,以当三才之用。详以下表示之:

九 (父)		天		六
八 (三女)	七 (三男)	人	七 (女)	八 (男)
六 (母)		地		九
易理(体)				医理(用)

其间体用之辨,就在九六天地之交,及七八男女之交。《内经·上古天真论》以人的年龄观男女发育及生育的情况,女以七数及其倍数计之,男以八数及其倍数计之。且认识三十年为一世之时间间隔,即女取四七二十八岁,男取四八三十二岁的平均数,故在中国早已认定三十年为遗传一代的人类生物钟。又于《六节脏象论》说明"天以六六为节,地以九九制会",此与天圆地方的形象有关。凡圆周三百六十度,当花甲六周。唯正六边形可得径一围三的整数比,故一圆外围为六圆。以方形观之,一方外围为八方。或虚实其中的方圆,就形成七八九六的辗转变化。体用者,犹旋转一百八十度。详以下图示之:

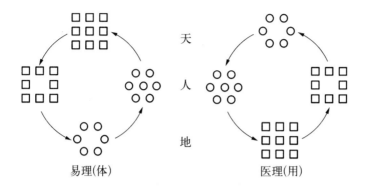

易理(体)　　　　医理(用)

而《易经》筮数的变化,就是利用大衍之数,经四营而得此四数之周流。七而九、八而六当阴阳不变,而由静而动;九而八、六而七当阴阳之变,而由动而静。且可以方圆之形,变成参天两地的卦画,就成为乾坤坎离。于相交不相交的卦象,则为泰否与既济未济。更以卦象示之。

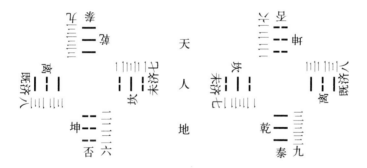

易理于否泰反类,为天地变化之体;于既济未济之旋,为水火相射不相射之用。用有既济之定与未济之穷,体有开阖之门与时成之位。故中国传统的整体理论,归诸象数之变,能究其理而择取"易穷则变,变则通,通则久"的最佳方案,是之谓"通神明之德"。一心致志,自然能神而明其整体,以会通易理与医理于象数,而通德类情即为研究易学象数之鹄的。

详论《汉书·艺文志》，以见中国的 "目录学" 犹今日的 "系统学"

　　道教是中国土生土长的宗教。在中国的文献上虽无宗教之名，却有宗教之实。方仙道深信人能长生不死而成为神仙，故绝对不能认为在战国时尚无宗教。长生不死的愿望由来极久，属于中国地域各民族的原始宗教早有此目的，如《山海经》等文献中皆已提及。今从《汉书·艺文志》而论，所包含的宗教信仰已非原始宗教可比，于文献分类有规模宏伟、纲领鲜明的整体结构，宗教的概念皆安排在适当的类别中。今详论这部最早的中国目录学文献，对认识道教的形成有重要作用。

　　班固(公元32—92)成《汉书》于建初七年(公元82)，其中《艺文志》抄录刘向(前77—前6)、刘歆(？—23)所编的《七略》。有关编《七略》情况，始于成帝时(前32—前7在位)。《汉书·艺文志》有序言，分段录于下而详加说明：

　　　昔仲尼没而微言绝，七十子丧而大义乖。故《春秋》分为五，《诗》分为四，《易》有数家之传。战国纵横，真伪分争，诸子之言，纷然殽乱。至秦患之，乃燔灭文章，以愚黔首。

孔子死于鲁哀公十七年(公元前479),至秦始皇焚书于三十四年(公元前213),其间凡二百六十余年。此时期中国文化大发展,且自孔子生前起,早已是有璀璨文化的文明古国。孔子所钦佩的古今学者极多,后世亦何可仅知孔子一人。此决非孔子之失,失在汉武帝之独尊儒术。在孔子去世后,所谓《春秋》分为五,《诗》分为四,《易》有数家之传,正见六艺的内容日在发展,此当求其故而何可否定之。所谓"战国纵横,真伪分争",因相同或相似的一种学术思想,当某国的不同时空条件,自然可结合成不同的内容。韩非子(前298—前233)于《显学》中论及:"儒分为八,墨离为三,取舍相反不同,而皆自谓真孔墨。孔墨不可复生,将谁使定世之学乎?"这就是真伪分争的情况,然仍可深入研究其发展的史实,韩非之言失于粗疏。至于秦患"诸子敫乱"而"燔灭文章",实有其基本原因,此可推至孔子生前。《论语·雍也》:"齐一变至于鲁,鲁一变至于道。"这二句话的内容非常复杂,亦可认为是孔子对世事的愿望。然而与身后事实完全相反,且虽相反而仍有其正确处,宜详为说明。因当时的齐,孔子尚敬仰桓公之九合诸侯一匡天下,惜一切礼仪齐未及鲁,故希望有齐之国力增入鲁之文化,可为诸侯取法,最后则须恢复西周文王之道。然于孔子身后,全部事与愿违。先以齐鲁言,齐之田氏将改姜齐之政,孔子年七十有余,尚沐浴以朝,然鲁之国力何能攻齐,空留孔子的愿望而已。及此愿不成,孔子绝笔《春秋》于"十有四年春,西狩获麟",实不愿继续记载"夏四月,齐陈恒执其君,置于舒州"及"齐人弑其君壬于舒州"。其后孔子对子贡曰:"予欲无言。"子贡曰:"子如不言,则小子何述焉。"子曰:"天何言哉,四时行焉,百物生焉,天何言哉。"(《阳货》)此节之义精邃之至,似可悲,亦豁达,更可认为孔子始得老子之旨。子贡独庐墓六年,似在化此无言之言。其后子贡之事业和学说基本在齐,齐成《周礼》之六官,不得不思及属孔子、子贡之所传矣。天地四时以当吏户礼兵刑工,可云易简而得天下之理。由是"齐一变至于鲁"竟成"鲁一变至于齐",然仍能相应于恢复文周之德。其后齐与秦相对，直至战国末年。秦灭六国以统一天下，仍有大批齐人为秦博士，此见齐秦关系的密切。然齐之稷下派不期有二大派，一属鲁学，主张郁郁乎文哉以从周，上则及尧舜孔子，是谓儒士；一属齐燕之学，有邹衍总结为黄老，信仰方仙道，是谓方士。秦始皇封禅泰山时，不论儒士与方士，同时参加并叙述封禅之仪式。然儒士好执古，方士贵执今，造成秦始皇疯狂行为的"焚书坑儒"实为古今之争（另见专文）。至于焚坑之事，绝无可取之处，而其古今之争之原则，又有不可全部否定的地方。凡秦之建国全准方仙道的理论，及身止而崩溃随之，又未可与其建国理论并为一谈。凡李斯的思想，决不可不认识与荀子的观点有明显联系。荀子不见容于齐之稷下，即在从另一角度理解方仙道的内容。荀子属子弓之儒而为赵国文化，能继三晋的易学，即由尧舜前推至黄帝，又从黄帝前推至伏羲。今日之古文献中，于《荀子》能见到伏羲文王并言。引用《道经》"道心惟微，人心惟危，惟精惟一，允执厥中"，其实已有执今之义。后为梅赜引入《古文尚书》，作为舜授禹的十六字心传，是有意识的引用，今可证明其为战国时方仙道等所发展的思想。凡此等古今的变化，李斯继之而开秦国的天下。惜其心术未正而自食其果，亦未可与其理论并言，于是造成"齐一变至于秦"。虽然如此，秦国的地势仍占有西周开国的本土，此所以能统一天下。

上述孔子所谓"齐一变至于鲁，鲁一变至于道"，而于身后的事实，因子贡而能使"鲁一变至于齐"，又因荀子而能使"齐一变至于秦"。其间之微妙处，在于永远有古今之争。况能控制的空间在扩大，认识时间何能不延长，故孔子之《尚书》托始于尧舜未尝非，由邹衍推广之，道由黄帝始亦未尝非。赵国有伏羲氏之认识，而荀子取之，仍属有见。要能"执今之道，御今之有，而以知古始"，由此黄老提出"道纪"，方能明辨古今之辩，而何必偏执于古今。凡纠缠于法先王、法后王之是非者，同属义不及质，绝不足取。凡整个战国之变化，于黄河流域尽在其中。以地区分之,实不外上游之秦,中游之三晋,及下游之燕齐鲁,其间燕赵已偏北。而更重要的变化,是在长江流域及其以南。由战国及秦之统一,其文化思想有极可贵的发展,决不可误认为孔子后的文化日在倒退中。继续研讨《汉书·艺文志》:

> 汉兴,改秦之败,大收篇籍,广开献书之路。迄孝武世,书缺简脱,礼坏乐崩,圣上喟然而称曰:"朕甚闵焉!"于是建藏书之策,置写书之官,下及诸子传说,皆充秘府。

按汉兴此指于乙未(公元前 206 年)起,可认为止于太初历寅正(公元前 104 年),其间约一百年的情况。且上继秦始皇之焚书坑儒,尚有五六年之间隔。产生焚书坑儒之祸,决不可与古今之辨的是非混为一谈。秦始皇自陷于穷途末路,欲以一人之子孙传至万世,其愚且昧,令人悲叹。最终为心术不正的赵高、李斯所欺,扶苏死,秦安得不亡。此结果咎由自取,并不足惜。且当时有谣:"楚虽三户,亡秦必楚",盖除东西黄河流域上下游之相争外,又有南北长江、黄河之间的矛盾。事实上今已得先周有"伐蜀"的甲骨,故武王伐纣时有蜀人参与。且长江流域除上游巴蜀外,中游荆楚、下游吴越各有极早的文化,今知农业社会的开始尚早于黄河流域,当整个周代亦发展极快,足以与黄河流域的民族争牛耳。宜秦统一后楚汉皆起于江南,同为面向西北以亡秦,与秦起西北,面向东南以灭六国,方向相反。今研究道教文化,不可不注意长江流域各地区的民族情况。当刘邦受秦之降,旋即有楚汉之争。项羽卒于刘邦六年(公元前 201),韩信被杀于十一年(公元前 196),翌年刘邦即亡。故刘邦之世根本无暇顾及兴文,唯一之事就是于九年(公元前 198)徙齐田何至关中授《易》。于是重在"彖"、"象"之齐易,始为天下所知,与秦楚及三晋易似有所不同。所谓"大收篇籍,广开献书之路",已当文帝即位后(公元前 179 年)。且汉初之尚黄老,决非汉初方改,在战国后期及秦治天下的时期中,基本就用黄老之理论,唯执法有一猛一宽之变。大批属于方仙道的黄老文献,并不违秦禁而未焚。当一九七二年,在长沙马王堆出土了大批黄老文献(下葬于公元前 168 年),庶可重睹方仙道在战国中后期及秦汉间盛行于荆楚间的情况,此类文献安得不以道教视之。而孔子之六艺,于《诗》、《书》、《春秋》部分确经秦始皇焚毁,幸未及十年即已恢复。然汉初尚未重视六艺,当武帝即位(公元前 140 年)始加珍藏,然上距汉兴已约六十年。且武帝虽独尊儒术,仍能"下及诸子传说,皆充秘府",斯为可贵。于元狩四年(公元前 119)第二次遣张骞通西域以开丝绸之路前,先灭淮南王刘安以安东南。安不得已而自杀于元狩元年(公元前 122),有关黄老道的文献大量损失,再一次消灭战国时的文风。黄老道有专业知识的资料失传更多,主要如冶炼技术、工艺方法、医学养生、音乐理论等等,实不小于秦始皇之焚书坑儒。及武帝(卒于公元前 87 年)卒后约五十年,当成帝(前 32—前 7 年在位)即位后,方才又有求书之事。继续抄录《汉书·艺文志》:

> 至成帝时,以书颇散亡,使谒者陈农求遗书于天下。诏光禄大夫刘向校经传、诸子、诗赋,步兵校尉任宏校兵书,太史令尹咸校数术,侍医李柱国校方技。每一书已,向辄条其篇目,撮其指意,录而奏之。会向卒,哀帝复使向子侍中奉车都尉歆卒父业。歆于是总群书而奏其《七略》,故有"辑略",有"六艺略",有"诸子略",有"诗赋略",有"兵书略",有"术数略",有"方技略",今删其要以备篇籍。

此为当时大事,对保存古代文献有重要影响,似当成帝即位未久,陈农就外出求遗书。及河平三年(公元前 26),刘向已校中秘书。其他任宏、尹咸、李柱国三位,当亦同时参加校书。然经二十年尚未完成，向卒于哀帝即位之年(公元前6)，又命其子歆继承父业。哀帝在位六年(前6—前1)，歆奏《七略》正当其时。此为第一部有原则、有结构的目录学文献，莫不属于二千年前的古文献。今读其目录，书虽佚失过半，仍可见其纲领。东周文化之灿烂，确非秦汉以后可比。以下先叙述其结构，然后详评其思想。最重要的特点，已能明辨今所谓社会科学及有专业知识的自然科学。先为《七略》绘制总表，示如下(见下页)。

　　深入观此《七略》的总表，始信中国诚不愧为文明古国。向歆父子为此花费毕生精力，惜二千年来什九仅注意其"六艺略"。清中叶后始知由治经而治子，仍未及本质。其实全书结构的重要性，应注意有专业知识的后三略，进一步则必须了解专业知识与六艺诸子之关系。传统理解《易》有象数，故其理能包括各种知识，此决非空言。然必须深入研究《易》何以能成为六艺之首，又与诸子各有何种关系。最须理解当时的文化水平，尤其在有专业知识的三略。观此有专业知识的"兵书"、"数术"、"方技"三略，有一共同点，就是以数术为主。中国在二千余年前，已知利用数术作为专业知识的基础，这一原则迄今二十世纪仍同。凡任何科学必须利用数学语言，方可评定其作用及价值，至于所利用的数术形式，当然应根据时代进化而改进。故二千余年前的数术，自然仍有适用者，亦有不适用者，此何足为怪。然知用数术的原则绝对正确，何可加以否定。其间极多仍有作用者应珍视之，有不足取者当然应加以扬弃。惜时至今日，对这一问题仍多恍惚，以精华为糟粕，以糟粕为精华者，比比皆是。此所以造成对古代文化的认识，产生极大的分歧。总之，能保持有专业知识的三略，对自然科学的发展大为有利。后世分成四部，凡有关专业知识者，全部纳入"子"类，其作用大为逊色。故《七略》去古未远，尚能见先秦遗风确与汉以后不同。以下更须说明，"六艺略"所以取《易》为之原，及《易》与儒道之关系。《汉书·艺文志》又言：

（一）刘歆总其书成"辑略"
含以下六略成"七略"

此三略刘向校，今属社会科学
此三略以六艺为主，今当文史哲，须以专业知识为基础

此三略，各有专业知识
宜入自然科学

（二）"六艺略"即"经传略"分九类
- 易——凡十三家二百九十四篇
- 书——凡九家四百一十二篇
- 诗——凡六家四百一十六卷
- 礼——凡十三家五百五十五篇
- 乐——凡六家一百六十五篇
- 春秋——凡二十三家九百四十八篇
- 论语——凡十二家二百二十九篇
- 孝经——凡十一家五十九篇
- 小学——凡十家四十五家三百一十三篇
- 共计——凡一百三家三千一百二十三篇

（三）"诸子略"分十类
- 儒——凡五十三家八百三十六篇
- 道——凡三十七家九百三十四篇
- 阴阳——凡二十一家三百六十九篇
- 法——凡十家二百一十七篇
- 名——凡七家三十六篇
- 墨——凡六家八十六篇
- 纵横——凡十二家一百七篇
- 杂——凡二十家四百三篇
- 农——凡九家百一十四篇
- 小说——凡十五家一千三百八十篇
- 共计——凡一百八十九家四千三百二十四篇

（四）"诗赋略"分五类
- 一、赋——凡二十家二百七十四篇
- 二、赋——凡二十一家三百十四篇
- 三、赋——凡二十五家三百二十六篇
- 杂赋——凡十二家二百三十三篇
- 歌诗——凡二十八家三百十四篇
- 共计——凡一百六家一千三百一十八篇

（五）"兵书略"分四类
任宏校，今属军事知识
- 权谋——凡十三家二百五十九篇
- 形势——凡十一家九十二篇，图十八卷
- 阴阳——凡十六家二百四十九篇，图十卷
- 技巧——凡十九家一百九十九篇
- 共计——凡五十三家七百九十篇，图四十三卷
- （兼取各家之图，原书有此变化）

（六）"数术略"分六类
尹咸校，今属天文
历算等数学知识
- 天文——凡二十一家四百四十五卷
- 历谱——凡十八家六百零五卷
- 五行——凡三十一家六百五十二卷
- 蓍龟——凡十五家四百零一卷
- 杂占——凡十八家三百一十三卷
- 形法——凡六家一百二十二卷
- 共计——凡一百九十家二千五百二十八卷

（七）"方技略"分四类
李柱国校，今属医药
知识
- 医经——凡七家二百一十六卷
- 经方——凡十一家二百七十四卷
- 房中——凡八家一百八十六卷
- 神仙——凡十家二百零五卷
- 共计——凡三十六家八百六十八卷

大凡书六略，三十八种，五百九十六家，一万三千二百六十九卷

六艺之文，《乐》以和神，仁之表也。《诗》以正言，义之用也。《礼》以明体，明者著见，故无训也。《书》以广听，知之术也。《春秋》以断事，信之符也。五者，盖五常之道相须而备，而《易》为之原。故曰《易》不可见，则乾坤或几乎息矣，言与天地为终始也。至于五学，世有变改，犹五行之更用事焉。

此节之义，确有深刻的睿思，殊非泛泛之言。凡六艺者，犹阴阳五行之象数。《史记·司马相如传赞》"太史公曰《春秋》推见至隐，《易》本隐以之显"，恰当阴阳与五行的联系处。详以下图示之：

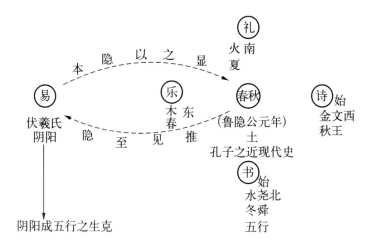

凡《乐》与《诗》当东西之旋转，以见人的心理变化，恰当精神情状的瞬息万变。达者固有其人，什九难免成为悲秋善感之诗人。《礼》与《书》当南北极之轴，"天之历数在尔躬"，由盖天而浑天，自然知"日月运行"而有"六位时成"之理。凡礼以定时空之变，乐以示人生之情，以礼乐治天下之原则，可云已得孔子之道。且纵横之际以《春秋》当中央土者，所以示孔子处世之准则。虽然，一人之思想，固足为万世师表乎？定《春秋》二百四十二年之是非，确只有孔子一人能当之乎？且武帝时董仲舒之对策，实以《春秋·公羊》为主。当刘向父子之定《七

123

略》,不得不更重视《春秋·左传》之史实。然则《公羊》之义例,固为孔子一生之思想行动乎?《左传》之有意是非史实而大力宣扬之,固足为信史乎?然则孰能推见至隐,以见孔子之衷曲。奈何自汉武帝至清末二千年的漫长岁月,基本消沉在恍惚迷离之中,以使先秦的高度文化消失殆尽,确极可惜。详察六艺的结构,何能不钦佩当时的睿思。况有阴阳五行的数学结构,尚任其浮沉于迷信中,而不知其本具之科学理论,尤足悲叹。以下由六艺而诸子,由儒而道,更能合诸道教论,则有据于自然科学,情况大不相同。凡由尧舜孔子与黄老思想,同为以人为主。以今日概念分辨之,儒重社会科学的人,道重生物学的人,宜儒以六艺为本,道当以专业知识"方技略"观之。方技者犹指方士之技术,这种技术就是医药。中国的医理出于道教,观此《七略》可信而有征。其间所用的象数,仍以阴阳五行为本,宜与易理有密切的关系。凡《易》与黄老医理之象,当以下图示之:

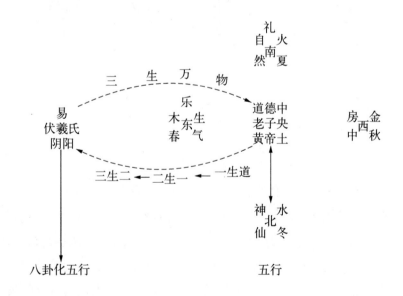

由上图庶知医重阴阳五行之理,即医理与易理结合。此理战国时已盛行,六艺以《易》为首,亦取此阴阳五行之义。凡阴阳五行之理由

来极早，孔子是否重视之，无明确的文献可证。由是而谓易理无关于阴阳五行，则为绝大的错误。战国起所认识的易理，决无舍去五行者。亦见易理本通黄老，后合于六艺，似在汉代亦配以阴阳五行。凡春木之乐，于医理就是生气，亦就是生命起源。人参天地而生，本具此理。故东西之旋转，西属"房中"，即生生之理，以见生物之传蘦及其进化。至于南北之轴，礼贵自然，北即神仙。此黄老当中央之土，贵能扩大限于二百四十二年《春秋》的时空数量级。而道之生一生二生三，即天地人三才的易道。然则道归于数，所以由显而隐，三生万物，亦由隐以显。此即今日所谓"数学语言"的作用，较六艺以《易》与《春秋》互为隐现，自然不可同日而语。且易老贵反身的医理，方可切合人参天地的三才之道。而儒术亦有以始祖配天的概念，乃见儒道对宗教的认识未尝不可相通。事实上同为接受原始宗教的理论，而各自发展成儒道的哲理。推至殷周之际观之，早具阴阳五行卜筮之形式，于殷墟已得天干地支的六十甲子表，足可证明当时所认识的象数较阴阳五行复杂。观其哲理早已超过盲目的原始宗教，然何尝有儒道之分，而儒道皆由此出。故今日对道教的认识，如不本古史的史实，把方仙道与黄老道皆排斥在外，则自然会产生道教是不是道家，儒家是不是宗教等无答案的问题。因仅须对道教下一某种定义，其内容全部可变化。对儒家是不是宗教的问题，亦全在对儒家的定义问题，是皆不可必之事，何必必之。今以文献推其本，道教实由方仙道的"方技略"而来，且战国时与儒术本可相通。更合诸殷周之际言，中国宗教实有其以人体为出发的基本点，亦就是道教的特色。今由《汉书·艺文志》所编的目录观之，虽无宗教之名，确有宗教之实。因有具体的文献，故决非无稽之空谈。易学象数合以黄老，方为道教的基本教义。

经学今古文争论的实质，
本诸宗教的信仰

　　研习世界史，不可不知其中起重要作用的宗教史。然而中国史基本尚独立于世界史之外，因自有其特殊的发展史实，且与世界史之关系似乎不多。今当世界交流日益繁杂之时，推至古代的情况，亦渐知其有不可分割的联系，则中国史必须纳入世界史之中。其中有一重要问题，就是如何认识中国的宗教史。与世界史相比，中国有一特色为世界史所无，这就是经学史。清亡后经学当废，然历史上客观存在的经学史，何可不加以认识。而中国的经学史，极近似于世界史中的宗教史，当然不可能全同，然须了解其不可能全异。而在中国史观之，经学史与道教史平行发展。然而迄今为止，尚未见写出在中国历史上由原始宗教起以生长成中国宗教——道教的史实，本书即根据这一观点而写。因道教必须上推至黄老道与方仙道，又当推原于贵有象数的易学，方可接近于原始宗教。故经学史的发展，肯定在道教史之后。由此理解中国独特的经学史，势必贯通于宗教史。因经学本身含有不可忽视的宗教思想，此仍可由《汉书·艺文志》说起。

　　定《易》、《春秋》、《诗》、《书》、《礼》、《乐》为六艺，基本认为起于孔子，这一观点似可成立。孔子本人如何认识此六艺，如何以六艺教授弟子，当其早年与晚年，对不同性格的弟子，亦难免以不同的角度以喻其理。当弟子继承之，既有德行、语言、政治、文学四科之分，又有不同的时、位、德，则各位弟子所继承者，又何能完全同一。故经学之形成，其内容应有同异而不可执一。且今日所认为的经学已由汉武帝独尊儒术而再度重兴，其间有时间的差别。孔子生卒年为公元前五五一——前四七九年，武帝完成尊儒术似以实行建寅的太初历开始，是当公元前一〇四年，则在孔子卒后凡三百七十余年。而六艺等文献之收集，直至成帝时（前32—前7在位），经刘向、刘歆父子整理完成《七略》，已当哀帝时（前6—前1在位）。在此期间对经学的内容，发生了重要的争论。当时刘歆作有代表性一文，足以见百余年间经学发展及将变化的史实，亦就是不可避免地有今古文之争。凡研习经学者此文不可不读，有一录全文的必要：

移书让太常博士并序

歆亲近，欲建立《左氏春秋》及《毛诗》、《逸礼》、《古文尚书》皆列于学官。哀帝令歆与五经博士讲论其议，诸儒博士或不肯置对，歆因移书太常博士，责让之曰：

昔唐、虞既衰，而三代迭兴，圣帝明王，累起相袭，其道甚著。周室既微而礼乐不正，道之难全也如此。是故孔子忧道之不行，历国应聘，自卫反鲁，然后乐正，《雅》、《颂》乃得其所。修《易》，序《书》，制作《春秋》，以纪帝王之道。及夫子没而微言绝，七十子终而大义乖。重遭战国，弃笾豆之礼，理军旅之陈，孔氏之道抑，而孙、吴之术兴。陵夷至于暴秦，焚经书，杀儒士，设挟书之法，行是古之罪，道术由是遂灭。

汉兴，去圣帝明王邈远，仲尼之道又绝，法度无所因袭。时独有一叔孙通略定礼仪，天下唯有《易》卜，未有它书。至孝惠之世，乃除挟书之律，然公卿大臣绛、灌之属，咸介胄武夫，莫以为意。至孝文皇帝，始使掌故晁错从伏生受《尚书》。《尚书》初出于屋壁，朽折散绝，今其书见在，时师传读而已。《诗》始萌芽，天下众书往往颇出，皆诸子传说，犹广立于学官，为置博士。在朝之儒，唯贾生而已。至孝武皇帝，然后邹、鲁、梁、赵颇有《诗》、《礼》、《春秋》先师，皆起于建元之间。当此之时，一人不能独尽其经，或为《雅》或为《颂》，相合而成。《泰誓》后得，博士集而读之。故诏书称曰："礼坏乐崩，书缺简脱，朕甚闵焉。"时汉兴已七八十年，离于全经，固已远矣。

及鲁恭王坏孔子宅，欲以为宫，而得古文于坏壁之中，《逸礼》有三十九篇，《书》十六篇。天汉之后，孔安国献之，遭巫蛊仓卒之难，未及施行。及《春秋》左氏丘明所修，皆古文旧书，多者二十余通，藏于秘府，伏而未发。孝成皇帝闵学残文缺，稍离其真，乃陈发秘藏，校理旧文，得此三事，以考学官所传，经或脱简，传或脱编。博问民间，则有鲁国桓公、赵国贯公、胶东庸生之遗，学与此同，抑而未施。此乃有识者之所惜闵，士君子之所嗟痛也。往者缀学之士，不思废绝之阙，苟因陋就寡，分文析字，烦言碎辞，学者疲老且不能究其一艺。信口说而背传记，是末师而非往古。至于国家将有大事，若立辟雍、封禅、巡狩之仪，则幽冥而莫知其原。犹欲保残守缺，挟恐见破之私意，而无从善服义之公心。或怀妒嫉，不考情实，雷同相从，随声是非。抑此三学，以《尚书》为备，谓左氏为不传《春秋》，岂不哀哉。

今圣上德通神明，继统扬业，亦闵此文教错乱，学士若兹，虽深照其情，犹依违谦让，乐与士君子同之。故下明诏，试《左氏》可立不，遣近臣奉旨衔命，将以辅弱扶微，与二三君子比意同力，冀得废遗。今则不然，深闭固距，而不肯试，猥以不诵绝之，欲以杜塞余道，绝灭微学。夫可与乐成，难与虑始，此乃众庶之所为耳，非所望士君子也。且此数家之事，皆先帝所亲论，今上所考视，其古文旧书，皆有征验，外内相应，岂苟而已哉。

夫礼失求之于野，古文不犹愈于野乎？往者博士，《书》有欧阳，《春秋》公羊，《易》则施、孟，然孝宣皇帝犹复广立《穀梁春秋》，《梁丘易》，《大小夏侯尚书》，义虽相反，犹并置之。何则？与其过而废之也，宁过而立之。传曰："文武之道未坠于地，在人。贤者志其大者，不贤者志其小者。"今此数家之言所以兼包大小之义，岂可偏绝哉！若必专己守残，党同门，妒道真，违明诏，失圣意，以陷于文吏之议，甚为二三君子不取也。

治经学必读之诸文中，此文尤不可不知。既可理解经学的建立及其发展，又可理解《春秋左氏》的立学官，势必会受到《公羊》、《穀梁》博士的反对。经学产生今古文之争，实与经学共存亡。笔者当年研习《左传》时，对此文曾爱不释手，今则已知其得失。然凡有意深入研习中国哲学史者，此文不可不精读，进而以中国宗教史论，此文更宜注意。究及孔子本人对封禅等观点，难免有其宗教思想，此决不妨碍孔子的形象。今日应认识，并不是有宗教信仰即非，无宗教信仰即是。凡历史上的事实变化多端，决不可仅执其一端。孔子重视封禅等礼法，仍当属于孔子的思想结构。及董仲舒独尊儒术，宗教思想尤明显，而刘歆此文之义以宗教概念明之，就是建立儒术的另一教派。当董仲舒所主张的天人感应，其具体作用在以《公羊》断狱，这就必须了解孔子之"微言大义"。而此"微言大义"是否确属孔子之"微言大义"，且唯一认为孔子有"微言大义"，已难免有宗教色彩。其后于《公羊》外另出《穀梁》，则又有"微言大义"。然《公羊》、《穀梁》之内容，尚属大同小异，因《公羊》为齐学，《穀梁》为鲁学。主张《穀梁》者，认为鲁学尤能相应于孔子之旨，事实上并不如是。况《公》、《穀》的微言大义，与孔子生前的情况何能全同。孔子重视《春秋》二百四十二年的史实，在刘歆时又出来一部《左传》。《左传》这部书亦属先秦古籍,然及西汉末方才引起注意。其内容亦为《春秋》之传,与《公》、《穀》面貌完全不同。所谓"微言大义",更是绝对相反。而《公》、《穀》为今文,《左传》为古文。凡《春秋》三传,含有形同水火的矛盾。试思孔子的观点,势为今古文分裂为二,执今文者竟谓古文《左传》是向歆父子所伪撰,有意为王莽篡汉造舆论,事实上当然未是。而视《左传》为左丘明作亦未必是,且《左传》的内容,确有意认识春秋至战国的情况在发展。故对鲁之三家与鲁侯,韩、赵、魏三家与齐侯,齐之田氏与姜齐之间的争执,每不以鲁侯、齐侯、姜齐为是。凡此观点是否可视为孔子的"微言大义",可以深入研究。至于《左传》所显出的观点,每每借前人之口,尤其有重要关系的是借《周易》的卜筮,一者有意神化《周易》,一者借《周易》以示天命。此处可举例说明之:

《春秋》庄公二十二年(公元前六七二年):"陈人杀其公子御寇。"《左传》:"陈人杀其太子御寇,公子完与颛孙奔齐。齐侯使敬仲为卿。……其少也,周史有以《周易》见陈侯者,陈侯使筮之,遇《观》之《否》。曰:是谓'观国之光,利用宾于王'。此其代陈有国乎。不在此,其在异国,非此其身,在其子孙。光,远而自他有耀者也。坤,土也。巽,风也。乾,天也。风为天于土上,山也。有山之材而照之以天光,于是乎居土上,故曰:'观国之光,利用宾于王。'庭实旅百,奉之以玉帛,天地之美具焉,故曰利用宾于王。犹有观焉,故曰其在后乎。风行而著于土,故曰其在异国乎。若在异国,必姜姓也。姜,大岳之后也,山岳则配天。物莫能两大,陈衰,此其昌乎。及陈之初亡也(昭公八年,公元前五三四年楚灭陈),陈桓子始大于齐。其后亡也(哀公十七年,公元前四七九年楚复灭陈),成子得政。"

这一故事非常有趣,当陈国公子完少时,陈侯使周史以《周易》筮之，遇观之否。这位周史的判断，能知一二十年后，公子完将逃离陈国至齐国，且知能在齐国久居传世，传了数代。二百余年后，陈国将衰亡，而其子孙在齐国有大发展，可得政于齐。试思此一故事，能否是事实？这一周史的确视"观之否"之象，能知二百余年后所发展的史实。此之谓神化《周易》，神化的结果自然成为中国的宗教——道教。合诸日后传入中国的佛教《华严经》，以并观之：《华严经》之《入法界品》示善财童子之五十三参，每参之行全合佛教之理。凡参主夜神八，正当八地，第九地为善慧地，义指菩萨仍当永在娑婆世界中。参此神妙德圆满，即岚毗尼林神，此菩萨于无量劫遍一切处示现受生自在解脱。或能以中国固有的概念喻之，就是无入而不自得。至于所以能无入而不自得，必须掌握时空出入之理。其同一时空数量级之间，何可不固定其次第。此神为说菩萨有十种受生藏，第十名入如来地受生藏。宜林神曰："善男子，此菩萨悉于三世诸如来所受灌顶法，善知一切境界次第，所谓知一切众生前际后际殁生次第，一切菩萨修行次第，一切众生心念次第，三世如来成佛次第，善巧方便说法次第，亦知一切初中后际所有诸劫，若成若坏名号次第。随诸众生所应化度，为现成道功德庄严，神通说法方便调伏，是为菩萨第十受生藏。"此最重要的关键，永能自在解脱而无入而不自得者，就在深察其次第之不可变。一变次第，就当了解无量劫，于无量劫中的任何一劫，又何可变其次第。这一观点不论其是非，在《华严经》中提及，而《左传》神化《周易》，未尝不本此理，然在中国未尝用宗教之名。且《左传》作者正在大力宣传此类宿命论，其方法非常简单，就在陈初亡、后亡时，又见田齐将代姜齐，乃有意于二百余年前作此伏笔。此两千余年来不知迷惑了多少读者，而对《周易》的神秘性亦与日俱增。此仅举一例可概其余，详见拙稿《论左传与易学》。更以孔子言，未尝以田齐代姜齐为是。对《周易》的认识，能否信此有不可改易的宿命论。若孔子而信此，则根本不必有沐浴以朝，谓"齐可伐也"之事。故《左传》与孔子之思想实有距离，然《左传》

有尊重现实的独见,当时的施政田齐确优于姜齐,大小斗进出之事大可参阅。因此事实上的今古文,全属概念与名词的不同。凡董仲舒主张《公羊》,刘歆提倡《左传》,同在利用以孔子为教主而自创教派。此今古文的信仰,实为儒术中最有力的两大教派。于六艺中《易》与《春秋》的隐现关系,皆有不同的认识。而此阴阳五行的关系,黄老道于医药中早已掌握,亦就是方仙道推理所用的方法论。这一方仙道合儒术以形成的经学,与方仙道合黄老道以形成的道教,其实始终在平行发展,然尚未引起学者的注意。孜孜于考核今古文之是非,皆非孔子之"微言大义",虽然其中也有部分的孔子思想。宜汉武帝所尊之儒术,必及郑玄能通贯今古文后,方能维持二千年的经学史。而早期的道教史及两汉之际传入的佛教,影响了中国的儒道的发展,此主要提出《左传》中之《周易》,实属道教的基本思想。

论三茅公*

《梁书》、《南史》俱有《陶弘景传》,谓陶(456—536)于永明十年(公元 492)止于句容之句曲山。"恒曰此山下是第八洞宫,名金坛华阳之天,周回一百五十里。昔汉有咸阳三茅君得道来掌此山,故谓之茅山。"至于咸阳三茅君得道事,见诸南朝宋裴骃《史记集解》。骃为松之(372—451)之子,于《史记·秦始皇本纪》"三十一年(公元前216),十二月更名腊曰嘉平",《集解》引《太原真人茅盈内纪》曰:"始皇三十一年九月庚子,盈曾祖父蒙,乃于华山之中乘云驾龙,白日升天。先是其邑谣歌曰:'神仙得者茅初成,驾龙上升入泰清,时下玄洲戏赤城,继世而往在我盈,帝若学之腊嘉平。'始皇闻谣歌而问其故,父老具对此仙人之谣歌,劝帝求长生之术。于是始皇欣然乃有寻仙之志,因改腊曰嘉平。"唐司马贞《史记索隐》:"《广雅》曰:'夏曰清祀,殷曰嘉平,周曰大蜡,亦曰腊。'秦更曰嘉平,盖应歌谣之词而改从殷号也。《道书》:'茅蒙,字初成。'今此云茅蒙初成者为神仙之道,其意失也。盖由裴氏所引不明,或后人增益蒙字,遂令七言之词有衍尔。"以上据裴骃所引的《太原真人茅盈内纪》,可知陶弘景所重视之三茅公,南朝宋早已流行,且必流传于北方,与魏夫人传修武县的《黄庭内景经》同一来源,其本实出于黄老道而五斗米道。至于名腊为嘉平,三国魏人张辑所编之《广雅》可从,由周而殷,有理可喻。歌谣之事未可全信,然知黄老道中当有茅蒙成仙之说,且已有茅盈之名,裴骃当亦有据。至于入句曲山以表彰之,事已隔七百年,以历史观之,未可为久。总之秦始皇时尚无佛教传入,此为最重要的原则,知此固有的道,方能推广由黄老而儒,东汉后方由儒道而及释,经魏晋之酝酿,至南朝梁方能有陶弘景创立茅山道以完成三教合一的理论。况三茅公之事其来有因,虽可不信因茅蒙而改腊为嘉平,然何可忽视秦始皇确有信道的事实。

玄武与波粒

牛顿主张光是微粒,惠更斯认识光是波动,两说各有其理,未能定于一。其后百余年以牛顿力学为主,一般科学家自然以微粒说为主。自麦克斯韦发现电磁波,始以波动说为主。故二十世纪物理学的序幕,或以为始于电磁波的发现。然普朗克发现量子,爱因斯坦建立狭义与广义相对论,方为现代物理学的正式开始,而量子本身又是粒子而非波。爱因斯坦首先提出光量子的假设,经康普顿效应加以证实,则牛顿的微粒说,增微粒以能量而重生(牛顿时尚无微粒本身有能量的概念)。然玻尔主张波动,有干涉衍射现象的实验证明,已无可非议。然波又得光量子的证实,则不得不兼取其说。此波粒两重性的矛盾,迫海森堡测不准原理成立而建立新量子论,似可基本了解波粒的具体情状。

今准此现代物理学的实验事实,以观吾国自然科学的理论,并宜反诸生物界以言。凡地球上既有生命,此生命体就来自阴阳二种能力的结合。吾国位处北半球,所见的星象以北斗为主。然北极位置上虽无一、二等亮星,而北辰之点早已知之重之。其点应于赤道的二十八宿,以斗牛女虚危室壁当之,此与尧舜时岁差在虚相应。故对二十八

135

宿的取象非常有趣,凡东方七宿为青龙,南方七宿为朱雀,西方七宿为白虎,北方七宿为玄武。玄武不同于其他三方即青龙、朱雀、白虎,皆一方一象,而唯北方的玄武为龟蛇二象相结合。此绝非偶然,其唯专一以观一,此自然成二者的结合。吾国自然科学家,即识此箕斗之间相应于北斗的重要,且为银河的起讫点。由一而二的原理,特以数示之,就是天地数组合的图形,宋后名此图形为河图。更对生物界言,生气的呼吸出入亦是本于兼合呼吸的一。一而二,一就在二中。此一彼一,实无以异,然亦不可不分辨之。合诸人体的气功,理尤明显。一而二,二即黄庭与河车。认定黄庭其何以知河车之转,观此辘轳其何以见黄庭之位。坐标动量,何以测准,结合而一之,今名光量子,吾国旧名曰结丹。此虽为养身的原则,亦为吾国医药的根本原理。

道教的内外丹

一

中国知识分子阶层有反宗教的倾向，尤其是为儒术所束缚者，每认为信仰宗教是愚夫愚妇之事。清朝有一个小故事，谓经学家惠栋不信道教，而其母信之。一时母病医治不愈，母命惠栋必求祷于道观，栋不得已至某道观祷之，许愿谓："如能使母病痊愈，己愿以儒理注解《太上感应篇》，使之推广于儒林。"祷后母病霍然而愈，此《太上感应篇》所以有惠栋之注本。事实上清代的道教早已儒术化，以世俗道德为准，难免有失道教的教义。且中国有极长的文明史，道教于每一时代有基本相似而并不全同的教派。如果视教派为道教，能因时代而发展道教者固是，然而仅得道教一部分而否定其他部分，难免有"道术将为天下裂"的感慨。时至今日难见整体的道教，此为道教衰废的症结所在。

以下试比较深入地讨论道教的内外丹问题。道教尚炼丹，可云是基本教义。凡入山采药以炼丹，丹成吞服而成仙，此求长生不老的方法，究其本与医药有关。《汉书·艺文志》所抄录的《七略》，其间《方技略》有侍医李柱国校，凡分四类：

137

其一,医经凡七家二百一十六卷,今仅存《黄帝内经》十八卷,仍为中医的理论基础。当时李柱国总结曰:

> 医经者,原人血脉经络骨髓阴阳表里,以起百病之本,死生之分,而用度箴石汤火所施,调百药齐和之所宜。至齐之得,犹磁石取铁,以物相使。拙者失理,以愈为剧,以生为死。

此所谓"至齐之得",实为中医的特点,即中医本人身整体以治病,决不取头痛医头、脚痛医脚的局部观点。虽然以整体为基础,仍知有医头医脚的具体方法。故以整体而及局部则是,以局部而不知整体则非。

其二,经方十一家二百七十四卷,今全佚。总结曰:

> 经方者,本草石之寒温,量疾病之浅深,假药味之滋,因气感之宜,辩五苦六辛,致水火之齐,以通闭解结,反之于平。及失其宜者,以热益热,以寒增寒,精气内伤,不见于外,是所独失也。故谚曰:"有病不治,常得中医。"

今尚传世者,仅得后出之汉张仲景《伤寒论》以当经方。实即对各种疾病分类,以得基本可常用的验方。

其三,房中八家百八十六卷,今亦全佚。总结曰:

> 房中者,情性之极,至道之际,是以圣王制外乐以禁内情,而为之节文。传曰:"先王之所乐,所以节百事也。"乐而有节,则和平寿考。及迷者弗顾,以生疾而隕性命。

此类即今日所谓性知识,包括优生学、遗传学,对本人之养生尤重要。

其四,神仙十家二百五卷,今亦全佚。总结曰:

> 神仙者,所以保性命之真,而游求于其外者也。聊以荡意平心,同死生之域,而无怵惕于胸中。然而或者专以为务,则诞欺怪迂之文,弥以益多,非圣王之所以教也。孔子曰:"索隐行怪,后世有述焉,吾不为之矣。"

由医术而及神仙,即中医之理论本诸黄帝成仙,出于道教希求长生不老之目的。

二

道教的中心内容,主要可以炼丹概之。炼丹的具体内容,因时代思潮而变。要而言之,丹分内外。内外丹的名称虽后起,而内外丹的实质自古已有。

推究内外丹的原始意义,内丹就是心理治疗,外丹就是药物治疗,最初的目的皆以治病,以求身体的健康。故道教的炼丹理论,必须与吾国的中医理论同时研究。且健身的目的唯一,宜古代有内外丹之实,无内外丹之名。分内外丹而执其一,皆非炼丹的古义。吾国于先秦时,已逐步发现因病而死与衰老而死为二回事,方有上医医未病的理论,《内经》属之。由治病而防病,为医学史上的一大进步。而道教的炼丹,治病仅属副作用,主要治衰老而至长生不死,故不仅防病,且在防老死。虽然能否长生不死,当然有问题。以生物个体而言,颇难成立。以生物生殖遗传言,则种族延续可有相当长的时间,而灭种的生物亦多不胜数。更上推至生命起源言,则长生不死殊可研究。以今日的分子生物学论,DNA 与 RNA 的结构,凡生物莫不相同,异在碱基排列的次序。然则自有生命起,由完成单细胞组织而生物进化至人类,其间确实绵绵不断,长生不死,故地球上的生命起源仅须一次。读道教文献中有关炼丹的概念(包括内外丹),必须推及始祖及父母未生之前,乃至于天地成立之先。故其思维境界,可与现代自然科学理论并观。尤其是华生与克里克于一九五三年已证实 DNA 与 RNA 双螺旋结构的存在,则整个自然科学理论的发展趋势,亦由物理理论转向生物理论。此以道教的思维言,炼外丹犹属物理理论,炼内丹则属生物理论。如不炼外丹,其何以知客观环境;不炼内丹,其何以知人体的内部结构。必须"诚合外内之道"以达成己以成物之理,"大还丹"盖取其象。能穷其理者,方可与论"长生不死"之道。

考道教明炼丹的文献,早期而今尚存者,唯有东汉《周易参同契》一书。论此书前先应肯定两个问题,一,此书的成书年代。二,此书内容是炼外丹还是炼内丹。

《抱朴子内篇·遐览》:"魏伯阳内经……一卷。"葛洪《神仙传》:"魏伯阳,后汉会稽人,著《周易参同契》论炼丹之意。"又曰:"魏伯阳作神丹,丹成服之成仙。其所作《参同契》、《五相类》凡二卷,其说如解说《周易》,其实假借爻象以论作丹之意。"于葛洪(283—363)之言,可见晋代确有以《周易》爻象论作丹之《参同契》一书,为后汉会稽人魏伯阳著。今所存之本,已出自五代彭晓,自序于孟蜀广政十年(公元 947)。其前有唐刘知古,玄宗(712—756 在位)时为绵州昌明令,曾本《参同契》作《日月玄枢论》一卷。《文献通考》引晁氏曰:"唐刘知古撰。明皇朝为绵州昌明令,时诏求通丹药之士,知古谓神仙大药无出《参同契》,因著论上于朝。"今此卷虽佚,然尚录于宋曾慥《道枢》卷二十六。慥作提要曰:"天地为鼎,阴静阳动,规乎伯阳,以明铅汞。"则晋唐至宋,《参同契》仍在流传。若晋以前之情况,今更可以虞翻注《周易》为证。按虞氏亦会稽人,其注《周易》成书而上于朝,孔融有书赞之,故必在孔融建安十三年(公元 208)被杀之前。其书中已引用《参同契》中三爻纳甲之说,且虞翻非常重视之,上表中有言:"臣生遇世乱,长于军旅。习经于枹鼓之间,议论于戎马之上。蒙先师之说,依经立注……郡吏陈桃,梦臣与道士相遇,放发被鹿裘,布《易》六爻,挠其三以饮臣,臣乞尽吞之。道士言:'易道在天,三爻足矣。'岂臣受命,应当知经。"由虞氏之言,可见汉末之言易象早与道教相合,所谓"挠其三以饮臣"者,即纳甲之说。以纳甲之易象合诸月相之圆缺,今唯见《周易参同契》中用之,而为虞氏所取。魏伯阳既早于虞氏,则彭晓所记魏氏之史迹,定亦有据于古传,非一己之杜撰,由是知其为东汉古籍可无疑。

至于此书内容属于炼外丹抑为炼内丹,则上已说明,古无内外丹之分。及晋以外丹为主,宜葛洪辈视之为外丹。唐后渐重内丹,由刘知古起渐向内丹转化。及南北宗兴起,则莫不以内丹视之。今以《周易参同契》本书观之,盖明炼丹之理,何分于内外。故必以内外丹分,决非魏氏原意。且丹书之术语,内外丹同名,唯所观有辨。由观之辨以见天人之异,名之同则睹天人合一。且古丹书之说,语简意长,必于精练之文句中识其通贯内外丹之理,庶可进而论其炼丹之道。

研究炼丹之理,不论内外,皆有所指之客观事实,而此客观事实须用术语以喻之,方免为文字所囿。此与今日自然科学须用数学语言同理,而道教所用之术语就是《周易》象数。此所以后人加"周易"二字而以《周易参同契》名之,方合全书之旨。然则详究炼丹之初步,不可不知《参同契》所利用的《周易》象数。观汉易象数有其发展根源,魏氏所利用的是东汉所流行的孟氏易与京氏易,论其要不外于阴阳五行纳甲爻辰之说。总以"消息""之正"二方面,能包括《周易》象数的重要部分,炼丹的术语基本亦在其中。

至于《周易》象数的原始意义,纯属数学原理,秦视之为卜筮书而不焚可证。卜筮的象数今属概率论,考西方发展概率论时,直接有取于赌博中流行的方法,然取其法而加科学研究,由大量恒静律而逐步发展成今日的概率论,不论在自然科学或社会科学中,其用途日广。

而吾国二千余年前的卜筮法，其实就是考察其可能性。宋朱熹曾加研究，而以先天图之次排列成《启蒙》，其法当然仍同于汉初，然二千余年来始终未加以正确的利用。且《易》于先秦，早已由玩占发展成玩辞，所谓"神而明之，存乎其人"，即其人能不待卜筮而判断其变化的趋势，此方属《周易》的正确利用。利用的方法，内有因时代而改进的具体事实。且总以二千年的史迹观之，屡经反复，故卦象依然，于象之所指则变化万千。或不察其指而徒执于象，此所以视《周易》为神秘之书。今以"消息""之正"论，已基于概率而有其必然之理。识其可循之理，则无碍于卜筮之可能性，概率的作用可显。

郑玄曾言伏羲十言之教，为乾、坤、震、巽、坎、离、艮、兑、消、息。前八言当八卦，取消、息二言，所以明阴阳之变。

《周易参同契》源流版本考略

今存最古之《参同契》注,为五代彭晓《真义》,其序有曰:"魏伯阳,会稽上虞人。修真潜默,养志虚无,博赡文词,通诸纬候。得古文《龙虎经》,尽获妙旨,乃约《周易》撰《参同契》三篇,复作《补塞遗脱》一篇。所述多以寓言,借事隐显异文。密示青州徐从事,徐乃隐名而注之。桓帝时公复传授与同郡淳于叔通,遂行于世。"考东汉桓帝在位二十一年(147—167),是时魏伯阳早已成书。推其生年约当公元一百年前后,其一生似可由和帝(89—105)至灵帝(168—189),成书约在顺帝时(126—144)。若青州徐从事及同郡淳于叔通之注,实已混入魏伯阳书中。彭晓五代时人,五代当公元907—960,上距东汉桓、灵已八百年左右,因历代辗转传抄,经、注已不辨,且亦不知经中有注。晓乃分成三卷九十章以应阳九之数,《鼎器歌》一篇以应水一之数,决非原书之次。朱子于庆元丁巳(公元1197年)与蔡季通相与订正之,作《〈周易参同契〉考异》合成上中下三篇,末附《三相类》及《鼎器歌》。翌年得阴阳冥寂流行之象数,惜季通已死而不及互证。迨宋末有俞琰玉吾者(生于宋宝祐初,宝祐当公元1253—1258,卒于元泰定后,泰定当公元1325—1328),因宋亡而为羽士,好此书而注之。注既成,静中若有人

143

语之,此书经注丛杂,当以四言句、五言句、七言句分之。其后自思之诚是,然注已成,未及改作,仅记其悟。及明,因俞氏之悟而为之更订者不乏其人,如杜敬心分经、传各三,陈海峰经大书传细书。然既以四言为经,五言、七言为传,其先后之次甚难定,且可以意变之。故王文禄非之,以准徐龙阳之意,更合成上下二篇及魏伯阳自序篇一,时当嘉靖甲子(公元1534年)。王又作疏于万历壬午(公元1582年)。至于俞氏之悟,实有所得,徐、王之见未足取。时有杨慎者,谓得古本《参同契》,自序于嘉靖丙午(公元1546年),其言曰:"近晤洪雅杨邛崃宪副云:'南方有掘地得石函,中有古文《参同契》,魏伯阳所著上中下三篇,叙一篇;徐景休《笺注》亦三篇,后叙一篇;淳于叔通补遗《三相类》上下二篇,后序一篇。合为十一篇,盖未经后人安紊也。'亟借录之。未几,有人自吴中来,则有刻本,乃安云苦思精索,一旦豁然,若有神悟,离章错简,雾释冰融。其说既以自欺,又以欺人,甚矣。及观其书之别序,又云有人自会稽来,贻以善本。古文一出,诸伪尽正,一叶半简之间,其情已见。亦可谓掩耳盗铃,藏头露足矣,诚可笑也。余既喜古文之复出,而得见朱子之所未见,为千古之一快,乃序而藏之。"按杨慎所得之古文,安知非如杜、陈辈之所分,由苦思精索而得者乎,必信其为汉代原物殊未可。然以字数分,确能契于俞氏所悟,而有应于古者也。又有蒋一彪者,即本杨氏古文之次而作《集解》,盖取彭晓、陈显微、陈致虚、俞琰四家之注,节集于各段之下,亦有心人也。时当万历甲寅(公元1614年)。由是《参同契》有二种版本,其一彭晓、朱子、王文禄所传,其二杜敬心、陈伯峰、杨慎、蒋一彪之古文本。此二种版本中,又各有分合之异。清有纪大奎者,于嘉庆丁巳(公元1797年)著《周易参同契集韵》六卷,乃不辨各本之异同,仅取其合韵者择要释之,且未全释,究非所宜。原此版本之混乱,由来已古,知之而复之,非起于俞琰之一悟乎。其所悟者,非孔颜之所乐乎,非《参同契》之机乎。后人徒执其迹,可乎,不可乎。清末有汪东亭者编辑《道统大成》,于《参同契》

一书取俞氏之注为主,有以也。俞氏诚伯阳千年后之唯一知音。拙著《〈周易参同契〉易象释》准迹迹而履迹之理,宜取古文本为次,然于杨慎本亦不免略有异同云。

《周易参同契》易象释

魏伯阳自序

　　郐国鄙夫，幽谷朽生。挟怀朴素，不落权荣。栖迟僻陋，忽略令名。执守恬淡，希时安平。远客燕间，乃撰斯文。

　　"朴"或作"樸"，同。"落"或作"乐"，义以"落"长，"不落"反承上句"挟怀"。"令"或作"利"，义以"利"长。"平"或作"宁"，义同。"远客燕间"或作"晏然闲居"，义异，并存之。朱子曰："魏君实上虞人，当作会稽，或是魏隐语作郐。"仇沧柱知几子按："郐国在河南，会稽在浙东，借郐国以寓会稽。隐身匿迹，不求人知也。"由下文知姓名皆作隐语，故以郐国寓会稽，确为魏君不求人知之志。或谓既不求人知，何必作隐语以寓之。盖全书之言，莫不有寓，能读之而知其隐，养性之理在焉，岂仅隐其姓名与籍贯而已。读者宜细思其辞，以求其意之大。难得其意者，应知不得不隐之理。朱子作《〈周易参同契〉考异》，特署空同道士邹䜣，亦此意也。《四库提要》乃谓"殆以究心丹诀，非儒者之本务，故托诸庾辞欤"，何其拘耶。朱子注《参同》而自名空同，实有得于"故推消息,坎离没亡"之旨,故读《参同》者,不可不知庄子之"寓言十九"。

> 歌叙大易,三圣遗言。察其所趣,一统共伦。务在顺理,宣耀
> 精神。神化流通,四海和平。表以为历,万世可循。序以御政,行
> 之不繁。

"歌叙大易"者,《参同契》本诸《周易》也。"三圣"者,伏牺、文王、孔子。圣人感人心而天下和平,务在和顺于道德而理于义,所以"宣耀精神"。"流通"谓山泽通气。"表以为历"者,日月运行,一寒一暑,成明成岁,"万世可循"。"序以御政"者,乘六龙以御天,所损益可知,故"不繁"。

> 引内养性,黄老自然。含德之厚,归根返元。近在我心,不离
> 己身。抱一毋舍,可以长存。

"引内养性",谓继一阴一阳之道而成之者性也。道发自然,坤元含章而厚德载物,归根复命于乾元之象。由身而心,坎心属天一水,其可舍乎。"抱一"者,阴阳不测之神,玄玄之门也。

> 配以服食,雌雄设陈。挺除武都,八石弃捐。审用成功,世俗
> 所珍。

"服食"谓借外物,"雌雄"即阴阳也。"设陈"之象,初当安炉立鼎,有外内之辨。"挺除"犹云排却。"武都",山名,今在陕西省,出雄黄。"八石"谓三砂(朱砂、硼砂、硇砂)、三黄(雌黄、雄黄、硫磺)、砒霜、胆矾,谓不可徒持外鼎,当审用之。由外鼎而内鼎,亦能成功,故"世俗所珍",诚合外内之道是其义。

罗列三条,枝茎相连。同出异名,皆由一门。非徒累句,谐偶斯文。殆有其真,砥砺可观。使予敷伪,却被赘愆。命《参同契》,微览其端。辞寡意大,后嗣宜遵。

"三条"谓大易、黄老、服食,服食即外内炉火。此三者同出一门,谓大易之三圣。一统即黄老之"抱一",即服食之"雌雄设陈",即《参同契》之"参"。"砥砺",明白貌。自明作此《参同契》,非为文字故,真而无伪,其意至大,后人宜遵其参而契同之。

委时去害,依托丘山,循游寥廓,与鬼为邻。化形而仙,沦寂无声,百世一下,遨游人间。陈敷羽翮,东西南倾,汤遭厄际,水旱隔并。柯叶萎黄,失其华荣。

此节首四句中,委邻鬼为魏。下四句中,百下一合人为伯。又下四句中,陈倾东于西南,汤旱去水而合之为阳。魏伯阳三字本俞琰说。末曰"柯叶萎黄,失其华荣",是之谓朽。终而复始,由朽而生,剥穷上反下,此长存之几,非我心以复其见天地之心乎。

以上为魏伯阳之自序,撰《参同契》之原委,言之已详。读《参同契》宜首读此序,凡四字六十四句,或亦有取乎大易六十四卦之数。末有"吉人相乘负,安稳可长生"二五字句,实当徐景休笺注复初之文。盖魏伯阳之序已混入《三相类》中,今当提出此六十四句以见本来面目。

经文上篇

魏伯阳著

乾刚坤柔,配合相包。阳禀阴受,雄雌相须。须以造化,精气乃舒。

"雄雌"一作"雌雄",承上句作"雄雌"为是。"须以"一作"偕以",作"须"义长。《易·杂卦》曰"乾刚坤柔",乾坤指六画卦。"配合"者分卦爻言,卦之配合为纳甲,爻之配合为用九用六之爻辰。"相包"犹乾坤消息。乾《彖》曰"云行雨施",是谓"阳禀"。坤《彖》曰"乃顺承天",是谓"阴受"。需《彖》曰"需,须也",谓云已行天而待雨之施,须犹待,谓雄待雌之受,而雌待雄之禀。相包相须,其血玄黄,天造草昧而万物化生,精气乃舒。《系》上曰"精气为物",乾阳物资始,坤阴物资生,天地交泰,乃舒之象。

> 坎离冠首,光耀垂敷。玄冥难测,不可画图。圣人揆度,参序元基。

乾坤之用在坎离,纳甲以坎离为主,故曰"冠首",犹以坎离为轴心而旋转。"光耀垂敷"指离日言,地二生火之象。"玄冥难测"指坎月言,天一生水之象。离象阳在外其光耀,坎象阳在内其玄冥。耀则垂敷,冥则难测,此光耀、玄冥之象,不可画图。以今之数学言,属五维空间之形象。《系》下曰"初率其辞而揆其方",又曰"其出入以度",谓圣人出入有方,乃能敷测参序而为玄基。玄基者,即既济之象。

> 四者混沌,径入虚无。六十卦周,张布为舆。龙马就驾,明君御时。和则随从,路平不邪。邪道险阻,倾危国家。

"四者"指乾坤坎离,"混沌"义取庄子《应帝王》七窍凿而混沌死。"径入虚无"者,所以七日来复而生其混沌。以易象言,混沌犹太极,太极犹乾元,乾元犹乾元坤元,乾元坤元犹阴阳水火,阴阳水火者,乾坤坎离之象。以坎离归诸乾坤,以坤归诸乾,以乾归诸太极,以易有太极而归诸易无体,是之谓"四者混沌"。《老子》曰:"三十辐共一毂,当其无,有车之用也。"以易象论,卦凡六十四,今取乾坤坎离四卦,径入虚无而混沌之,则其他六十卦即周成一毂,张布为舆而有车之用也。《说卦》曰:"坤为大舆。"舆之周行当以龙马就驾,象为坤息而震。震为龙,震息由兑而乾,乾为马。然虽有龙马就驾,更当有明君御时,乾《象》曰"六位时成,时乘六龙以御天"是其义。又御时有得失之辨,得谓"和则随从,路平不邪",犹保合太和而天下平,泰而既济之象。失谓"邪道险阻,倾危国家"。当闲邪存诚,乾知险坤知阻,犹可反否而泰。不然,否五未能其亡其亡而危,国家未可保,及上倾否是也。

发号出令,顺阴阳节。藏器俟时,勿违卦日。屯以子申,蒙用寅戌。六十卦用,各自有日。聊陈两象,未能究悉。

"发号出令",所以御龙马行其舆。御之之道,当顺阴阳之节。"藏器"者,藏六十卦张布之舆。"俟时"者,俟或行或止之时,以御龙马。若阴阳之节,谓六十卦各自有日。"聊陈两象",可概其余。"屯以子申,蒙用寅戌"者,用京房之爻辰。爻辰之象,盖以十二地支配用九用六十二爻。十二爻以三画卦分之凡四,计三画卦象凡八,以八卦合诸天干,是谓纳甲。因卦象纳甲之异,是卦三爻之爻辰亦不同,总以下表示之(表见下页),其说另详。

曰卦日者,以初、四爻言,如屯卦为下卦震上卦坎,震初爻辰为子,坎四爻辰为申,故曰"屯以子申"。又如蒙卦为下卦坎上卦艮,坎初爻辰为寅,艮四爻辰为戌,故曰"蒙用寅戌"。即此两象,其他五十八象皆可例推,详下"张布为舆图"。

纳甲爻辰表

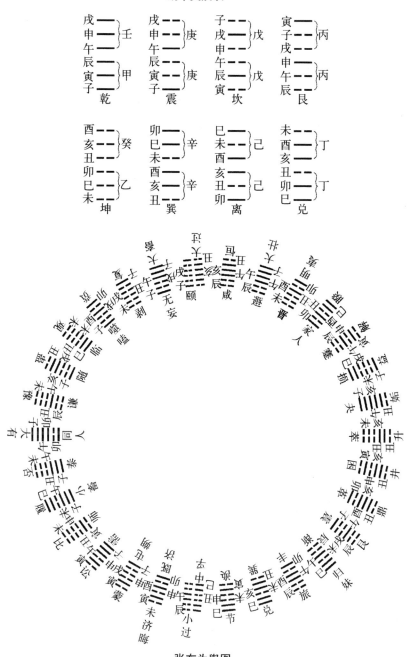

张布为舆图

立义设刑,当仁施德。逆之者凶,顺之者吉。按历法令,至诚专密。谨候日辰,审察消息。

"立义设刑"谓克,"当仁施德"谓生。宜生而克之,宜克而生之,为"逆之者凶"。宜生而生之,宜克而克之,为"顺之者吉"。若生克之标准,依乎历法,即木当春生秋克,亦即五行衰旺之象。然其几微之变,唯至诚之道可以前知。《系辞上》曰"夫乾,其静也专",专之为言,专一而转六十卦周之象。又曰"圣人以此洗心,退藏于密",此指蓍卦爻三者言,以之洗心而藏密,径入虚无之象。由是谨候张布为舆之日辰,审察中孚冬至起为息,咸夏至起为消。一年如是,一月一日一时一刻一分一秒之几,莫不如是。皆宜候得其日辰而密之,审察其消息而专之。故能至诚专密者,御龙马以行其舆之理在矣。

纤芥不正,悔吝为贼。二至改度,乖错委曲。隆冬大暑,盛夏霝雪。二分纵横,不应漏刻。风雨不节,水旱相伐。蝗虫涌沸,山崩地裂。天见其怪,群异旁出。

此明日辰不正之弊。以历法言,日辰指地球之自转。地有对月而明一月之日辰,亦有对日而明一年之日辰,故六十卦周既为朝屯夜蒙,当一日而合为一月,亦为一卦当六日七分而合为一年,更可以朝夜二卦之三画卦四当四季而合为三十年一世。不论何种周期,其于日月之运行,可不明辨其纤芥乎。以西历言,何尝有晦朔弦望纳甲之象。以回历言,未尝无隆冬大暑盛夏霝雪之时。故唯夏历庶见日月运行之全,是皆反身之寓言,以喻不可不知万世可循之历。若因岁差而知极星未尝动,然动以不动观之,非虚灵不昧之历元乎。

孝子用心,感动皇极。近出己口,远流殊域。或以招祸,或以

致福。或兴太平，或造兵革。四者之来，由乎胸臆。动静有常，奉
其绳墨。四时顺宜，与气相得。刚柔断矣，不相涉入。五行守界，
不妄盈缩。易行周流，屈伸反复。

此准易象中孚二咸四言。"鸣鹤在阴，其子和之"，故曰"孝子用心"，
此指中孚九二冬至一阳来复之象。"咸，感也"，"憧憧往来，朋从尔思"，
宜"何思何虑"，故能"感动皇极"，此指咸九四夏至一阴始凝之象。《系辞
上》释中孚九二有曰"言出乎身加乎民，行发乎迩见乎远"，故曰"近出己
口，远流殊域"。此祸福治乱四者之来，莫不由乎胸臆之善不善，然则可
不顺四时以断其刚柔乎。谓当奉七阳静、八阴静、九阳动、六阴动之绳
墨，盖阴阳动静天有常则，断定其七八九六而不相涉入，庶能与气相得。
五行守界者，东方甲乙木、南方丙丁火、西方庚辛金、北方壬癸水、中央戊己
土是其象。徐从事《笺注》有曰"上察河图文"即指此，义谓胸臆之间能守其
界乎，能不妄盈缩乎，能周流乎，能屈伸乎，能反复乎。观夫善不善之气，千
里之外或应或违，故孝子感动皇极之心，其有已乎。皇极者，当河图变洛
书之象，此指径入虚无之乾坤坎离四卦。凡六十卦周流消息之情状，莫不
以皇极为准，《笺注》有曰"下序地形流，中稽乎人情"即指此。

　　可不慎乎，御政之首。管括密微，阖舒布宝。要道魁柄，统化
纲纽。

"可不慎乎"本《系辞上》释中孚九二，用以承上文。密者，《系辞》释
节初九曰："君不密则失臣，臣不密则失身，几事不密则害成，是以君子慎
密而不出也。"微者，《系辞》释六二曰："君子知微知章，知柔知刚，万夫之
望。"此谓"密微"犹上文"专密"。"布宝"犹上文"张布"。"阖"或作"开"，
同，谓阖舒之六十卦周，莫不可宝。盖一毂之三十辐，任一辐皆及中心，
犹管括于乾坤坎离四者。且此四者能至诚密微而径入虚无，始可管括

之而混沌之。此虚灵不昧之历元，乃本天象以明其不可画图之图。以今日科学言，此图即多维空间之投影图。魁柄即北斗七星，魁指天枢、天璇、天玑、天权四星，柄指玉衡、开阳、摇光三星。柄《史记·天官书》名之曰"杓"，其言曰"杓携龙角，衡殷南斗，魁枕参首"，义谓观杓知角，观衡知斗(南斗)，观魁知参，盖二十八宿之位皆可以魁柄指之。凡角、亢、氐、房、心、尾、箕七宿象龙，角宿以当龙角，于角宿一，可直对柄中之摇光一星以及帝星，又可直对柄中之开阳一星以及极星。斗、牛、女、虚、危、室、壁七宿象玄武，斗宿以当蛇，其间二星可直对柄中之玉衡一星。奎、娄、胃、昴、毕、觜、参七宿象白虎，参宿以当虎，其首二星，一及魁中之天权一星，一及魁中之天玑一星，此二直线盖平行，司马迁用一"枕"字甚切。由此可见，东龙西虎、南北二斗皆本诸魁柄，是谓要道。"纲纽"犹《系辞》释中孚九二曰"枢机"，《论语》"为政以德，譬如北辰，居其所而众星共之"，不其然乎。详下图，特名之曰"魁柄纲纽图"。此图有今人朱文鑫准《史记·天官书》而作，甚善，宜英人李约瑟《中国科学技术史》中亦取之，殊未知《参同契》中明历数天象，即准《史记》而言。道教重龙虎，有拜斗之礼，即得此"密微"、"布宝"之象于天而有以反身云。

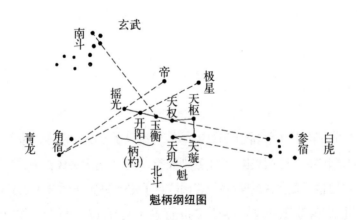

魁柄纲纽图

爻象内动，吉凶外起。五纬错顺，应时感动。四七乖戾，侈离俯仰。

"爻象内动,吉凶外起",即《系辞下》曰"爻象动乎内,吉凶见乎外"。此指魁柄之密微为内动,二十八宿之布宝乖戾与否,所以外起吉凶。"五纬"指水、金、火、木、土五行星,其应时感动,指五纬错顺之行与二十八宿之相应位置。若谓"四七乖戾,侈离俯仰"者,盖因岁差而极星变动产生恒星东移,故二十八宿有上下偏离赤道之象。魏伯阳生当公元一、二世纪,是时吾国似无岁差之见。然魏氏既知其乖戾,实已见及东移之象,不可谓非吾国发现岁差之先声。

> 文昌总录,诘责台辅。百官有司,各典所部。

"文昌",星名,在天枢、天璇旁。"台辅"谓三台四辅,亦星名。由文昌上及极星处为四辅,下及轩辕星座处为三台,《史记·天官书》三台作三能。"百官有司"总指紫微、太微、天市三垣内诸星,谓诸星各典所部,以观外起之吉凶,由台辅诘责之、文昌总录之,然后见魁柄之默运。此不可画图之图,是之谓象,外王内圣之理一也,可不慎乎。

> 原始要终,存亡之绪。或君骄佚,亢满违道。或臣邪佞,行不顺轨。弦望盈缩,乖变凶咎。执法刺讥,诘过移主。辰极受正,优游任下。明堂布政,国无害道。

《系辞下》曰:"易之为书也,原始要终,以为质也。"又曰:"亦要存亡吉凶,则居可知矣。"此曰"原始要终,存亡之绪",明表历之始终,御政之存亡,由日月运行以至魁柄纲纽,莫不如是。或君臣不正而有凶咎,或主辅交勉而国无害道,于明堂布政之时,可不慎乎。《史记·天官书》曰"心为明堂",孝子能感动皇极,用此心也。青龙之心不欲直,曲成万物之谓也。由河图而洛书,由螺旋而周流,不烦而可循,终始之理具矣。

幽潜沦匿，升降于中。包囊万物，为道纪纲。以无制有，器用者空。故推消息，坎离没亡。

此明勿用之用，"潜龙勿用"是其义，故曰"幽潜沦匿"。以易象论，犹非乾初，乃乾初之几，所以推消息之能，即六消息卦中所没亡之坎离两象。此两象升降于六消息卦中，消息者，"一阴一阳之谓道"之变化，故曰"为道纪纲"。凡由阳变阴曰消，由阴变阳曰息。消息有三画卦之消息及六画卦之消息，以下将详论之。此先总述"以无制有，器用者空"之理，犹以坎离为轴而旋转，消息卦轮转于外是其象。盖以消息卦为万物为器用为有，而以消息卦中所无之坎离包囊之。

言不苟造，论不虚生。引验见效，校度神明。推论结字，原理为征。坎戊月精，离己日光。日月为易，刚柔相当。土旺四季，罗络始终。青赤白黑，各居一方。皆禀中宫，戊己之功。

"言不苟造"谓合日月为易，"论不虚生"谓戊己当中宫，此明阴阳五行之基本原理。易象以坎为月，离为日。坎象阳包阴中，见阴而不见阳，乃天干属戊为阳干，而象为至阴之月精。离象阴包阳中，见阳而不见阴，乃天干属己为阴干，而象为至阳之日光。此阴阳互根日月变化之几。于字易从日从月，故曰"日月为易"，《说文》亦引此。合诸卦象，上卦离日下卦坎月为未济，变未济而既济，即上文曰"升降于中"。既济《彖》曰"利贞，刚柔正而位当也"，是谓"刚柔相当"。此为反身之最基本、最初步之工夫，亦为最重要、最贯彻之原理。人生之火，其可上升乎。人生之水，其可下流乎。故戊己中宫之功，济未济成既济而已矣。若其济之之理，岂一言可尽，当纯以卦象喻之。此"以无制有"之无，于五行属戊己土，其色黄，其他四行为甲乙木青居东方，丙丁火赤居南方，庚辛金白居西方，壬癸水黑居北方，上文曰"五行守界，不妄盈缩"是其义。而中央之土既

已没亡,乃散而旺于四季。四季者,季春三月辰、季夏六月未、季秋九月
戌、季冬十二月丑是其象,详下"日月升降图"。

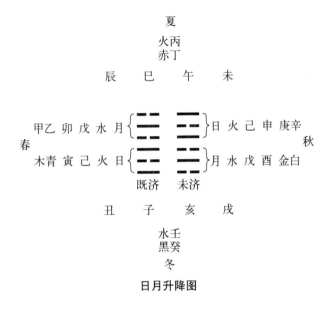

日月升降图

晦朔之间,合符行中。浑沌鸿蒙,牝牡相从。滋液润泽,施化
流通。天地神灵,不可度量。利用安身,隐形而藏。

此下盖言消息,分三画卦消息及六画卦消息。前者合诸天干,是
谓纳甲。后者合诸地支,是谓爻辰。纳甲者,观月绕地一周之天象,是
谓一月。爻辰者,观地绕日一周之天象,是谓一年,《系辞上》曰"日月
运行,一寒一暑"是其义。此先以纳甲言,即月终于晦而始于朔,"晦朔
之间"犹贞元之际。"合符行中"者谓各居一方之消息卦,皆禀中央戊
己之功,故亦"浑沌鸿蒙,牝牡相从",象仍为未济变既济。南北二斗中
之"滋液润泽,施化流通",孰辨朱雀玄武之阴阳。《系辞上》曰"阴阳不
测之谓神",故曰"天地神灵,不可度量"。《系辞下》释咸卦九四有曰
"利用安身,以崇德也",唯有德者始足与语"隐形而藏"之理。庄子《缮

157

性篇》曰"隐故不自隐",乃下起消息卦。

> 始乎东北,箕斗之乡。旋而右转,枢轮吐萌。潜潭见象,发散精光。昴毕之上,震出为征。阳炁造端,初九潜龙。

欲知纳甲之天象,当详观一月间月亮之形象与方位。晦当月底,朔当初一(按:朔当初一、望当十五言其大概,实每月各有朔望之正确时刻,可查历书),是时月无光,方位由东而东北,由东北而北,由北而西北,由西北而西。时则晦朔于东,月始生于东北,然犹未可见。以二十八宿言,东方七宿为角、亢、氐、房、心、尾、箕,北方七宿为斗、牛、虚、危、室、壁,故东北之位为箕斗之乡。更以天象银河观之,于箕斗之位亦可视之为银河之终始点,此于今日之天文学亦同。法国 C. 弗拉马利翁《大众天文学》述银河之情况如下:"银河经过天鹰和天鹅座,这里银河分为距离约十五度的两个支流,北支接触蛇夫、武仙和天琴,南支经过牵牛星和狐狸。这两支又在天鹅 α 星附近会合。这以后,银河逐渐暗淡下来,跨过仙后和英仙。以后的部分只有冬季才可以看见,经过御夫、双子、金牛、猎户与麒麟。天球南半球的星比北半球更为丰富。银河经过南船座的船尾与船帆,于是到了半人马、南十字,再经过矩尺座,而又回到出发的天蝎与人马。"(李珩译,科学出版社,一九六五年,六〇七页)以吾国之地域观之,南极圈周围之星象,盖未能见到,若天蝎与人马座,实即吾国天象之箕斗之乡,《说卦》曰:"艮东北之卦也,万物之所成终而所成始也,故曰成言乎艮。"尤重要者,即此箕斗之乡,今作为银河系之坐标中心,然则吾国之重视东北,岂偶然哉。于观日月运行而合诸恒星方位,当时之思想可云精密。况由银河之终始,自然可见此点为关键,不可画图之图象则可成,《系辞上》曰"在天成象",此类之谓也。又曰"成象之谓乾",乃即以乾卦六爻以象六消息卦,此当第一个消息卦之始。既已成象而有此东北之始,即旋而右转,以二十八宿之方位言,由斗经牛、女、虚、危、室、壁、奎、娄、胃而至昴、毕之上,即由东北而至西方,时则由合朔至初三暮,乃有新月之光,"枢轮吐萌,潜潭见象,发散精光"盖指此。卦象以坤阴为晦,由合朔而始生光,至初三暮其光始见,象当一阳生于下,卦象名震,故曰"震出为征"。其位在西,于天干为庚辛,震阳为庚,故纳甲取震为庚。以乾卦六爻言,此"阳炁造端",属"初九潜龙"。

　　阳以三立,阴以八通。三日震动,八日兑行。九二见龙,和平有明。

　　消息由初三之震象至初八成兑象,谓月光增辉而成上弦之月,其位暮见于南方,于天干为丙丁,兑阴为丁,故纳甲取兑为丁,以乾卦六爻言,属"九二见龙"。

　　三五德就,乾体乃成。九三夕惕,亏折神符。

　　消息由初八兑行至十五成乾象,谓月由上弦而成望月,其位暮见于东方。于天干为甲乙,乾阳为甲,故纳甲取乾为甲。以乾卦六爻言,属"九三夕惕",义谓阳息至望而极,继之将消,故曰"亏折神符",神符指月圆之象。

　　盛衰渐革,终还其初。巽继其统,固际操持。九四或跃,进退道危。

　　月象由朔而望为息,义当由衰而盛。由望而晦为消,义当由盛而衰。故曰"盛衰渐革,终还其初",初指晦朔之间。若于望后初消,其象为巽,其位十八,旦见于西方,月光已下亏。于天干为庚辛,巽阴为辛,故纳甲取巽为辛。以乾卦六爻言,属"九四或跃",时当由息而消,转盛而衰,故"进退道危"。

　　　　艮主进止,不得逾时。二十三日,典守弦期。九五飞龙,天位加喜。

消由十八而二十三,月象由初亏而成下弦,卦象则由巽消艮。艮象为止,谓止于二十三日下弦之期,其位旦见月象于南方。于天干为丙丁,艮阳为丙,故纳甲取艮为丙。以乾卦六爻言,属"九五飞龙"。《文言》曰"圣人作而万物睹",故曰"天位加喜",谓睹此消息之理,君子无入而不自得,乃能加喜。

　　　　六五坤承,结括终始。蕴养众子,世为类母。阳数已讫,讫则复起。推情合性,转而相与。上九亢龙,战德于野。

前人之注有以六五坤承指坤卦六五爻者,误。此明三画卦消息,当三画坤卦,何来六五爻。其理朱子知之,乃曰:"六五恐是廿六字,廿音入,即二十字。二十六日以后,坤卦用事也。"然仍误。此六五二字不必改,盖承上文三五言。三五者指十五月望,六五者指三十月晦。阳一阴二,乃阳三阴六,三者息卦、消卦各三,亦即三画卦之三、六者。消息卦凡六,亦即六画卦之六,故此指三画消息卦之三画坤卦,亦当乾卦六爻之上九亢龙。是时当三十旦,月晦于东方,于天干为甲乙,坤为阴,故纳甲取坤为乙,绝无月光。坤"乃顺承天"之象,将起合朔之始,故曰"结括终始"。《系辞上》曰"乾坤其易之缊耶",《系辞下》又曰"天地絪缊,万物化醇",继之以人言,即曰"男女构精,万物化生"。此曰"蕴养众子,世为类母"似指此,实则仍为寓言。以反身言,人自具阴阳,内外呼吸之气是其象。其由内外呼吸之变化以得不辨之辨,出入于惺惺寂寂、寂寂惺惺，亢龙之象其有悔乎，龙之野战其有德乎。视此玄黄之血，情乎性乎，能推情合性乎，能七日来复乎，能朋来无咎乎，能出入无疾乎。利贞性情，转而相与，盖六爻发挥之情，莫非转未济成既济，惜《易》终未济，所以永待君子之自强不息。能读《参同契》者，尤宜勉旃。识此终始之理，故于纳甲乾又纳壬、坤又纳癸云。

> 用九翩翩，为道规矩。循环璇玑，升降上下。周流六爻，难得察睹。故无常位，为《易》宗祖。

以上明消息卦六，不及坎离。坎离者，没亡于消息而为《易》宗祖，乾卦六爻之用九是其象。泰六四爻辞曰："翩翩，不富以其邻。不戒以孚。"象曰："翩翩不富，皆失实也。不戒以孚，中心愿也。"按：魏氏特取"翩翩"二字释用九，非通《易》知道者孰能之，此确为道之规矩。凡消息卦终始于乾坤，乾坤天地，交不交而为泰否，此用九以交泰言，唯坎离之难得察睹，宜以失实之"翩翩"喻之。泰象二升五降，卦成既济，象当一阴一阳之道，足为任何一卦之规矩。若用九之于六爻，上下、循之、璇之、升降之、周流之，莫不可入，莫不可出。任何一位，岂得拘之，故无常位而能为《易》之宗祖。此乾坤坎离之变，四方中宫之化，周濂溪《太极图说》所谓"二五之精，妙合而凝"有其象。须既达既济之象，庶可喻二升五降之理，上下丹田、性宫命宫，其何以异哉。详下"二五升降图"、"消息纳甲图"（图见下页）。

> 朔旦为复，阳气始通。出入无疾，立表微刚。黄钟建子，兆乃滋彰。播施柔暖，黎烝得常。

以下更述六画卦消息，盖当孟喜卦气图中之十二辟卦。"朔旦为复"者，指十一月初一交冬至，冬至后日渐长以当阳气始通。复卦辞曰

"出入无疾",谓息则阳长震出,消则阴长巽入,出当冬至至夏至,入当夏至至冬至。消息变化,无疾为贵。无疾者,能随时出入也。复象者,立表初九微刚之初出,于地支十一月建子,于十二律吕子当黄钟,即此冬至之一瞬。"兆乃滋彰",一阳播施于阴柔而阴柔日暖。易象坤为黎烝,民也。坤《文言》曰"后得主而有常",谓由坤而复,一阳为其主,故能"黎烝得常"。

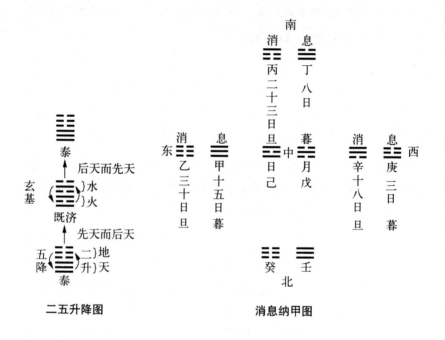

二五升降图   消息纳甲图

临炉施条,开路正光。光耀浸进,日以益长。丑之大吕,结正低昂。

息阳由复而临,临《象》曰"刚浸而长"。以反身言,既立炉鼎而消息,息当刚长,宜施条于炉以添火,火炎上以开路,周天以正光。凡三画卦消息,名之曰小周天。此六画卦消息,名之曰大周天。开路浸进以当日之渐长,临象二阳,于地支十二月建丑,于十二律吕丑当大吕。

易象临二阳朋来无咎,故能结正而升,由低而昂,施暖耀进,气象万千,宜防八月之凶。

　　仰以成泰,刚柔并隆。阴阳交接,小往大来。辐辏于寅,运而趋时。

　　施条再三,炉火溶溶,仰见三阳以成泰,"刚柔并隆"之象。泰卦辞曰"小往大来,吉,亨",谓时当拔茅征吉,"运而趋时",何往而不可。阴阳交接,万物辐辏,三焦之气更新于寅。地支建于正月,十二律吕寅为太簇,太簇者,有辐辏之义焉。

　　渐历大壮,侠列卯门。榆荚堕落,还归本根。刑德相负,昼夜始分。

　　泰息大壮,二月建卯,十二律吕卯为夹钟,曰"侠列卯门"者盖谓此。时当春分,故曰"昼夜始分"。易象四应初,故已结果,当四位之榆荚,将堕落而还归初位本根。刑德相负,生乎克乎,其自取乎,有机缘乎。消息之气,岂能无反复,宜明其理而慎之。

　　夬阴以退,阳升而前。洗濯羽翮,振索宿尘。

　　大壮息夬三月建辰,易象五阳夬决一阴,故曰"夬阴以退,阳升而前"。于十二律吕,辰为姑洗。夬初九曰"壮于前趾",谓阳宜振动搜索,力去宿尘。宿尘者,尚存之阴凝,既处阴退阳升之时,可前往不胜乎。姑且洗濯羽翮,以迎纯阳之光降。虽然,功亏一篑者比比皆是,故易要无咎,而唯此象为咎,君子鉴之。

　　乾健盛明,广被四邻。阳终于巳,中而相干。

君子道长,息夬而乾。乾健盛明,不孤有邻,"广被四邻",内圣外王之象。时当四月建巳,十二律吕巳为仲吕。仲吕不生黄钟,故曰"中而相干"。中犹仲,此十二律吕之隔八相生,盖极于仲吕。仲吕隔八而黄钟,有音差焉。周流与螺旋,二乎一乎,其唯能反身者知之。然乎否乎,自观相干之象可喻,奚待言哉。

姤始纪绪,履霜最先。井底寒泉,午为蕤宾。宾伏于阴,阴为主人。

有息而无消可乎,有阳而无阴成乎。《易》以道阴阳,合之为贵,故有冬至至夏至之息,自然有夏至至冬至之消。乾而姤,时当五月建午,十二律吕午为蕤宾。易象姤初即坤初,坤初爻辞曰"履霜坚冰至",故曰"履霜最先"。谓消象初见,将至坚冰,岂仅履霜而已,宜早为辨之。又姤卦为巽下乾上,乾为天,天一生水,有德者能之,乃成巽下坎上。坎为水,其卦名井,井九五曰"井冽寒泉食",谓能汲井冽之寒泉,食之以澡雪精神,亦何患乎履霜之消。转未济成既济,此其几乎。时消而阴为主人,蕤宾而宾服之,其势所趋,当喻出入无疾之旨。

遯去世位,收敛其精。怀德俟时,栖迟昧冥。

消姤而遯,能食井底寒泉者,庶知"收敛其精"。"遯去世位",何碍之有,遯卦《大象》曰"天下有山,遯,君子以远小人,不恶而严"是其义。"怀德俟时,栖迟昧冥",昧冥即林。盖遯当六月建未,于十二律吕未为林钟。此曰"俟时"者,俟复初乾元之隔八相生,其德之精,怀林钟之徵以应黄钟之宫是也。

否闭不通,萌者不生。阴伸阳诎,没阳姓名。

消遯而否,否象天地不交而万物不通,时当七月建申,于十二律吕申为夷则,当春生秋杀之秋景,故"萌者不生"。大往小来,往诎来伸,故有"阴伸阳诎"之象。君子处此不可荣以禄而"没阳姓名",诎之至也。能识此诎伸相感之利,可达何思何虑之境,以视憧憧往来,不亦可笑乎。以反身言,北方河车,其行乎止乎。

观其权量,察仲秋情。任蓄微稚,老枯复荣。荠麦牙蘖,因冒以生。

否消观,时当八月建酉,于十二律吕酉为南吕。体察仲秋之情,盖属黄钟宫之羽,既由太簇所生而将生姑洗,故其权量殊可相通。此即卯酉龙虎之变,故曰"荠麦牙蘖,因冒以生",冒犹卯也。又"任蓄"即南,指南吕言。"微稚"者尚具生气,庶能"老枯复荣"。

剥烂支体,消灭其形。化炁既竭,亡失至神。

观消剥,时当九月建戌。《杂卦》曰:"剥,烂也",故曰"剥烂支体"。戌,灭也,故曰"消灭其形"。形指支体言,虽然烂灭支体,尚无大碍,至神之炁,其可竭亡乎。硕果不食者,今曰基因犹在,而此曰"化炁既竭,亡失至神"何,盖灭种者亦多矣。此戌之律吕名无射,既无神炁,其何以射,待其戌灭耳。故道之有穷无穷,咸其自取,井底寒泉,其有已乎。

道穷则反,归乎坤元。恒顺地理,承天布宣。元远幽眇,隔阂相连。应度育种,阴阳之原。寥廓恍惚,莫知其端。

剥消无已,阳道其穷,消息无情,必尽灭之,乃阳道穷极而反归乎坤元,时当十月建亥。亥与巳,其纯阴纯阳之时乎。进而详辨之,时非一月,于前半月巳尚有阴亥尚有阳,于后半月己巳下生阴亥亦下生阳。故纯阳纯阴之时,仅于交夏至冬至之一瞬间,是即所谓几。反身之要,贵得其几。子时应活,何时无冬至一阳生之象,故能"恒顺地理"者,地即"承天布宣"。天地自然有相应之理,故乾元至神之炁决无竭亡之时,乃于元远幽眇之处仍可隔阂相连,阂即亥也。反身以求者,非求此纯阳之乾元乎。"应度育种,阴阳之原","应"指亥月之律吕名应钟,应钟以应黄钟。变宫与宫音之差,非阴阳之原乎。其象"寥廓恍惚,莫知其端",太极之谓也。以多维空间之形象论,实指五维六胞腔之中心点。此六画卦消息之几,非魏氏深得于大易者乎。终身涵咏其间,合黄老服食而一之,非得道者能之乎。

> 先迷失轨,后为主君。无平不陂,道之自然。变易更盛,消息
> 相因。终坤始复,如循连环。帝王承御,千秋常存。

此又明晦朔之间以当冬至之情状。坤《彖》曰"先迷失道,后顺得常",《文言》又曰"后得主而有常"。以易象论,当由坤而复,复下卦震为主,盖坤阴无阳为先迷,息复有主为得常。泰九三曰"无平不陂,无往不复",《象》曰"天地际也",魏氏特引之以见"道之自然"。凡周流消息与不可度量,必宜兼而观之,不知周流消息者,其何以得常而为主君。仅知周流消息而忽其浑沌鸿蒙之几,又何能千秋长存其周流消息。此"变易更盛"之象首宜成之,乃能"消息相因"而"终坤始复"。最要者,最后点出"连环"二字,"连环可解也"。庄子引惠子之说,其然乎否乎。以多维空间论当然可解,反身以体之,于出入大小周天之变,非解连环乎。调息随息而径入虚无,非得连环之中心乎。识此可解之几,庶知连环之妙用,循之何妨,解之何碍。今之自然科学已重视生物圈之研究,种种连环,不一而足,能出入者,不亦可贵乎,此非反身者之任务乎。《鼎器歌》曰:"御白鹤兮驾龙鳞,游太虚兮谒仙君,录天图兮号真人。"是耶非耶,非知解连环者,其何以语之哉。详下辟卦消息图。

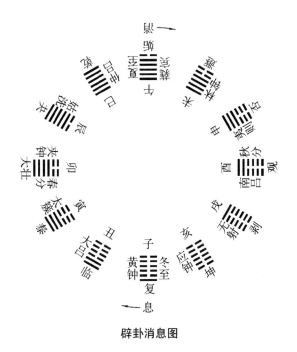

辟卦消息图

以上为上篇，《序》曰"歌序大易"是也。大义明"日月运行，一寒一暑"之卦象消息，更及恒星之坐标。二十八宿之归诸龙虎二斗，尤为"要道"。"明堂布政"而知"四七乖戾"之理，"如循连环"而悟"不可度量"之德，其于反身之诚，思过半矣。若几微之火候，纳甲爻辰之象尽之。炉鼎之玄基，乾坤坎离与泰否既济未济之变定之。《杂卦》曰"既济定也"，非三圣一统之旨乎。

按魏氏之经文，确宜分为三篇，上篇明大易，中篇明黄老，下篇明服食。然参者之理，既同而契一，故三篇之义亦相互引证，读时当前后并观。今准朱子《考异》本之中篇，自始之"千秋长存"，去其非四字句者，仅"'君子居其室，出其言善，则千里之外应之'，谓万乘之主，处九重之室"数句，加入朱子《考异》本之上篇中。自"幽潜沦匿"至"戊己之功"，自"可不慎乎"至"各典所部"，自"原始要终"至"国无害道"三段，以定为魏氏经文之上篇，凡四字句二百六十六句。

《参同契》简释 *(戊戌五月)

魏伯阳自序

　　郐国鄙夫,幽谷朽生。挟怀朴素,不落权荣。栖迟僻陋,忽略令名。执守恬淡,希时安平。远客燕间,乃撰斯文。

　　"朴"或作"樸",同。"落"或作"乐",义以"落"长,"不落"反承上句"挟怀"。"令"或作"利",义以"利"长。"平"或作"宁",义同。"远客燕间"或作"晏然闲居",义异,并存之。朱子曰:"魏君实上虞人,当作会稽,或是魏隐语作郐。"仇沧柱知几子按:"郐国在河南,会稽在浙东。借郐国以寓会稽,隐身匿迹,不求人知也。"

　　歌叙大易,三圣遗言。察其所趣,一统共伦。务在顺理,宣耀精神。神化流通,四海和平。表以为历,万世可循。序以御政,行之不烦。引内养性,黄老自然。含德之厚,归根返元。近在我心,

---

　＊　本篇和《〈周易参同契〉易象释》详略不同。本篇写作较早,戊戌为一九五八年。

不离己身。抱一毋舍，可以长存。配以服食，雄雌设陈。挺除武都，八石弃捐。审用成功，世俗所珍。

"歌叙大易"者，《参同契》本诸《周易》也。"三圣"者，伏牺、文王、孔子。圣人感人心而天下和平，务在和顺于道德而理于义，所以"宣耀精神"。"流通"谓山泽通气。"表以为历"者，日月运行，一寒一暑，成明成岁，"万世可循"。"序以御政"者，乘六龙以御天，所损益可知，故"不烦"。"引内养性"，谓继一阴一阳之道，而成之者性也。道法自然，坤元含章而厚德载物，归根复命于乾元之象。由身而心，坎心属天一水，其可舍乎。"抱一"者，阴阳不测之神，玄玄之门也。"服"或作"伏"，"雄雌"或作"雌雄"，"功"或作"物"，"设陈"下或有"四物念护，五行旋循"二句。"服食"谓借外物，"雌雄"即阴阳也。四物，即阴阳动静也。五行即生克也。此皆谓内外相对，而服食之功不可必。"设陈"之象，初当安炉立鼎，有外内之辨。"挺除"犹云排却。"武都"，山名，今在陕西省(巩昌府阶州)，出雄黄。"八石"谓三砂(朱砂、硼砂、硇砂)、三黄(雌黄、雄黄、硫磺)、砒霜、胆矾，谓不可徒持外鼎，当审用之。由外鼎而内鼎，亦能成功，故"世俗所珍"，诚合外内之道是其义。

罗列三条，枝茎相连。同出异名，皆由一门。非徒累句，谐偶斯文。殆有其真，砾硌可观。使予敷伪，却被赘愆。命《参同契》，微览其端。辞寡意大，后嗣宜遵。

"三条"谓精、气、神，或谓大易、黄老(黄帝《阴符经》、老子《道德经》)、服食，服食即外内炉火。此三者同出一门，谓大易之三圣一统，即黄老之"抱一"，即服食之"雌雄设陈"，即《参同契》之"参"。"砾硌"，明白貌。自明作此《参同契》，非为文字故，真而无伪，其意至大，后人宜遵其参而契同之。以《三相类》而言,三条宜为大易、黄老合一及服食,服食即炉火也。

> 委时去害,依托丘山,循游寥廓,与鬼为邻。化形而仙,沦寂无声,百世一下,遨游人间。陈敷羽翮,东西南倾,汤遭厄际,水旱隔并。柯叶萎黄,失其华荣。吉人相乘负,安稳可长生。

此节义承首节,"陈敷"或作"敷陈","吉人"或作"各","安稳"下或无"可"字。首四句中,委邻鬼为魏。下四句中,百下一合人为伯。又下四句中,陈倾东于西南,汤旱去水而合之为阳。最后四句中,柯叶萎黄失华荣,去木成可,相乘成哥,而负欠为歌。歌者,歌叙大易是也。"魏伯阳"三字本俞琰说,歌字本陶素耜。

以上为魏伯阳作《参同契》之自序,皆四字句,所谓歌也,故俞氏首以四言为经文,诚是。

《参同契》经文

> 乾刚坤柔,配合相包。阳禀阴受,雄雌相须。须以造化,精气乃舒。

"雄雌"一作"雌雄",承上句作"雄雌"为是。"须以"一作"偕以",作"须"义长。"乾刚坤柔",《易·杂卦》文。须,欲得也。于象刚柔未交为否,舒则交而为泰。《系》曰"精气为物",谓交而生物。

> 坎离冠首,光耀垂敷。玄冥难测,不可画图。圣人揆度,参序玄基。

乾坤之用在坎离。"玄冥"者,天一生水也。"揆度"者,《系》曰"初率其辞而揆其方",又曰"其出入以度",谓出入有方,乃能测而为玄基,即既济之象。

> 四者混沌,径入虚无。六十卦周,张布为舆。龙马就驾,明君御时。和则随从,路平不邪。邪道险阻,倾危国家。

"四者"谓乾坤坎离。此外六十卦布于四方,犹舆之载物。明君御龙马以周行,和则路平,谓保合太和而天下平,由泰而既济也。邪则险阻而倾,谓乾知险坤知阻,由否而未济。五未能其亡其亡而危,国家未可保,及上倾否是也。

(一章)

> 发号出令,顺阴阳节。藏器俟时,勿违卦日。屯以子申,蒙用寅戌。余六十卦,各自有日。聊陈两象,未能究悉。

此用纳甲法,本京房。前卦用子卯,后卦用午酉,即初、四爻。

纳甲爻辰表

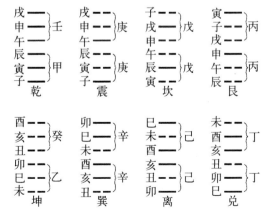

171

立义设刑，当仁施德。逆之者凶，顺之者吉。按历法令，至诚专密。谨候日辰，审察消息。纤芥不正，悔吝为贼。二至改度，乖错委曲。隆冬大暑，盛夏霰雪。二分纵横，不应漏刻。风雨不节，水旱相伐。蝗虫涌沸，山崩地裂。天见其怪，群异旁出。孝子用心，感动皇极。近出己口，远流殊域。或以招祸，或以致福。或兴太平，或造兵革。四者之来，由乎胸臆。动静有常，奉其绳墨。四时顺宜，与气相得。刚柔断矣，不相涉入。五行守界，不妄盈缩。易行周流，屈伸反复。

此谓当顺时合消息，乃释中孚二爻之义。其子和之，故曰"孝子用心"。出言善不善，千里之外，或应或违，故曰"近出己口，远流殊域。"（二章）

可不慎乎，御政之首。管括密微，阎舒布宝。要道魁柄，统化纲纽。

"首"字下或有"鼎新革故"一句，此节当在此。"可不慎乎"本《系辞》解释中孚语，用以结束上节而开此节。革故鼎新，所以明时以凝命也。密者，几事不密则害成。微者，君子知微知章，知柔知刚也。"阎"或作"开"，同。"开舒布宝"谓微显阐幽。上句谓入，此句谓出，注曰"出入更卷舒"是也。魁柄，北斗七星，居其所而众星共之。纲纽，犹《系辞》释中孚曰枢机。

爻象内动，吉凶外起。五纬错顺，应时感动。四七乖戾，侈离俯仰。

"五纬"，五行星也。"四七"，二十八宿也。天行健，君子以自强不息,则内动而吉,若未能行健则凶。或错或顺,能否应时感动也。不应时则四七乖戾。"侈"或作"誃",改移也。侈其向,离其位,而升降失其度矣。

文昌总录,诘责台辅。百官有司,各典所部。原始要终,存亡之绪。

"文昌"、"台辅"皆星名,"百官有司"亦星名,各居其所,始终循环。"总录"者,总持大纲。"诘责"者,纠察之也。"存亡之绪",本诸文昌、台辅也,正则存,不正则亡。

或君骄佚,亢满违道。或臣邪佞,行不顺轨。弦望盈缩,乖变凶咎。

此谓君臣不正而有凶咎。

执法刺讥,诘过移主。辰极受正,优游任下。明堂布政,国无害道。

此谓主辅交勉而国无害道。"刺讥"或作"讥刺","移"或作"贻"。(三章)

幽潜沦匿,升降于中。包囊万物,为道纪纲。以无制有,器用者空。故推消息,坎离没亡。

此谓坎、离潜匿于中,以无制有也。

　　言不苟造，论不虚生。引验见效，校度神明。推论结字，原理
为征。坎戊月精，离己日光。日月为易，刚柔相当。土王四季，罗
络始终。青赤白黑，各居一方。皆禀中宫，戊己之功。

"言不苟造"谓合日月为易，"论不虚生"谓戊己当中宫。
(四章)

　　晦朔之间，合符行中。浑沌鸿蒙，牝牡相从。滋液润泽，施化
流通。天地神灵，不可度量。利用安身，隐形而藏。

日月合朔，故阴阳浑沌，所谓阴阳不测之谓神。

　　始乎东北，箕斗之乡。旋而右转，枢轮吐萌。潜潭见象，发散
精光。毕昴之上，震出为征。阳炁造端，初九潜龙。

由东北而西，初三晚月出震(☳)庚也。☳。

　　阳以三立，阴以八通。故三日震动，八日兑行。九二见龙，和
平有明。

一本无"故"字，初八晚月出兑(☱)丁，上弦也。☱。

　　三五德就，乾体乃成。九三夕惕，亏折神符。

三五十五，望也，月出乾(☰)甲。☰。

　　盛衰渐革，终还其初。巽继其统，固际操持。九四或跃，进退

道危。

十八阴生，旦见月落巽(☴)辛。☳。

　　艮主进止，不得逾时。二十三日，典守弦期。九五飞龙，天位加喜。

二十三日下弦，月旦落艮(☶)丙。☶。

　　六五坤承，结括终始。蕴养众子，世为类母。阳数已讫，讫则复起。推情合性，转而相与。上九亢龙，战德于野。

三十日晦也，坤(☷)乙。☷。

　　用九翻翻，为道规矩。循据璇玑，升降上下。周流六爻，难得察睹。故无常位，为《易》宗祖。

此谓坎(☵)离(☲)戊己。
(第五章)

　　朔旦为复，阳气始通。出入无疾，立表微刚。黄钟建子，兆乃滋彰。播施柔暖，黎烝得常。

此谓建子复(☳)，复其见天地之心也。"出入无疾"，复卦卦辞。"黎烝"，民也，后得主而有常。

　　临炉施条，开路正光。光耀浸进，日以益长。丑之大吕，结正低昂。

此谓建丑临(䷒),剥浸而长也。

　　仰以成泰,刚柔并隆。阴阳交接,小往大来。辐辏于寅,运而趋时。

此谓建寅泰(䷊)。"小往大来",泰卦卦辞。三阴三阳,故曰"刚柔并隆",天地交也。

　　渐历大壮,侠列卯门。榆荚堕落,还归本根。刑德相负,昼夜始分。

此谓建卯大壮(䷡),时当春分,故昼夜始分。

　　夬阴以退,阳升而前。洗涤羽翮,振索宿尘。

此谓建辰夬(䷪)。前犹夬初曰壮于前趾,阳震动搜索,力去宿尘。宿尘,阴也。

　　乾健盛明,广被四邻。阳终于巳,中而相干。

此谓建巳乾(䷀)。"中而相干"者,阴干于阳而阴将生也。

　　姤始纪绪,履霜最先。井底寒泉,午为蕤宾。宾伏于阴,阴为主人。

此谓建午姤(䷫)，即坤初履霜。姤二曰不利宾，谓宾于阴，故不利。

遯世去位，收敛其精。怀德俟时，栖迟昧冥。

此谓建未遯(䷠)，远小人故"收敛其精"。

否闭不通，萌者不生。阴伸阳诎，没阳姓名。

此谓建申否(䷋)。天地闭，阴阳不交故不生。不可荣以禄，故"没阳姓名"。

观其权量，察仲秋情。任蓄微稚，老枯复荣。荠麦牙蘖，因冒以生。

此谓建酉观(䷓)，时当秋分，阴阳并，故复荣冒生，与大壮相错。

剥烂支体，消灭其形。化炁既竭，亡失至神。

此谓建戌剥(䷖)，剥肤而烂，形灭也。

道穷则反，归乎坤元。恒顺地理，承天布宣。元远幽眇，隔阂相连。应度育种，阴阳之原。寥廓恍惚，莫知其端。先迷失轨，后为主君。

此谓建亥坤(䷁)，乃顺承天也。先迷失道，后得主而有常也。

无平不陂，道之自然。变易更盛，消息相因。终坤始复，如循连环。帝王承御，千秋常存。

此总论十二卦之消息。"无平不陂"，泰三爻辞，谓否泰反类消息循环也。终则有始，坤而复焉。
（第六章。此六章，《序》所谓"歌序大易"是也。）

将欲养性，延命却期。审思后末，当虑其先。人所禀躯，体本一无。元精云布，因气托初。阴阳为度，魂魄所居。阳神日魂，阴神月魄。魂之与魄，互为室宅。

谓养性延命，当虑其先。"人"或作"今"，义同。体本一无，由元精因气而有，即乾元资始而坤元资生也，乃精气为物。魂阳魄阴，乾坤互宅而为坎离日月，阴阳之义配日月是也。

性主处内，立置鄞鄂。情主营外，筑垣城郭。城郭完全，人物乃安。于斯之时，情合乾坤。乾动而直，气布精流。坤静而翕，为道舍庐。

"鄞鄂"犹言根柢，"情合乾坤"即推情合性。乾直，由七而九也。坤翕，由六而八也。

刚施而退，柔化以滋。九还七返，八归六居。

直施而退，九还七也。翕化以滋，八归六也。谓情合乾坤之动静。

男白女赤，金火相拘。则水定火，五行之初。

火克金,则水以克火。五行之初,天一生水也。谓男白金生水以制女赤。

上善若水,清而无瑕。道之形象,真一难图。变而分布,各自独居。

"变而分布"者,由真一生水而居北玄也,二生火居南赤也,三生木居东青也,四生金居西白也,五生土居中黄也。上曰"青赤白黑,各居一方。皆禀中宫,戊己之功"是也。

类如鸡子,黑白相扶。纵横一寸,以为始初。四肢五脏,筋骨乃俱。弥历十月,脱出其胞。骨弱可卷,肉滑若铅。

"铅"朱子定为"饴"。"黑白相扶"者,金生水也。上曰"虑先"者,此也。

(七章)

上德无为,不以察求。下德为之,其用不休。

即《道德经》"上德无为而无以为,下德为之而有以为"。"上德"犹性宫,"下德"犹命宫。

内以养己,安静虚无。原本隐明,内照形躯。闭塞其兑,筑固灵株。三光陆沉,温养子珠。视之不见,近而易求。

此谓收视返听,以上二节依原本不必对易。

179

　　知白守黑，神明自来。白者金精，黑者水基。水者道枢，其数名一。

"知白守黑"，金生水也。天一生水，故为道枢。

　　阴阳之始，玄含黄芽。五金之主，北方河车。故铅外黑，内怀金华。被褐怀玉，外为狂夫。

知白守黑即铅也，金生水也。黄芽者，黄金也。

　　金为水母，母隐子胎。水为金子，子藏母胞。真人至妙，若有若无。仿佛大渊，乍沉乍浮。进退分布，各守境隅。

此明言金水之相生，沉金而浮水也。

　　望之类白，造之则朱。炼为表卫，白里真居。方圆径寸，混而相拘。先天地生，巍巍尊高。旁有垣阙，状似蓬壶。环匝关闭，四通踟蹰。守御密固，阏绝奸邪。曲阁相通，以戒不虞。

即上文男白女赤。"白里真居"，内阳外阴，泰象也，戒其反否。

　　可以无思，难以愁劳。神气满堂，莫之能留。守之者昌，失之者亡。动静休息，常与人俱。

道也者，不可须臾离也，可离非道也，故常与人俱。

（八章）

勤而行之,夙夜不休。伏食三载,轻举远游。跨火不焦,入水不濡。能存能亡,长乐无忧。道成德就,潜伏俟时。太乙乃召,移居中洲。功满上升,膺箓受图。

此谓水火济而道成,得中而上升也。

坎男为月,离女为日。日以施德,月以舒光。月受日化,体不亏伤。阳失其契,阴侵其明。晦朔薄蚀,掩冒相包。阳消其形,阴凌灾生。

坎中男,外阴内阳,故为月。离中女,外阳内阴,故为日。月受日光,由震、兑、乾为体不亏伤,失契阴侵,则由巽、艮而坤,阳消灾生焉。"包"或作"倾",义可通。

男女相须,含吐以滋。雄雌交杂,以类相求。金化为水,水性周章。火化为土,水不得行。

相须相求,金白化水,火赤化土,土以止水而水不得行。

故男动外施,女静内藏。溢度过节,为女所拘。魄以检魂,不得淫奢。不寒不暑,进退合时。各得其和,俱吐证符。

或无"故"字,是。"过节"则淫奢。魄以检魂,水不得行也。"检"或作"铃",义同,谓合时而和。

太阳流珠,常欲去人。卒得金华,转而相因。化为白液,凝而至坚。

181

"太阳流珠",离宫真汞也。"金华"者,兑金寓坎生华,谓肾水中阳气。

　　金华先倡,有顷之间,解化为水,马齿阑干。

化白液凝黄芽,状如马齿琅玕。马齿,苋也。

　　阳乃往和,情性自然。迫促时阴,拘畜禁门。

谓阴阳凝于中。"畜"或作"蓄",同。

　　慈母育养,孝子报恩。严父施令,教饬子孙。

谓守其丹也。

　　五行错王,相据以生。火性销金,金伐木荣。三五与一,天地至精。可以口诀,难以书传。

谓火克金,金克木。木三克土五,土五克水一,是为三五与一。

　　子当右转,午乃东旋。卯酉界隔,主定二名。龙呼于虎,虎吸龙精。两相饮食,俱相贪便。逐相衔咽,咀嚼相吞。荧惑守西,太白经天。杀气所临,何有不倾。狸犬守鼠,乌雀畏鹯。各得其功,何敢有声。

　　子右转之酉,虎向水中生也。午东旋之卯,龙从火里出也。"便"或作"并","逐"作"遂"是。荧惑,火星,守西为火克金。太白金星经天为金克木。狸守鼠，欲克之也，犹荧惑守西。雀畏鹯，防克也，犹太白经天而龙防虎。

丹砂木精，得金乃并。金水合处，木火为侣。四者混沌，列为龙虎。龙阳数奇，虎阴数耦。

丹砂者，离宫真汞。午东旋转成木精，金克木乃并。子右转金水合处，木火为侣，即午东旋。四者木、火、金、水，木、火列为龙，金、水列为虎。木龙数三，奇也。金虎数四，耦也。

肝青为父，肺白为母，肾黑为子，心赤为女，脾黄为祖。子午行始，三物一家，都历戊己。

或无"子午行始"一句。此句中"午"或作"五"，谓子水为五行之始。作"午"则为子午，水火始行也，上云"右转"、"东旋"是也。

```
              心
              赤
              火
              女
肝 青 木 父 脾 祖 母 金 白 肺
          黄  土
              子
              水
              黑
              肾
```

刚柔迭兴，更列分部。龙西虎东，建纬卯酉。刑德并会，相见欢喜。刑主伏杀，德主生起。二月榆落，魁临于卯。八月麦生，天罡据酉。子南午北，互为纲纪。一九之数，终而复始。含元虚危，播精于子。

此谓四方周流,东西南北易位也。故二月春分而榆荚落,八月秋分而麦生。"一九"者,戴九履一,终始反复也。"虚危",星名,位于子。

不得其理,难为妄言。竭殚家产,妻子饥贫。自古及今,好者亿人。讫不谐遇,希有能成。广求名药,与道乖殊。如审遭逢,睹其端绪。以类相况,揆物终始。

"揆物终始"即上曰"一九之数,终而复始"。

五行相克,更为父母。母含滋液,父主禀与。凝精流形,金石不朽。审专不泄,得为成道。

专谓乾静。

立竿见影,呼谷传响。岂不灵哉,天地至象。若以野葛一寸,巴豆一两,入喉辄僵,不得俯仰。当此之时,虽周文揲蓍,孔丘占象,扁鹊操针,巫咸叩鼓,安能令苏,复起驰走。

此谓感召之灵,药物之效,伏食不可不慎也。

河上姹女,灵而最神。得火则飞,不见埃尘。鬼隐龙匿,莫知所存。将欲制之,黄芽为根。

"姹女",灵汞也。"黄芽",真铅也。此谓真铅制汞。

物无阴阳,违天背原。牝鸡自卵,其雏不全。夫何故乎,配合未连。三五不交,刚柔离分。

《系》曰"一阴一阳之谓道",故无阴阳则失道。

　　施化之精,天地自然。犹火动而炎上,水流而润下,非有师导,使其然者。资始统政,不可复改。观夫雌雄,交媾之时,刚柔相结,而不可解。得其节符,非有工巧,以制御之。若男生而伏,女偃其躯。禀乎胞胎,受气元初。非徒生时,著而见之。及其死也,亦复效之。此非父母,教令其然。本在交媾,定制始先。

"精"或作"道",义同。或无"犹","动"、"流"下二"而"字,及男上"若"字,是皆成四字句。

　　关关雎鸠,在河之洲。窈窕淑女,君子好逑。雄不独处,雌不孤居。元武龟蛇,蟠虬相扶。以明牝牡,毕竟相胥。

谓阴阳自然相合。

　　假使二女共室,颜色甚姝。令苏秦通言,张仪结媒,发辩利舌,奋舒美辞。推心调谐,合为夫妻。散发腐齿,终不相知。

此犹睽、革二卦,二女同居也。

　　若药物非种,名类不同。分剂参差,失其纪纲。虽黄帝临炉,太乙降生,八公捣炼,淮南执火。立宇崇坛,玉为阶陛,麟脯凤腊,把籍长跪,祷祝神祇,请哀诸鬼,沐浴斋戒,冀有所望。亦犹和胶补釜,以硇涂疮,去冷加冰,除热用汤,飞龟舞蛇,愈见乖张。

承上言,谓阴阳失类也。

惟昔圣贤，怀元抱真。服炼九鼎，化迹隐沦。含精养神，通德三元。精液滕理，筋骨致坚。众邪辟除，正气长存。累积长久，变形而仙。

"三元"谓精气神。

忧悯后生，好道之伦。随傍风采，指画古文。著为图籍，开示后昆。露见枝条，隐藏本根。托号诸名，覆冒众文。学者得之，韫椟终身。子继父业，孙踵祖先。传世迷惑，竟无见闻。遂使宦者不仕，农夫失耘，商人弃货，志士家贫。吾甚伤之，定录斯文。字约易思，事省不烦。披列其条，实核可观。分两有数，因而相循。故为乱辞，孔窍其门。智者审思，以意参焉。

仕，一作"遂"。此谓昔之仙者著书，乃隐藏本根而未明，故传而无所见闻，反使四民失业，故作此《参同契》以"孔窍其门"。自"惟昔圣贤"至此，似为魏伯阳之后序。

《〈参同契〉笺注》徐从事景休序

《参同契》者，辞陋而道大，言微而旨深。列五帝以建业，配三皇而立政。

"陋"或作"寡"是。承魏序之语，"五帝"谓伏牺、神农、黄帝、尧、舜。"皇"当作"王"，"三王"谓禹、汤、文王。

若君臣差殊，上下无准，序以为政，不致太平。服食其法，未能长生。学以养性，又不延年。

186

此节承魏序"序以御政"、"行内养性"、"配以服食"三段言,所以差殊无准者,未能叙三圣遗言而一统之也。

至于剖析阴阳,合其铢两,日月弦望,八卦成象,男女施化,刚柔动静,米盐分判,以经为证,用意健矣。

此节谓魏书之合于大易。"米盐",细碎也。

故为立法,以传后贤。惟晓大象,必得长生。强己益身,为此道者,重加意焉。

"法"或作"注",是。自谓注《参同契》以传后贤也。"大象"者,老子曰"执大象天下往",即易象是也。彭晓云:"魏君密示青州徐从事,令笺注。徐隐名而注之,恐此是徐君语也。其注则不复存矣。"仇曰:"经传混淆,彼此重复,遂疑注不可见耳。"夫此《序》本作《赞序》,谓魏自作非也,彭晓之意可取。又《参同契》中,确多重复,俞琰首有分经传之念,袁仁林、仇沧柱等继成于后,皆有功于《参同契》者也。

《参同契》传文

乾坤者,易之门户,众卦之父母。坎离匡郭,运毂正轴。牝牡四卦,以为橐籥。覆冒阴阳之道,犹工御者,准绳墨,执衔辔,正规矩,随轨辙。

按:"坎离"至"橐籥"四句,必系经文,或在"幽潜沦匿"之上。以下传文曰"隐藏其匡郭,沉沦于洞虚"即释此。惜传文除此四句外,无释坎、离者,故暂仍不移。

187

"郭"或作"廓",同。匡,周围之谓。廓,空大包廓之谓,谓坎、离之用包及一切。辕辐于毂,贯毂有轴,毂主动,轴主静。朱注:"橐,鞴囊,籥,其管也。"谓炉冶所用。又橐无底,二头开,属阴,其用包物。籥有底,一头开,属阳,其用通气。老子曰:"天地之间,其犹橐籥乎。"或无"工"字,"墨"下或多"正规矩"三字。准正谓工,执随谓御。

处中以制外,数在律历纪。月节有五六,经纬奉日使。兼并为六十,刚柔有表里。

朱注:"月以五日为一节,六节为一周。兼昼夜为六十,以配六十卦。昼刚夜柔,刚里柔表。"
(一章)

朔旦屯直事,至暮蒙当受。昼夜各一卦,用之如次序。既未至晦爽,终则复更始。

乃以《序卦》之次序由屯、蒙至既济、未济以当一月六十昼夜。

日辰为期度,动静有早晚。春夏据内体,从子到辰巳。秋冬当外用,自午迄戌亥。

朱注:"春夏谓朝,秋冬谓暮,内体谓前卦,外用谓后卦。"今作图以明之。

赏罚应春秋,昏明顺寒暑。爻辞有仁义,随时发喜怒。如是应四时,五行得其理(序)。

春赏秋罚,昏寒明暑,四时也。明赏,仁也,喜也。昏罚,义也,怒也。"五行得其序",即经曰"五行守界"。
(二章)

天地设位,而易行乎其中矣。天地者,乾坤也。设位者,列阴阳配合之位也。易谓坎离,坎离者,乾坤二用。二用无爻位,周流行六虚。往来既不定,上下亦无常。

皆本《系辞》而释之。

易者,象也。悬象著明,莫大乎日月。穷神以知化,阳往则阴来。辐辏而轮转,出入更卷舒。

此谓阴阳消息,出入无疾也。出则舒,入则卷。
(四章)

君子居其室,出其言善,则千里之外应之。谓万乘之主,处九重之室。发号顺时令,勿失爻动时。上观天河文,下序地形流,中稽于人心,参合考三才。动则循卦节,静则因象辞。乾坤用施行,天下然后治。

此节当在"天地设位"之上,释经之"可不慎乎"一节。
(三章)

易有三百八十四爻,据爻摘符,符谓六十四卦。

朱子本无此三句,或为释第六章。又在"故易统天心"之上。(六章)

晦至朔旦,震来受符。当斯之时,天地媾其精,日月相撢持。雄阳播玄施,雌阴化黄包。混沌相交接,权舆树根基。经营养鄞鄂,凝神以成躯。众夫蹈以出,蠕动莫不由。

此节释经之"晦朔之间,合符行中"。

于是仲尼赞洪蒙,乾坤德洞虚。稽古称元皇,关雎建始初。冠婚气相纽,元年乃牙滋。圣人不虚生,上观显天符。天符有进退,诎信以应时。

此节承上节言凝神成躯。"洪蒙"、"乾坤"或互易。

故易统天心,复卦建始萌。长子继父体,因母立兆基。消息应钟律,升降据斗枢。

此节言十二消息卦,依经文之次当移于"占候定吉凶"之下。(此为第六章首)

三日出为爽,震庚受西方。八日兑受丁,上弦平如绳。十五乾体就,盛满甲东方。

此言前半月,象由震兑而乾。

蟾蜍与兔魄,日月气双明,蟾蜍视卦节,兔者吐生光。

蟾蜍月之精,兔魄月之体,谓前半月月精受日光而月体生光也。

七八道已讫,屈折低下降。十六转受统,巽辛见平明。艮直
于丙南,下弦二十三。坤乙三十日,东北丧其明。节尽相禅与,继
体复生龙。壬癸配甲乙,乾坤括始终。

此谓后半月。七八,十五也。

七八数十五,九六亦相应。四者合三十,阳气索灭藏。

此谓三十坤象。

日合五行精,月受六律纪。五六三十度,度竟复更始。

上"故易统天心"一节,似当继于此。
（第五章）

八卦布列曜,运移不失中。元精眇难覩,推度效符证。居则
观其象,准拟其形容。立表以为范,占候定吉凶。

此节于三章,下接"发号"句,不必移动。
此谓准天地以拟其象,法易之周流六虚,占候以定其息吉消凶。

象彼仲冬节,草木皆摧伤。佐阳诘商旅,人君深自藏。象时
顺节令,闭口不用谈。天道甚浩广,太玄无形容。虚寂不可覩,匡

郭以消亡。谬误失事绪,言还自败伤。别序斯四象,以晓后生盲。

此谓复初"商旅不行,后不省方"。坎离匡郭以消亡者,出入无疾也。四象谓六七八九,乃释九还七返八归六居。

黄中渐通理,润泽达肌肤。初正则终修,乾立末可持。一者以掩蔽,世人莫知之。

此谓坤五之畅于四支。"一者"释"坤静而翕,为道舍庐"。(第六章)

上闭则称有,下闭则称无。无者以奉上,上有神德居。此两孔穴法,金气亦相胥。

此谓上孔穴性宫有,下孔穴命宫无。朱子注:"金气,即谓雄阳白虎也。"

是非历藏法,内视有所思。履行步斗宿,六甲以日辰。阴道厌九一,浊乱弄玄胞。食烹鸣肠胃,吐正吸新邪。昼夜不卧寐,晦朔未尝休。身体日疲倦,恍惚状若痴。百脉鼎沸驰,不得清澄居。周回立坛宇,朝暮敬祭祠。鬼物见形象,梦寐感慨之。心欢意喜悦,自谓必延期。遽以夭命死,腐露其形骸。举措辄有违,悖逆失枢机。诸术甚众多,千条有万余。前却违黄老,曲折戾九都。明者省厥旨,旷然知所由。

此释"纤芥不正,悔吝为贼"一节。"失枢机"即中孚卦之不慎。"九一"者,戴九履一,水火也。"新邪"或作"外邪",义同,"外邪"较明。

"九都"或解作九幽之府,实即九畴也。既厌九一,故违戾九都。

　　火记不虚作,演易以明之。偃月法鼎炉,白虎为熬枢。汞白
为流珠,青龙与之俱。举东以合西,魂魄自相拘。上弦兑数八,下
弦亦如之。两弦合其精,乾坤体乃成。二八应一斤,易道正不倾。

　　此节明火记演易而易道不倾。或以"火记"二句移于"火记六百
篇"之上,则彼处重复,此处"易道"二字无着,故似不可。火记为古丹
书,《参同契》本之而作,故徐之笺注及之。"熬枢"者,虎铅阳火,乃真
汞之枢纽。上下弦相合成乾坤,天地正位,正否不倾,先天之象也。

　　金入于猛火,色不夺精光。自开辟以来,日月不亏明。金不
失其重,日月形如常。金本从月生,朔旦受日符。金返归其母,月
晦日相包。隐藏其匡郭,沉沦于洞虚。金复其故性,威光鼎乃熺。

　　"金入于猛火"即由西而南。月三日而成上弦,"反归母"谓月晦。
"复其故性"则又入猛火,出震而"鼎光熺"。熺,火出也,此节明六节之
循环。

　　子午数合三,戊己号称五。三五既和谐,八石正纲纪。

　　子午者,天一子水,地二午火,故合三。戊己则土五。故合为八,
为八石以当八卦。魏序曰"八石弃捐"指服食之八药,此指八石之象。

　　呼吸相贪欲,佇思为夫妇。黄土金之父,流珠水之母。水以
土为鬼,土填水不起。朱雀为火精,执平调胜负。水胜火消灭,俱
死归厚土。三性既合会,本性共宗祖。

土生金，金生水，"流珠"即金也。土克水，水克火，"三性"谓金、水、火，皆本土。朱注"此书之意大抵为以火烹水，以水灭火"，即子午合三而呼吸也。

阳燧以取火，非日不生光。方诸非星月，安能得水浆。二气元且远，感化尚相通。何况近存身，切在于心胸。阴阳配日月，水火为效征。耳目口三宝，固塞勿发扬。真人潜深渊，浮游守规中。旋曲以视览，开阖皆合同。为己之轴辖，动静不竭穷。离气内营卫，坎乃不用聪。兑合不以谈，希言顺鸿蒙。三者既关键，缓体处空房。委志归虚无，无念以为常。证难以推移，心专不纵横。寝寐神相抱，觉悟候存亡。颜容浸以润，骨节益坚强。辟却众阴邪，然后立正阳。修之不辍休，庶气云雨行。淫淫若春泽，液液象解冰。从头流达足，究竟复上升。往来洞无极，怫怫被容中。反者道之验，弱者德之柄。耘锄宿污秽，细微得调畅。浊者清之路，昏久则昭明。

朱子曰："此一节乃涵养本原工夫，尤为要切。"极是。
（七章）

世人好小术，不审道浅深。弃正从邪径，欲速阏不通。犹盲者不任杖，聋者听宫商。没水捕雉兔，登山索鱼龙。植麦欲获黍，运规以求方。竭力劳精神，终年无见功。欲知服食法，事约而不烦。胡粉投火中，色坏还为铅。冰雪得温汤，解释成太玄。金以砂为主，禀和于水银。变化由其真，终始自相因。

胡粉铅所造，投入火又还铅。冰雪水所结，以温汤解之又成水。太玄犹天一生水，谓变化由真，自然相因。

欲作服食仙,宜以同类者。植禾当以粟,覆鸡用其子。以类辅自然,物成易陶冶。鱼目岂为珠,蓬蒿不成槚。类同者相从,事乖不成宝。是以燕雀不生凤,狐兔不乳马,水流不炎上,火动不润下。

此谓同类相应,同气相求之义。

巨胜尚延年,还丹可入口。金性不败朽,故为万物宝。术士服食之,寿命得长久。土避于四季,守界定规矩。金砂入五内,雾散若风雨。薰蒸达四肢,颜色悦泽好。发白更生黑,齿落出旧所。老翁复丁壮,耆妪成姹女。改形免世厄,号之曰真人。

巨胜、胡麻服之,尚能延年,况内丹乎。此谓得内丹之功。

世间多学士,高妙负良材。邂逅不遭值,耗火亡货财。据按依文说,妄以意为之。端绪无因缘,度量失操持。捣治羌石胆,云母及矾磁。硫黄烧豫章,泥汞相炼冶。鼓下五石铜,以之为辅枢。杂性不同种,安肯合体居。千举必万败,欲黠反成痴。稚年至白首,中道生狐疑。背道守迷路,出正入邪蹊。管窥不广见,难以揆方来。

此犹魏序曰"八石弃捐"之义,亦承"假使二女共室"一节言。

以金为堤防,水火乃优游。金数十有五,水数亦如之。临炉定铢两,五分水有余。二者以为真,金重如本初。其三遂不入,水二与之俱。三物相含受,变化状若神。下有太阳炁,伏蒸须臾间。先液而后凝,号曰黄舆焉。

"水火","火"或作"入","三物"或作"二物"。朱注:"此言丹之第一变。"

岁月将欲讫,毁性伤寿年。形体为灰土,状若明窗尘。

朱注:"此是第二变。"

捣治并合之,驰入赤色门。固塞其际会,务令致完坚。炎火张于下,昼夜声正勤。始文使可修,终竟武乃陈。候视加谨慎,审察调寒温。周旋十二节,节尽更亲观。炁索命将绝,休死亡魄魂。色转更为紫,赫然成还丹。粉提以一丸,刀圭最为神。

朱注:"此第三变也。"

推演五行数,较约而不烦。举水以激火,奄然灭光荣。日月相激薄,常存晦朔间。水盛坎侵阳,火衰离昼昏。阴阳相饮食,交感道自然。名者以定情,字者缘性言。金来归性初,乃得称还丹。

朱注:"此解上文还丹得名之义,因火灭而金复也。"谓金入水而火蒸之成黄舆,久则状若尘。又以火张于下,后乃水以灭火,则金久炼而成丹。

吾不敢虚说,放效圣人文。古记题龙虎,黄帝美金华。淮南炼秋石,王阳加黄牙。贤者能持行,不肖毋与俱。古今道由一,对谈吐所谋。学者加勉力,留念深思惟。至要言甚露,昭昭不我欺。
若夫至圣,不过伏羲画,八卦效天图,文王帝之宗,结体演爻辞,夫子庶圣雄,十翼以辅之。三君天所挺,迭兴更御时。优劣有步骤,功德不相殊。制作有所踵,推度审分铢。有形易忖量,无兆难虑谋。作事令可法,为世定诗书。素无前识资,因师觉悟之。皓若褰帷帐,瞋目登高台。

即魏序曰:"歌叙大易,三圣遗言。"

火记六百篇,所趣等不殊。文字郑重说,世人不熟思。寻度其原流,幽明本共居。窃为贤者谈,曷敢轻为书。结舌欲不语,绝道获罪诛。写情著竹帛,恐泄天之符。犹豫增叹息,俯仰缀斯愚。陶冶有法度,未忍悉陈敷。略述其纪纲,枝条见扶疏。

此言作书之义,犹后序也。《三相类》之序曰"敷陈梗概"等句,承此而言。

《参同契》笺注·《三相类》序

淳于叔通

参同契者,敷陈梗概,不能纯一。纤微未备,缺略仿佛。今更撰录,补塞遗脱。润色幽深,钩援相逮。旨意等齐,所趣不悖。故复作此,命三相类,则大易之情性尽矣。

"纯一"下或多"泛滥而说"一句,句法上下句相对,以无为是。"缺"或作"阔",义同。"援"或作"连",亦义同。"三"或作"五",以下文"三道"言之,宜作"三"。"三相类"者,大易、黄老、炉火也,即《参同契》之"参"。

大易情性,各如其度。黄老用究,较而可御。炉火之事,真有所据。三道由一，俱出径路。枝茎华叶，果实垂布。正在根株，不失其素。诚心所言，审而不误。

《参同契》序言"罗列三条，枝茎相连"，即此三道由一。"不失其素"、"审而不误"即《参同契》序言之"殆有其真，砾硌可观"，此所谓"旨意等齐，所趣不悖"也。

三相类

法象莫大乎天地兮，玄沟数万里。河鼓临星纪兮，人民皆惊骇。晷景妄前却兮，九年被凶咎。皇上览视之兮，王者退自改。关键有低昂兮，害炁遂奔走。江淮之枯竭兮，水流注于海。

"玄沟"谓天河。"河鼓"，星名，即牵牛。星纪丑位。天象垂凶，故人民惊骇。"晷景"，日影，谓汞火。九年凶咎谓洪水。自改其妄前却，前犹揠苗，却犹不耘苗。"害炁"或作"周天"，宜从朱子本作"害炁"，谓低昂失宜，遂使害炁奔走。水注海而江淮枯竭，旱也，与洪水相对言。

天地之雌雄兮，徘徊子与午。寅申阴阳祖兮，出入复终始。循斗而招摇兮，执衡定元纪。升熬于甑山兮，炎火张设下。白虎倡导前兮，苍液和于后。朱雀翱翔戏兮，飞扬色五彩。遭遇罗网施兮，压止不得举。嗷嗷声甚悲兮，如婴儿慕母。颠倒就汤镬兮，摧折伤毛羽。

子午，水火之位。寅申者，火生于寅而水生于申，故为阴阳祖。招摇斗柄，其第一星名衡，所以定方位。甑山，谓昆仑峰，乃火张于下以升熬白虎。"液"或作"龙"，是。水升以降火，故五彩朱鸟遭网罗而不得举。伤毛羽以就汤镬,入水府也,犹明夷初之垂其翼。

漏刻未过半分兮,龙鳞狎鬣起。五色象炫耀兮,变化无常主。
漓漓鼎沸驰兮,暴涌不休止。杂还重叠累兮,犬牙相错拒。形如
仲冬冰兮,阑干吐钟乳。崔嵬以杂厕兮,兼积相支拄。

"刻漏"或作"漏刻"。"狎鬣",重叠貌。此象帝出乎震,"兼积"犹
坤初之积善。

阴阳得其配兮,淡泊而相守。青龙处房六兮,春华震东卯。
白虎在昴七兮,秋芒兑西酉。朱雀在张二兮,正阳离南午。三者
俱来朝兮,家属为亲侣。本之但二物兮,末而为三五。三五并与
一兮,都集归二所。

"而相守","而"或作"自",其义顺。东南西各相守于一方而来朝
于北。"二物",阴阳也。朱注:"三五谓火、金、木,皆禀土气。""并与
一","与"或作"危"。危,星名,北方中星。"二所"或作"一所",一以道
言,二以阴阳言。

治之如上科兮,日数亦取甫。先白而后黄兮,赤色通表里。
名曰第一鼎兮,食如大黍米。

此谓还丹温养之方。"治之如上科",谓如上述之科条以治之。
"甫",众也,谓非一日之功。

自然之所为兮,非有邪伪道。山泽气相蒸兮,兴云而为雨。
泥竭乃成尘兮,火灭自为土。若蘖染为黄兮,似蓝成绿组。皮革

煮为胶兮，麹蘖化为酒。同类易施功兮，非种难为巧。

"山泽"上或有"若"字，亦可。此八句皆取喻以明同类有功，若二女同居即难为巧。

惟斯之妙术兮，审谛不诳语。传于亿代后兮，昭然而可考。焕若星经汉兮，昺如水宗海。思之务令熟兮，反复视上下。千周灿彬彬兮，万遍将可睹。神明或告人兮，魂灵忽自悟。探端索其绪兮，必得其门户。天道无适莫兮，常传与贤者。

谓斯术之常存，熟则巧自悟焉。曰"必得"，所以勉学者。天道无亲，唯善是右。此篇《三相类》甚简洁，或谓当小《参同契》一部是也。

御白鹤兮驾龙鳞，游太虚兮谒仙君，篆天图兮号真人。

此三句谓贤者得道而成真人。本在《鼎器歌》末，似应在此。

参同契·鼎器歌

淳于叔通

圆三五，寸一分。口四八，两寸唇。长尺二，厚薄匀。腹齐三，坐垂温。阴在上，阳下奔。

"寸一分"或作"径一分"。圆数奇，故一分而三五。口方也，方数耦，故两寸而四八。一顺次而生之，一、三、五、七、九，奇数无穷也。二顺次而倍之，二、四、八、十六、三十二，耦数亦无穷也。唇，口之围也。此四句即经文"方圆径寸"是也。"尺二"或作"二尺"，"齐三"或作"三齐"。二、三者,参天两地也。由分寸而尺,一而十,十而百也。朱注:"齐即脐字。"腹三齐,下丹田也,故曰"垂温"。阴上阳下,天地交泰也。朱注:"此二句是要法。"

首尾武,中间文。阴火白,黄芽铅。两七窍,辅翼人。

"首尾武,中间文",离象也。阴火白者,白雪乃汞之气。黄芽金华乃铅之精。两七者,青龙白虎各七宿,以辅翼人。"文"下或有"始七十,终三旬。二百六,善调匀"四句,谓一年三百六十日善养之。

胆理脑,定升元。子处中,得安存。来去游,不出门。渐成大,性情纯。却归一,还本原。至一周,甚辛勤。密防护,莫迷昏。途路远,复幽玄。若达此,会乾坤。

"胆"或作"瞻"。脑谓泥丸。周流六虚而子处中安存,自强不息乃能渐大,性情纯而归一还原。"原"下或有"善爱敬,如君臣"二句。会乾坤即各正性命而保合太和。

刀圭沾,静魄魂。得长生,居仙村。乐道者,寻其根。审五行,定铢分。谛思之,不须论。深藏守,莫传文。

或无"刀"至"村"四句。"文"下尚有三七字句,中有"兮"字,宜为《三相类》之文。或去其"兮"字而作六三字句,似不可。此所谓退藏于密也。

概述《参同契》两孔穴法[*]

　　《参同契》是古代一部讲气功的书,作者是魏伯阳,成书于东汉末年(公元 150 年前后)。过去一般传说,此书是最早讲气功的一部书。有人怀疑当时的气功,是否可能达到这么高的程度,其实那不希奇,比《参同契》更早的书多得很。中国气功源远流长,魏伯阳之前已有气功理论,魏伯阳之后也有其他气功理论。对于这些古代理论,要从现代认识论的角度加以理解和应用。故客观介绍《参同契》的具体事实以前,必须先明确两个概念,一是气功态,一是生物钟。

　　先说气功态。"气功"这个名词是解放后提出的,而气功的内容在中国存在了几千年,国外如印度等都有。其名词古今不同,古代不叫气功,叫"养气"、"静坐"、"参禅"、"炼丹"、"瑜伽"等等,气功应该包括以上种种名词中的实质性内容。名词会随时代的变化而变化,而内容实质则随时代而流传下来。如果局限于气功名词而对其他一概排斥,那就不但割断了历史,现在的气功也不容易提高。任何一门学问要精细地研究下去,肯定要使用种种术语,气功当然也是如此。钱学森教

　　* 这是一九八五年十二月的《参同契》讲座记录,张文江记录并整理。

授提出"气功态"这一概念,有概括性,提得极好,然而至今尚未深入理解。要深入研究气功,此术语可以大大应用。有此术语,可以贯通古今不同名词之间的矛盾,并指出其实质性的内容。而且,练功者未必都能进入气功态,进入与否有质的不同,进入后对程度也可加以区别。对气功态的认识,可分成四种:

一、不信有气功态。

二、信有气功态,然尚未有实践经验。

三、已能进入气功态。

四、已在研究进入气功态后的情状。

研读《参同契》等理论著作所提出的方法,为了使未进入气功态者进入气功态,并使已进入气功态者逐步理解气功态的自然变化。气功与其他学问不同,必须反诸身,《周易·系辞》所谓"近取诸身",是本身体验的东西。至少进入气功态和没有进入气功态的人,对认识时间就有不同。我们的目的,是使第一、二两种情况尽快进入第三种情况,第三种情况尽快进入第四种情况。对第四种情况的人,则需要互相交流,互相改正,可以避免种种流弊。

进入气功态的标准是什么,这方面写文章的人很多。拿古代的标准来看,我们首先必须承认《参同契》作者是进入气功态的,否则就用不着研究此书。此书有其整体观,如果仅仅了解某种局部的方法,未必已进入气功态。我们要研究气功,不能不把标准提得高一点。人生的问题主要是生物钟,气功态的标准应该是体验生物钟,并且了解自身的生物钟。练气功虽然只是半小时或一小时,但是作用很大。进入气功态后,时间有所不同,故必须对有关的时空关系有所理解。要了解生物钟,必须了解客观时间和主观时间、宏观时间和微观时间。中国古代对时空关系的理解很清楚,比如现在仍应用的"世界"、"宇宙"

等概念，早就将时空合在一起了。生物钟是生物本身的主观时间，如《庄子》讲大椿"以八千岁为春，八千岁为秋"，即今天的原始森林，是一种植物的生物钟。又如"朝菌不知晦朔，蟪蛄不知春秋"，是几种小动物的生物钟。此间的差别，庄子早已用"大年"、"小年"之名。以人观之，三十年为一世，这和客观时间不同，是生物本身认识时空的变化。客观世界有客观世界的时间，如一天，一月，一年等。这样就产生主观时间和客观时间怎么配合的问题，《参同契》对此订有标准，一天应怎么练，一月应怎么练，一年又怎么练，彼此都不同。时间有长又有短，故有宏观的时间标准，又有微观的时间标准。为什么提出这两个标准？因为进入气功态后，既可能进入宏观的时间，也可能进入微观的时间，也有宏观和微观混合的情况。因为气功态与做梦相似，但不是梦，不把宏观微观分开，出气功态后就说不清楚。至于研究时空，要根据现代的时间标准。客观时间的标准是不变的，基本本诸太阳系的运行。如果要变，那要等太阳系破坏了以后。故宏观时间，要从太阳系的生成和毁灭来看。太阳系的生成至今已四十五亿年了，一说六十亿年，也就是说地球绕太阳已经走了四十五亿至六十亿圈了，将来还要走多少圈，太阳系就毁坏了。再从人本身的生物钟观之，基本上三十年一世。从客观时间说，地球绕太阳三十圈没有什么变化，但对于人则关系巨大，一代人就此消失了。由此宏观时间观之，一千八百余年前的《参同契》离我们的时间距离，好比昨天和今天一样。在这段时间内生物没有大的变化，《参同契》的气功理论完全可以拿来为我们应用。研究古代气功，每每涉及宗教问题。对宗教问题要深入研究，不是简单地相信它或者迷信它。今天已用不着迷信，基本可以用科学讲清楚。现在全世界都在重视生命起源的问题，而生物学对此问题的研究，从十九世纪到二十世纪发生了大变化。十九世纪达尔文研究从猿到人，其成果曾得到马克思高度重视，马克思把自己的《资本论》送给达尔文一部。达尔文以后一百年，生物学进化了，一九五三年分子生物学诞生,沃森、克里克发现 DNA 双螺旋结构,为二十世纪的重大发现。达尔文研究从猿到人及优胜劣败、适者生存的情况,是距今约十二亿年前的客观事实。沃森、克里克的发现,提早到基本约三十亿年前客观事实,已经把化学同生物学结合起来。他们的发现,更能同气功发生联系。由此再研究上去,在地球没有的时候,已可能有高分子的结构。再从古看下来,生物已进化成人,人与其他生物不同,人有人的特色。人的标准——直立——距今约六万年,这段时间与前面的时间相比,有数量级的不同。直立以后,人的发展大大加快。中国特别重视人为万物之灵,的确有其客观事实。为什么要说这些,因为在进入气功态时,这些东西每每进入,事先必须分辨清楚。不然,日月消灭后思维无所适从,或对某种宗教有好感,可能出现宗教化的形象,则仍将为宗教所囿,而非科学地研究气功态。其他一端微观时空,仍须涉及二十世纪科学的发展。上面提到二十世纪生物学从孟德尔、摩尔根的遗传学到沃森、克里克的分子生物学,而物理学则有爱因斯坦的相对论和普朗克的量子论。相对论的关键是时空合一,量子论的关键是能量的整体观,这些东西都要到微观层次才能了解清楚。这些理论出来,人类得到原子能,终于克服地心引力,打破了地球对人类的束缚,一九六九年人类第一次登上了月球。这是确确实实地登上月球,不是幻想中的嫦娥奔月或唐明皇游月宫。一上去之后,时空立即发生大变化。月亮绕地球,不等于地球绕太阳,这时间怎么算?如果说月亮时间还好算的话,那么宇宙站悬在太空当中,其时间更难算。由于需要高度精密,时间的标准也要相应改变。于是一九七二年正式使用原子时间,开始用铯来做时间的标准。铯元素的核外有五十五个电子,五十四个电子阴阳相对,最外圈的一个电子转得很均匀,这个电子转9192631770 圈为一秒。铯的使用改变了原来靠天文观测来计算时间的惯例,微观的时间标准就此替代了宏观的时间标准。

以上这些,就是现代科学认识论对时空的认识。在今天练气功,就是要用现在的认识论反诸现在我们的身体。许多事情现在看来完全不奇怪,故不用说魏伯阳是真人啊,仙人啊等等,不必再用迷信色彩。

以上是从现代认识论的角度介绍了气功态、生物钟两个基本概念,然后可逐步深入理解《参同契》。先引一段原文如下:

> ……邻国鄙夫,幽谷朽生。……远客燕间,乃撰斯文。歌叙大易,三圣遗言。……引内养性,黄老自然。……配以服食,雌雄设陈。……罗列三条,枝茎相连。同出异名,皆由一门。……命参同契,微览其端。……委时去害,依托丘山。循游寥廓,与鬼为邻。化形而仙,沦寂无声。百世一下,遨游人间。敷陈羽翮,东西南倾。汤遭厄际,水旱隔并。……

此段介绍《参同契》和作者的主要情况。"邻"指会稽,即今天的绍兴。不说清自己是会稽人而说"邻国鄙夫",是有意隐晦,《参同契》中此类隐晦处甚多。以下介绍全书内容的主要来源:一、大易。二、黄老。三、服食。这三部分合起来,所以书名叫"参同契"。参就是叁,同就是通,契就是合。"大易"指《易经》,三圣指伏羲、文王、孔子,传说此三人著成《易经》。《易经》和《参同契》的关系,另详"概述《参同契》重视箕斗之乡"。"引内养性"指反诸身。"黄老自然"是讲气功是自然的,前面讲的客观时间、主观时间、宏观时间、微观时间,都是本身存在于那里,并不是外面加上去的。"服食"讲的是吃东西,这同中医联系起来。"雌雄"无非就是阴阳。三样东西,"同出异名,皆由一门",故名"参同契"。"参同契"书名已概括了全书的内容。"委时去害"以下,用了有浓厚神秘色彩的语言,但实际只是隐入作者姓名的字谜。"委时去害"而"与鬼为邻",即成"魏"。"百世一下",把"百"上的"一"移下而"遨游人间",即成"伯"。"陈"字中的"东""西南倾",即得"阝","汤"字隔开水旁与前相并,即成"阳"。作者在这里自我介绍自己的姓名叫

"魏伯阳"。当时作谜语的风气很盛,《世说新语》有曹操杨修猜出曹娥碑"黄绢幼妇,外孙虀臼"八字中所隐的"绝妙好辞",就是一例。

魏伯阳是浙江会稽人。由南入北,在燕间(今河北)作此书,已给青州(今山东一带)一个姓徐的人看过,徐又加了点内容。有人考证此人名字叫景休,然而没有确证。以后魏伯阳携此书南归,传给家乡的一个叫淳于叔通的人,于是此书开始流传出来。因此《参同契》经过三个人之手,对书的内容都有所丰富,也有些重复的地方。魏伯阳传淳于叔通是在汉桓帝时(147—167在位),因此可假定《参同契》成书大致年代是在一五〇年左右。若假定魏伯阳此时五十岁,那他的估计生卒年约为100—180年,虽然有关的具体年份已无法考出,但能确定一个时间范围仍极重要。当时的时代背景是,东汉已到了末年,汉朝的经学全部崩溃,民间则有与之相对的黄老道思想。公元一八四年甲子,黄巾用黄老道的思想起义。这次宏大的农民起义虽被镇压,而汉朝四百年天下也就此而亡。《参同契》写成于黄巾起义之前,情况完全不同,反映了当时黄老道情况。故《参同契》虽是讲气功的书,同时也是重要的历史文献和哲学文献。以上是正确认识此书的重要关键,明乎此从现在认识论角度研读此书,则不会走入歪路。

以下再介绍《参同契》一部分具体内容,魏伯阳提出了"两孔穴法"。就中医而论,人身上的穴位很多,魏伯阳选取了有代表性的两个,成"两孔穴法",其具体变化本诸《黄帝内经》所应用之五行生克。引原文如下:

> 丹砂木精,得金乃并,金水合处,木火为侣。四者混沌,列为龙虎,龙阳数奇,虎阴数偶。肝青为父,肺白为母,(心赤为女),肾黑为子,脾黄为祖,三物一家,都归戊己。刚柔迭兴,更历分部。龙西虎东,建纬卯酉,刑德并会,相见欢喜。……子南午北,互为纲纪,九一之数,终而复始。……

先解释"龙虎","龙虎"二字不是迷信,其源出于星象。西方十二宫也用动物为名,如"巨蟹"、"长蛇"等,中国也是如此。中国的星象起源很早,已掘出公元前三四四年下葬的曾侯乙墓的地下实物,已有青龙白虎与二十八宿的图象,现藏湖北省博物馆。二十八宿中东方七宿角、亢、氐、房、心、尾、箕七个星座象龙,西方七宿奎、娄、胃、昂、毕、觜、参七个星座象虎。二十八宿是恒星,是不变的。当然恒星也会有变化,但在二三千年的时间之内的变化微乎其微,可以认为是没有变化。于是可以此为坐标:

龙(东)   虎(西)

要注意的是,我国古代地图南在上,北在下,东在左,西在右,与现在地图方向恰巧相反。读中国古书,要照中国的方向,方能理解内容。配到人的身上:

东为肝   西为肺

肝着重血,肺着重气,故可知龙虎即指气血。中医治病,看病人是气不足还是血不足,是气不通还是血不通,分别以补气、补血、行气、行血四法治之。中医主要不在讲五脏的位置,而是讲功能,着重研究五脏的动态变化,是活的,不是死的。魏伯阳引文用了许多《内经》的术语,合起来一看就清楚了。示如下图:

心
(火)

龙→肝　　脾　　肺←虎
(血)(木)　(土)　(金)(气)

肾
(水)

人吃下东西到脾胃,然后分两个部分,一部分功能入肝以造血,一部分功能入肺以练气。讲到气功,最重要的要注意肝与心的关系,肺与肾的关系,也就是注意人身上的气和血的循环。

$$肝 \longleftarrow \underset{脾}{\overset{造血 \quad 炼气}{\circ}} \longrightarrow 肺$$

人能够生存,离不开两样东西。一是食物,一是空气。吃下去的东西经过消化,与外界的食物已有所不同,它为我所用了。气也一样,吸入肺后为我所用,除呼吸外,与形成各种内分泌有关,各种内分泌与外面的气也有所不同。因此,身体里面的气、血和身体外面的空气、食物就不同。食物到肝变成血,入心脏,形成血液循环。血液循环很复杂,西方对此研究很多,有血管等等可解剖。气到肺,有气管亦可解剖,再从肺到肾,形成种种内分泌。这是气的循环,有可解剖的,也有不可解剖的。这是身体对气的变化,气功不是单指气管中呼吸的气,不能太执著于肺气,气到了肾,方始可以谈气功。以上两个循环,用五行生克示之,就是木生火,金生水:

这些变化都是自然的,用不着人去干预。让它自然变化,但不要干扰也不容易,基本就要静一静。近年来流行午睡,就是让大脑休息一下,使大量细胞到脾胃里去促进消化功能,养成了习惯就不大容易改掉。

以上讲的情况都是自然的,而气功是要用功夫训练的,训练的关键是要使水和火都归于戊己中去。从"龙阳数奇"到"子南午北"一段所涉及的术语用下列数图示之:

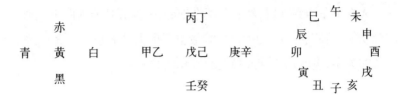

引文中"心赤为女"一句所以加括号,因为有的版本没有这句话。这没有关系,于内容实质没有影响。理解方法是肝青为父,肺白为母,人身中的气血就是夫妇,夫妇相合而生子女,即肝父生心赤为女,肺母生肾黑为子。又土生金,脾成了肺母之父,故为祖。三家指祖与子女,由"三家一物,都归戊己",这是指气血转变,进入气功态后很有点味道的过程。注意下面完全不同了:"龙西虎东""子南午北",阴阳交合彼此完全换了一个向,心肾交媾,水火既济。示如下图:

这是所谓翻天覆地的大变化,不是可以随便说说的。一个人,要理解木生火已不容易,能自己理解血液循环有几人?金生水,人身气的周流就是所谓的"胎息",体验到也很难。进入气功态的情状,是把血循环和气循环合起来到戊己中去。把它叫做"小周天"也好,"大周天"也好,这些都是名词不同,必须注意的是其实质。子与午南北对调,卯与酉东西对调,何可轻易而论。《参同契》描述气功态的尚有两个常用的术语,就是"铅汞",以上引文中虽然没有出现,也应该郑重解说一下。铅是气,汞是血,《参同契》用外面的物质,来表示身体内部的情况。铅汞一派用于炼外丹,属化学,心肾一派用于炼内丹,属生物学,《参同契》中兼而言之。当公元一五〇年时,西方的化学还没有兴

起,而以铅炼金的方法,《淮南子》已经在用。西汉淮南王刘安(前179—前122)被灭后,刘向尚用其法上于朝,不成而险遭诛戮,史实俱在。故魏伯阳生于淮南王二百余年后,仍信之而用铅汞,毫不奇怪。可贵的是,已知由炼外丹而早在重视炼内丹,且当时尚未有内外丹之分。自十九世纪之西方科学传入,外丹属化学范畴,内丹属生物学范畴,此二种学问风马牛不相及。由是半世纪来研究《参同契》者,必先分辨此书是讲外丹还是讲内丹,两种观点反复争论,迄今难以解决。此实未理解当时之时代背景,合内外丹为一,正属《参同契》可贵处。反观西方自然科学的发展,化学与生物学的重新组合,是在本世纪五十年代的分子生物学中,柏格森的生物观点可进一步认识,则何可忽视魏伯阳用铅汞等名词的意义。铅是指由气形成的内分泌,能得到身内的真铅为我运用不容易。汞容易飞升,是指头脑中的思想,也就是神经细胞的功能。一个念头马上出去十万八千里,要把思想收在里面,也就是孟子讲的"收放心",也是要在锻炼后方能做到。"九一之数,终则有始",一方面从一到九,一方面从九到一,产生两种向量不同的循环。这是一幅数字结构图,汉代名之曰明堂位、太乙九宫等,宋代名之曰洛书。此比喻进入气功态后的情况,这里不详细讲了。

以上谈的心肾两样东西还不是两孔穴法,是实践,不是理论。其理论基础是黄老思想,引原文如下:

上德无为,不以察求,下德为之,其用不休。

上闭则称有,下闭则称无,无者以奉上,上有神德居。此两孔穴法,金气亦相胥。

上面一段思想出于老子,《德经》云:

上德不德,是以有德。下德不失德,是以无德。

211

最好的德不要自以为德，永远根据生物钟和客观时空在变化，才是不会失掉的德。下德执著所得的一点德不放，结果时空一变化，他的德也就没有了。两孔穴法的理论基础在此。"上德无为"，不要具体知道心肝脾肺肾五脏的变化，它们自己就在工作。"下德为之"，就是五脏的种种变化。人生下来，五脏的变化就是其用不休的，最明显的就是产生温度。从生到死，死就是大脑没有办法再控制了，呼吸停止，气循环中断，心跳停止，血液循环中断，到这时其用就休了。接下来，"上闭则称有"，"上闭"就是头脑不要思想，"有"用现在的话讲就是进入气功态。上面不闭，你对气功态的种种想象都不对。现在提出的比如松、静等种种具体方法都是把你引进去，目的就是要让上闭一闭。由于各人的生物钟不同，所以适应的方法相对也不同。常常某人讲的方法对你很适用，另一人讲的方法对你就不适用，这些方法本身都是对的，我们不要把自己局限起来，关键是要抓住实质性的东西达到上闭之有。上面闭了，下面的五脏也要闭起来，称作"无"，这个闭也是自然的，必须达到。"无者以奉上"，指下面五脏中心肾的变化进到上面去。"上有神德居"，指上面有一个东西知道此，就是神德。这就是思想的作用，孟子叫作"志"，所谓"以志帅气"，志是帅，是领导气的，在气功中思想要起领导作用。这就是两孔穴法，一个孔穴在头脑，一个孔穴在脾——心肾已交的脾。一是思想，属心理状况，一是五脏，属生理状况。上闭真不容易，上面不闭，下面就不来，你想的种种东西都不对。没有现代的认识论，思想就不容易静下来。思想一闭，下面的东西也就来了，故功夫也要有，自然之中也要有人为的作用。孟子所谓"养气"，就是不揠苗助长。"神德"的"神"，可用《易经》里的一句话来解释，就是"阴阳不测之谓神"。"神"就是到底是阴还是阳还没有测出来之前，测出来就知道阴阳了。不休的用，完全闭了以后，上和下到底哪个是有，哪个是无，就不知道了。其实都可以，变化很多。"此两孔穴法，金气亦相胥"，此最后总结两孔穴法的根源在气。"金"就是肺，气功就是从肺气到精气，从外呼吸到内呼吸，也就是胎息。当时已用铅汞当两孔穴，所以叫炼"金丹"，也指出根源在肺金之气。

在理解若干术语后,《参同契》提出的两孔穴法并不神秘。上面闭一闭,有无两个东西合一合,这并不困难。知此后练习几个月,一般都可以进入气功态。有了气功态后,希望不要主观,彼此交流,能避免种种流弊。最重要的希望不属于宗教,而应该重视科学的研究。我所讲的,主要是客观介绍《参同契》。这本书虽然好,也只是说明气功方法的一种,当时属黄老道的气功书籍,后世更有其他极可贵的气功文献。这本书是讲道教的气功,当时已有佛教的气功传入。有一本《安般守意经》,是安世高翻译的。安世高是安息国的王太子,他不要做王太子,而来华宣传佛教,在当时影响很大。这本书讲的就是和《参同契》不同的方法。希望炼气功的人能彼此理解,不要说自己炼的方法最好,别人的都不行。进入气功态后,要逐步理解气功态的自然变化。过去传说理解气功态变化的人能预知死期,这完全可以相信。到了某一种时间,自己对五脏已不能加以控制了,于是知道死期到了,这是对自身生物钟的明确。

以上对《参同契》及其两孔穴法作了粗略的介绍。最根本的实践方法,就是确切理解两孔穴法的具体变化及其理论。一言以蔽之,必须知本身之生物钟。

附:提纲[*]

一、气功的名实

其名古今不同,如古名养气、静坐、参禅、炼丹等等,其实仍同。

二、气功态

对气功态的认识,可分成四种:

A 不信有气功态。

B 信有气功态,然尚未有实践经验。

C 已能进入气功态。

D 已在研究进入气功态后之情状。

三、进入气功态的标准

体验生物钟,及了解本身之生物钟。

四、论时空与生物钟

分客观时空与主观时空、宏观时空与微观时空。

五、介绍《参同契》的作者

邻国鄙夫,幽谷朽生。……远客燕间,乃撰斯文。歌叙大易,三圣遗言。……引内养性,黄老自然。……配以服食,雌雄设陈。……罗列三条,枝茎相连。同出异名,皆由一门。……命《参同契》,微览其端。……委时去害,依托丘山,循游寥廓,与鬼为邻。化形而仙,沦寂无声,百世一下,遨游人间。陈敷羽翮,东西南倾,汤遭厄际,水旱隔并。……

六、理解两孔穴法的基础知识

本于《内经》所应用的五行生克。

七、两孔穴法的具体变化

丹砂木精,得金乃并。金水合处,木火为侣。四者混沌,列为龙虎。龙阳数奇,虎阴数偶。肝青为父,肺白为母,(心赤为女),肾黑为子,脾黄为祖。三家一物,都归戊己。刚柔迭兴,更历分部。龙西虎东,建纬卯酉,刑德并会,相见欢喜。……子南午北,互为纲纪,九一之数,终则有始。……

214

八、两孔穴法的理论

本诸"黄老自然"。"上德无为,不以察求,下德为之,其用不休。""上闭则称有,下闭则称无。无者以奉上,上有神德居。此两孔穴法,金气亦相胥。"

九、两孔穴法的作用

作用有二： A 能使未入气功态者,进入气功态。
B 能使已入气功态者,逐步理解气功态的自然变化。

十、实践方法

确切理解两孔穴法的具体变化及其理论,就是最根本的实践方法。一言以蔽之,须知本身之生物钟。

概述《参同契》重视箕斗之乡[*]

一、介绍《参同契》的生物钟。

《参同契》中大量引用《周易》的卦象及其与天干地支的关系,作用就在说明进入气功态前,必先掌握生物钟。当时用卦象干支,以表示时空的变化。

二、魏伯阳对《周易》的认识。

魏伯阳重视京氏易,京氏指京房(前77—前37),生前已立学官,至桓帝时(147—167在位)近二百年,民间极流行,可贵处在于有明确的时空观。

三、乾坤坎离的含义。

> 乾坤者,易之门户,众卦之父母。坎离匡廓,运毂正轴。
>
> 天地设位,而易行乎其中矣。天地者,乾坤也。设位者,列阴阳配合之位也。易谓坎离,坎离者,乾坤二用。二用无爻位,周流行六虚,往来既不定,上下亦无常。

＊ 这是作者为另一次《参同契》讲座所作的提纲,记录稿今已不存。

故推消息，坎离没亡。

四、以乾坤消息法表示一日、一年的客观时间。

其法为乾初子，二丑，三寅，四卯，五辰，上巳；坤初午，二未，三申，四酉，五戌，上亥。吾国于先秦已应用此法，作为记录一日、一年的时间间隔。计时分十二，今仍世界通用。

五、以纳甲法表示一月的客观时间。

三日出为爽，震受庚西方。八日兑受丁，上弦平如绳。十五乾体就，盛满甲东方。……十六转受统，巽辛见平明。艮直于丙南，下弦二十三。坤乙三十日，东方丧其明。节尽相禅与，继体复生龙。壬癸配甲乙，乾坤括始终。

六、以京房的地支配八卦法，作为客观时间中的时差。

其法乾六爻为子寅辰午申戌，坤六爻为未巳卯丑亥酉。依次震巽坎离艮兑六子卦的初位为子丑寅卯辰巳，四位为午未申酉戌亥。

七、以《序卦》之次作为一日、一月、一年的生物钟。

发号出令，顺阴阳节。藏器俟时，勿违卦日。屯以子申，蒙用寅戌。余六十卦，各自有日。聊陈两象，未能究悉。

朔旦屯直事，至暮蒙当受，昼夜各一卦，用之如次序。即未至晦爽，终则复更始，日月为期度，动静有早晚。春夏据内体，从子至辰巳，秋冬当外用，自午讫戌亥。赏罚应春秋，昏明顺寒暑，爻辞有仁义，随时发喜怒。如是应四时，五行得其序。

八、纳甲法始于箕斗之乡，合诸乾坤六爻，可得用九的规矩以进入气功态。

　　始乎东北,箕斗之乡。旋而右转,呕轮吐萌。潜潭见象,发散精光。毕昴之上,震出为征。阳气造端,初九潜龙。阳以三立,阴以八通。故三日震动,八日兑行。九二见龙,和平有明。三五德就,乾体乃成。九三夕惕,亏折神符。盛衰渐革,终还其初。巽继其统,固际操持。九四或跃,进退道危。艮主进止,不得逾时。二十三日,典守弦期。九五飞龙,天位加喜。六五坤承,结括终始。韫养众子,世为类母。阳数已讫,讫则复起。推情合性,转而相与。上九亢龙,战德于野。用九翩翩,为道规矩。循据璇玑,升降上下。周流六爻,难得察睹。故无常位,为《易》宗祖。

《列子》记要*

《天瑞》第一,凡十三节。

一、解玄牝之门,以之为"黄帝书"曰。

二、准《易纬乾凿度》一、七、九之象数,归诸无知无能而无不知无不能。

三、合庄子骷髅与出入于几二节为一,下节较《庄》为详。

四、引《黄帝书》:"形动不生形而生影,声动不生声而生响,无动不生无而生有。""精神入其门,骨骸反其根,我尚何存?"反生物于物理。

五、明人之少、壮、老、死,大化有四。

六、孔子见荣启期于泰山,荣能为人为男为寿为三乐,孔子以为能自宽。

七、孔子知林类拾遗穗行歌而可与言,林盖等视死生。

八、大哉死乎,君子息焉,小人伏焉。生人为行人,死人为归人。

---

* 本篇是作者读《列子》作的笔记,未写完。阙《力命》第六、《杨朱》第七、《说符》第八。

九、子列子论虚之得其居。

十、引粥熊曰明渐变不觉之理。

十一、杞人忧天,坏不坏无容心。

十二、舜问烝,一切不可有,出《庄子·知北游》。

十三、齐之国氏大富,宋之向氏大贫,明盗之理。《阴符经》之义本此。

其中三、十二全同《庄子》之喻。一、二同《老子》。二又本《乾凿度》以明数,皆无为而无不为。四"无动不生无而生有"一句极妙,静始有,动则无,可取,即三维静而四维动。

《黄帝》第二,凡二十一节。

一、黄帝梦游华胥国,治天下之标准。

二、《庄子·逍遥游》藐姑射山此作列姑射山,较详。

三、言列子师老商氏之情况。

四、列子问关尹,全德之守,全乎天。圣人藏于天,故物莫之能伤也。

五、列御寇为伯昏无人射,似庄子所述。

六、子华养私而任侠,商丘开信之而得道,发展道家之寓言。

七、梁鸯自言驯兽之理,不动喜怒之情。

八、善游忘水。与《庄子》同。

九、顺水性而游。与《庄子》同。

十、承蜩事。与《庄子》同。

十一、海沤不至,归诸"至言去言,至为无为;齐智之所知,则浅矣"。同《庄子》。

十二、赵襄子狩于中山,焚山百里,有人出不避火。

十三、神巫事。同《庄子·应帝王》。

十四、十浆,五浆先馈。与《庄子》略同。

十五、杨子为老子所化,由避席而争席。

十六、自美自恶。与《庄子》同。

十七、以柔克刚。

十八、人而禽兽,禽兽而人。

十九、朝三暮四。《庄子》同。

二十、斗鸡。《庄子》同。

二十一、惠盎说勇于宋康王。

《周穆王》第三,凡九节。

一、穆王见西王母事。

二、学幻,知幻化不异生死。

三、觉有八征,梦有六候。

四、述西极之国等,有觉梦倒置。

五、昼苦梦乐,昼烦梦苦。

六、蕉叶覆鹿。

七、忘症愈而怒为其治疾者。

八、是非黑白颠倒。安知世人皆颠倒,其奈何。

九、为人所诳而不能知。

《仲尼》第四,凡十五节。

一、乐天知命而忧。

二、视听不用耳目。

三、西方有圣,高于三皇五帝(似指佛)。

四、孔子不若回仁、赐辩、由勇、师庄而能兼之。

五、子列子见南郭子,亦无所不言,亦无所不知,亦无所言,亦无所知。

六、自列子学九年,"横心之所念,横口之所言,亦不知我之是非利害欤,亦不知彼之是非利害欤,外内进矣。而后眼如耳,耳如鼻,鼻如口"。

七、外游者求备于物,内观者取足于身。

八、文挚透视。

九、以生死合诸常与道言,故于死时或歌或哭。

十、大义指心将迷者,先识是非。

十一、伯丰子屈邓析。析以为养在人执政之功,伯丰子以为执政者乃吾之所使。

十二、用其力愈于负其力。

十三、公子牟与公孙龙论名家。

十四、尧闻民歌而传舜。

十五、记关尹喜之言,"物自违道,道不违物"。

《汤问》第五,凡十七节。

一、汤问夏革,犹无极。有大人国小人国,徐以神视,徐以气听。

二、愚公移山。

三、夸父追日,渴死。

四、夏革否定大禹,主张非圣人之所通也。

五、记禹、周穆王、齐桓公皆有理想国。⎫
六、记各国之风俗习惯,如火葬等。⎬已受西域佛教明显影响。

七、小儿辩日远近。

八、钓鱼贵凝一于鱼,不贵饵钩纶竿之善否。

九、医易心,今所谓内脏移植。

十、乐以化时,能春与秋、冬与夏易位。

十一、善歌,绕梁三日。

十二、伯牙钟子期,善琴善听又知音。

十三、造机器人。

十四、射艺之精,由艺而道,若逢蒙与羿,以明其德。

十五、明御之道,造父之师曰泰豆氏,告以御车之术。

十六、报杀父之仇,请剑皆不伤人。

十七、周穆王得切玉如泥之剑于西戎,又得火浣之布。或不信有此物,以明其见识不广。

综述三葛（葛玄、葛洪、葛巢甫）
各有所承的仙道

汉末及魏晋之间，江南丹阳句容之望族葛氏，对东晋后的道教发展起了承前启后的大作用。如果忽视葛氏的史实，将割裂秦汉前后的道教为二。今仅据葛洪《抱朴子·内篇》已不可否定其为道教，而其所继承者，全属先秦的黄老道与方仙道。然则道教产生的时间，必须推及先秦的黄老仙道。先摘录《晋书·葛洪传》：

> 葛洪，字稚川，丹杨句容人也。祖系，吴大鸿胪。父悌，吴平后，入晋为邵陵太守。洪少好学，家贫，躬自伐薪，以贸纸笔，夜辄写书诵习，遂以儒学知名。……时或寻书问义，不远数千里，崎岖冒涉，期于必得。遂究览典籍，尤好神仙导养之法。从祖玄，吴时学道得仙，号曰葛仙公，以其炼丹秘术授弟子郑隐。洪就隐学，悉得其法焉。后师事南海太守上党（本郡名，今当山西长子、长治、潞城诸县。东晋地名亦南迁，今当安徽芜湖、江苏宿县等处）鲍玄。玄亦内学，逆占将来，见洪深重之，以女妻

洪。洪传玄业，兼综练医术，凡所著撰，皆精核是非而才章富赡。太安(302—303)中，石冰作乱。吴兴太守顾秘为义军都督，与周玘等起兵讨之。秘檄洪为将兵都尉，攻冰别率，破之，迁伏波将军。冰平，洪不论功赏，径至洛阳，欲搜求异书，以广其学。洪见天下已乱，欲避地南土，乃参广州刺史嵇含军事。及含遇害，遂停南土多年，征镇檄命，一无所就。后还乡里，礼辟皆不赴。元帝为丞相，辟为掾，以平贼功，赐爵关内侯。咸和(326—334)初，司徒导召补州主簿，转司徒掾，迁咨议参军。钟宝深相亲友，荐洪才堪国史。选为散骑常侍，领大著作，洪固辞不就。以年老，欲炼丹以祈遐寿。闻交阯出丹，求为句屚令。帝以洪资高，不许。洪曰，非欲为荣，以有丹耳。帝从之。洪遂将子侄俱行，至广州，刺史邓岳留不听去，洪乃止罗浮山炼丹。岳表补东官太守，又辞不就。岳乃以洪兄子望为记室参军。在山积年，优游闲养，著述不辍。……洪博闻深洽，江左绝伦，著述篇章，富于班马。又精辩玄赜，析理入微。后忽与岳疏云，当远行寻师，克期便发。岳得疏，狼狈往别。而洪坐至日中，兀然若睡而卒。岳至，遂不及见，时年八十一。视其颜色如生，体亦柔软，举尸入棺，甚轻如空衣，世以为尸解得仙云。

今由葛洪之传，可先考其从祖葛玄的史实。玄字孝先(164—244)，先洪已学道得仙。《抱朴子·金丹》："昔左元放于天柱山中精思，而神人授之金丹仙经。会汉末乱，不遑合作，而避地来渡江东，志欲投名山以修斯道。余从祖仙公，又从元放受之。凡受《太清丹经》三卷，及《九鼎丹经》一卷，《金液丹经》一卷。余师郑君者，则余从祖仙公之弟子也，又于从祖受之。而家贫无用买药，余亲事之，洒扫积久，乃于马迹山中立坛盟受之，并诸口诀，诀之不书者。江东先无此书，书出于左元放，元放以授余从祖，从祖以授郑君，郑君以授余,故他道士了无知者也。然余受之已二十余年矣,资无担石,无以为之,但有长叹耳。有积金盈柜、聚钱如山者,复不知此不死之法。就令闻之,亦万无一信,如何?"有此叙述,可见葛玄之仙术本诸左元放(详见《后汉书》传,另详),当时为曹操所收养。至于玄之情况,既得自左氏,复授诸郑隐,玄则于七十岁(太和七年,公元233)入江西清江县阁皂山炼丹(另详《神仙传》)。隐则于永宁二年(公元302)东投霍山而莫知所在。是年洪正二十岁,而隐长洪六十余岁。且洪又传其岳父鲍玄之医术。《晋书·艺术传》载有鲍靓之史实:

> 鲍靓字太玄,东海人也。年五岁,语父母云,本是曲阳李家儿,九岁坠井死。其父母寻访得李氏,推问皆符验。靓学兼内外,明天文河洛书,稍迁南阳中部都尉,为南海太守。尝行部入海,遇风,饥甚,取白石煮食之以自济。王机时为广州刺史,入厕,忽见二人著乌衣,与机相捍,良久擒之,得二物似乌鸭。靓曰此物不祥,机焚之,径飞上天。机寻诛死。靓尝见仙人阴君,授道诀,百余岁卒。

按王机事为陶侃(259—334)所平(参阅《陶侃列传》、《王机列传》及《资治通鉴》),事当建兴三年(公元325)。可见靓为南海太守时在其前,洪年约三十七岁。机既卒,靓亦隐迹天下。许迈曾见之,详见《晋书·许迈传》。摘引如下:

> 许迈,字叔玄,一名映,丹杨句容人也。家世士族,而迈少恬静,不慕仕进。……时南海太守鲍靓,隐迹潜遁,人莫之知。迈乃往候之,探其至要。父母尚存,未忍违亲。……父母既终,乃遣妇孙氏还家,遂携其同志,遍游名山焉。……永和二年(公元346)

移入临安西山。……玄遗羲之(321—379)书云：自山阴南至临
安，多有金堂玉室，仙人芝草。左元放之徒，汉末诸得道者皆在
焉。……

据《真诰》，许迈生于永康元年(公元 300)基本可信，与葛氏同
乡，同为望族而好道，然已不及见郑隐，而受道于鲍靓。其间有一
问题，鲍玄与鲍靓是否为同一人，上党与东海亦未必是一处。然这
一问题是非皆难证实，不妨任之而知有其事。而鲍靓之道得自仙
人阴君，此指阴长生，则更早于左元放。其事须一提，初光武娶新
野人阴丽华，年十九，尚当更始元年(公元 23)。后来封后，明帝永
平七年(公元 64 年)崩，年六十。能始终相处，阴氏族人由是渐
大。继之，和帝于永元四年(公元 92)又选入阴氏，八年立后(公元
96)。然和帝另爱邓后，阴后怨之，有巫蛊事，于十四年(公元 102)
事发忧死。家族有死之者，有徙日南比景县者。至安帝永初四年
(公元 110)始赦回因阴后事徙者，还其资财五百余万。而阴长生
者即其族亲，虽未与其事，目睹家族兴衰之变，早已从道。于建光
二年(公元 122)自叙丹经而仙去，然必有传其丹道者，仍用阴长生
之名。今已考知《参同契》成书于桓灵之际(公元 167)，而有托名
阴长生曾注之。今读其书已引有《乙己占》，则注《参同契》之阴长
生纯属托名，其时间亦后。而鲍靓所遇当系传其道者，约三国时
人。而鲍靓又传于许迈，其处通及今之江苏、浙江，并及安徽，确
属黄老道之聚集地。若左慈入天柱山，葛玄晚年入阁皂山，郑隐入
霍山，葛洪入罗浮山，许迈随鲍靓入临安西山，皆属可信之资料。
益以魏伯阳著《参同契》的事实，可见汉魏晋末时，江南道教的传
授及其发展的史实。而葛洪继承之黄老仙道，决非葛洪所创，其来
已久，必本诸先秦的方仙道。先述以葛洪为主的时间表：

25	公元 122 年,阴长生成仙。
	144,左慈生(以长于玄二十岁,长于操十一岁,约相称)。当二十岁葛玄生时,尚可能见到阴长生。
东汉	155,曹操生。
	164,葛玄生。
	公元 167 年,魏伯阳成《参同契》于上虞。
	170,虞翻生。
魏	218,郑隐生(以长洪六十五岁论,基本生于汉魏之际)
220	公元 220 年,曹操卒,汉亡。
220	
	233,葛玄年七十,入江西清江县阁皂山炼丹。
三国	239,虞翻卒。
	244,葛玄卒,年八十一。
	260,鲍靓生(当遇见百余年后传阴长生之道者)。
265	
西晋	283,葛洪生(生于晋,吴已亡)。
	300,许迈生(与鲍靓有关),上及左慈。
	302,郑隐年八十五,东投霍山,莫知所在(是年洪二十岁,知晋室将乱)。
280	
吴亡	302—303,葛洪年 20—21,平石冰乱。即至洛阳。旋往广州参稽含,含年四十四岁,为司马郭劢所杀,在惠帝晚年(304—306)。怀帝即位,当公元 307 年,已谥含为宪。洪二十四五岁,停南土多年,所以写作,见鲍靓当在其时。后还乡里,或即在靓所依之王机于陶侃(259—334)所平之时。当东晋后,再往南方,已在咸和之时(凡九年,327—334),洪年为五十前后。本拟往句漏,后为邓岳所留而止于罗浮山。据《晋书·邓岳传》:"咸康三年(公元 337)岳遣军伐夜郎破之,加智宁州,进征虏将军。卒,子遐嗣。"按洪卒时岳曾往,然岳之事迹止于咸康三年,是年洪为五十五岁。如六十一岁卒,岳见之尚可相应。如八十一岁,似岳已先卒。尚可深入考核之。
317	
东晋	
420	321,王羲之生(与许迈有关)。

今知葛洪的成就,在年轻时,由儒而道有其过程。平石冰乱,尚属儒之"忠孝"概念,而其宗旨并不以此为准,宜有外儒内道的成就。即至洛阳以求文献,可见方仙道不限于沿海,黄老道亦不限于江南。因经汉末之混乱,黄帝老子与尧舜孔子两方面的思想,早已有分有合,有相攻,有相吸,葛洪盖走相合之一方面。此尚相似于魏伯阳之旨,魏之年岁当然大于左元放,此不可不知。魏在浙江,葛氏在江苏,同为宏道之望族。*

---

* 本文未完,据页边旁注,以下拟分二部分:一、论证葛洪与魏伯阳之师承关系。二、寻出葛巢甫的师承关系。

寇谦之简要年谱

公元365年乙丑　一岁　　寇谦之生晋哀帝兴宁三年,前秦苻坚建元元年。

366	二	
367	三	
368	四	
369	五	
370	六	
371	七	
372	八	
373	九	
374	十	
375	十一	
376	十二	
377	十三	
378	十四	
379	十五	

380	十六	
381	十七	
382	十八	
383	十九	
384	二十	
385	二十一	
386	二十二	北魏拓跋珪登国元年,即太祖道武帝,好老子之言,诵咏不倦。
387	二十三	
388	二十四	
389	二十五	
390	二十六	
391	二十七	
392	二十八	
393	二十九	
394	三十	约于 385—394 之十年中,修张鲁之法无成。
395	三十一	
396	三十二	北魏拓跋珪皇始元年
397	三十三	
398	三十四	约于 394—398 之五年中,遇成公兴。 北魏拓跋珪天兴元年
399	三十五	
400	三十六	
401	三十七	葛巢甫以《灵宝》传道士任延庆、徐灵期。
402	三十八	
403	三十九	

404		四十	成公兴为谦之弟子七年后仙去。	
405		四十一	拓跋珪(太祖道武帝)天赐元年 (可能早五年至十年)至华山后入嵩山。	
406		四十二	陆修静生。	
407		四十三		
408		四十四		
409		四十五	拓跋嗣(太宗明元帝)永兴元年	
410		四十六		
411	辛亥	四十七	嵩岳荐寇谦之,似当成公兴所荐。	
412		四十八		
413		四十九		
414		五十	拓跋嗣神瑞元年	
415		五十一	神瑞二年,寇谦之得道。	
416		五十二	拓跋嗣泰常元年	
417		五十三		二
418		五十四		三
419		五十五		四
420		五十六	东晋亡,宋武帝刘裕永初元年。	五
421		五十七		六
422		五十八		七
423		五十九	老君玄孙李谱文授《录图真经》。	八
424		六十	北魏太武帝拓跋焘用谦之灭佛。 拓跋焘(世祖太武帝)始光元年	
425		六十一		二
426		六十二		三
427		六十三		四
428		六十四		神䴥元年

231

429	六十五		二
430	六十六		三
431	六十七		四
432	六十八		延和元年
433	六十九		二
434	七十		三
435	七十一		太延元年
436	七十二		二
437	七十三		三
438	七十四		四
439	七十五		五
440	七十六		六
			(改元太平真君)元
441	七十七		二
442	七十八		三
443	七十九	译出《楞伽》	四
444	八十		五
445	八十一		六
446	八十二	全国灭佛	七
447	八十三		八
448	八十四 谦之卒。		九
449			十
450	崔浩死刑。		十一
495	建少林寺。		

陆修静简要年谱

陆修静生于东晋安帝义熙二年(公元 406),南方吴兴人。是年北方长安恰鸠摩罗什译出《维摩诘经》。而南方葛洪之族孙葛巢甫早已改写《灵宝五符》成《灵宝度人经》,且于陆出生前六年(公元 401)已将其《灵宝度人经》传于道士任延庆、徐灵期等。

公元406年丙午 一岁

407 二

408 三

409 四

410 五

411 六岁时,北方嵩岳荐寇谦之。

412 七

413 八

414 九

415 十岁时寇谦之得道。寇生于前秦苻坚建元元年(公元 365),当五十一岁得道,较陆长四十一岁。

416	十一岁,庐山慧远卒。
417	十二
418	十三
419	十四
420	十五岁,刘裕立,由东晋形成南北朝。
421	十六
422	十七
423	十八
424	十九岁左右成家。是年北魏太武帝用寇谦之与崔浩灭佛。
425	二十
426	二十一
427	二十二
428	二十三
429	二十四
430	二十五
431	二十六
432	二十七
433	二十八
434	二十九
435	三十
436	三十一
437	三十二
438	三十三
439	三十四
440	三十五
441	三十六

442	三十七
443	三十八
444	三十九
445	四十
446	四十一
447	四十二
448	四十三

425—448,二十岁至四十三岁。婚后未久即弃妻儿入山采药治疾,且不远千里寻师访友,间或回家。曾游江西、湖南、四川,上南岳峨眉,亦至浙江仙都。孙游岳年长而反师之。四十三岁时寇谦之卒,年八十四。

449	四十四
450	四十五
451	四十六
452	四十七岁。市药京邑(即南京)得文帝召见,太后亦师之。未久内乱。
453	四十八岁入庐山,因是年太子弑父自立,刘骏定乱。453—467凡十四年皆在庐山,由四十八岁至六十二岁。修静云游约三十年,又定居十四年,始可成道。
454	四十九
455	五十
456	五十一
457	五十二
458	五十三
459	五十四

460	五十五
461	五十六岁,当宋孝武帝大明五年,置馆于庐山高顶,后建简寂馆。
462	五十七
463	五十八
464	五十九
465	六十
466	六十一
467	六十二岁。明帝泰始三年三月,请至建康,为建崇庐馆居之。
468	六十三
469	六十四
470	六十五
471	六十六岁。经此三四年的整理,又得到魏夫人的《上清经》,始能编成《三洞经书目录》而上于朝,此为修静一生最大之成就。又率众建三元露斋为国祈命。
472	六十七岁。明帝崩,太子仅十岁,史称苍梧王。
473	六十八岁。皇室乱。
474	六十九岁。建康巷战,虽平定而宋室已虚,为收葬尸骨。
475	七十
476	七十一岁。七十至七十一岁,想归庐山,未能如愿。
477	七十二岁。三月二日偃然解化,归葬庐山。故居为简寂观,谥曰简寂先生。

陶弘景简要年谱

公元456	丙申	一岁	宋孝建三年夏至日生,丹阳秣陵人。祖隆,王府参军。父贞,孝昌令。
457		二	
458		三	
459		四	
460		五	四至五岁,以荻为笔,灰中学书。
461		六	
462		七	
463		八	
464		九	
465	乙巳	十岁	得葛洪《神仙传》研习久之。继之读书万余卷,一事不知,深以为耻。善琴棋,工草隶。
466		十一	
467		十二	宋明帝筑崇灵观以礼陆修静。
468		十三	
469		十四	

470	十五	
471	十六	
472	十七	陆修静上《三洞经书目录》。
473	十八	
474	十九	
475	二十	
476	二十一	
477	二十二	陆修静卒。
478	二十三	
479	二十四	未弱冠,齐高帝萧道成作相,引为诸王侍读。
		齐建元元年
480	二十五	
481	二十六	
482	二十七	
483	二十八	
484	二十九	
485	三十	
486	三十一	
487	三十二	
488	三十三	
489	三十四	
490	三十五	
491	三十六	二十五岁至三十六岁,从东阳孙游岳受符图经法,遍历名山寻访仙药。
492	三十七	永明十年脱朝服挂神武门,上表辞禄,诏许之。止于句容之句曲山,恒曰:"此山下是第八洞宫,名金坛华阳之天,周回一百五十里。

238

昔汉有咸阳三茅君得道来掌此山,故谓之茅山。"

493	三十八	北魏迁都洛阳,佛教大发展,见《洛阳伽蓝记》。
494	三十九	
495	四十	少林寺建。
496	四十一	
497	四十二	
498	四十三	
499	四十四	永元元年,陶建三层楼。
500	四十五	
501	四十六	
502	四十七	齐而梁,为歌"水丑木"为梁字。　天监元年
503	四十八	孟景翼为道教大正。
504	四十九	
505	五十	天监四年,移居积金东涧。
506	五十一	
507	五十二	
508	五十三	
509	五十四	
510	五十五	
511	五十六	
512	五十七	
513	五十八	
514	五十九	
515	六十	
516	六十一	
517	六十二	

518	六十三	
519	六十四	天监十八年
520	六十五	四十七至六十五岁,献丹于武帝。
521	六十六	
522	六十七	
523	六十八	
524	六十九	
525	七十	
526	七十一	
527	七十二	
528	七十三	六十五至七十三岁。茅山有记载三茅君的刻石。曾梦佛授其菩提记云,名为胜力菩萨,乃诣鄮县阿育王塔,自誓受五大戒。
529	七十四	中大通元年—中大通初献二刀,一名善胜,一名威胜,并为佳宝。
530	七十五	
531	七十六	
532	七十七	
533	七十八	
534	七十九	中大通六年
535	八十	
536	八十一	年逾八十而有壮容。仙书云"眼方者寿千岁",弘景末年一眼有时而方。

陈抟的易学及其成就

　　陈抟一生对儒释道三教的认识,在中国思想史上有其独特的地位,足以成为划时代的伟大人物。惜以儒家立场加以评论者,每以羽士而轻之,根本不承认他为宋代理学奠基者之一。反观道教中的传说过分神化,又往往忽视其史实。因其生前于睡功有独得,乃誉之为"一睡千年",称之为"陈抟老祖",亦使历代学者有以疏远之。今核实而论,陈抟一生不过百岁,未尝能长生不老而一睡千年。据《宋史》记载,抟卒于宋太宗端拱二年(公元989),则迄今一九八九年,恰当逝世千年。千年来的世事变迁,亦非陈抟始料所及。以今观之,殊可客观阐明陈抟之一生,其易学对人类有极大的贡献,千年来更有不可思议的影响。何况以易学的发展、生物的本能观之,各有其极长的时空数量级。陈抟于千年前总结并发展以继承儒释道三教的成就,今日仍有其实用价值。所谓"宋易"者,实起于陈抟所画出的先天图,在易学史上尤当重视之。

　　陈抟的事迹见《宋史·隐逸传》:

　　　　陈抟字图南,亳州真源人。始四五岁,戏涡水岸侧,有青衣媪乳之,自是聪悟日益。及长,读经史百家之言,一见成诵,悉无遗忘,颇以诗名。后唐长兴(后唐明宗年号,凡四年,930—933)中,举进士不第,遂不求禄仕,以山水为乐。自言尝遇孙君仿、獐皮处士,二人者,高尚之人也,语抟曰:"武当山九室岩可以隐居。"抟往栖焉。因服气辟谷历二十余年,但日饮酒数杯。移居华山云台观,又止少华石室。每寝处,多百余日不起。周世宗(在位六年,公元954—959)好黄白术,有以抟名闻者,显德三年(公元956),命华州送至阙下,留止禁中月余,从容问其术。抟对曰:"陛下为四海之主,当以致治为念,奈何留意黄白之事乎?"世宗不之责,命为谏议大夫,固辞不受。既知其无他术,放还所止,诏本州长吏岁时存问。五年(公元958),成州刺史朱宪,陛辞赴任,世宗令赍帛五十匹、茶三十斤赐抟。太平兴国(宋太宗年号,凡九年,976—984)中来朝,太宗待之甚厚。九年(公元984)复来朝,上益加礼重,谓宰相宋琪等曰:"抟独善其身,不干势利,所谓方外之士也。抟居华山已四十余年,度其年近百岁,自言经承五代离乱,幸天下太平,故来朝觐。与之语,甚可听。"因遣中使送至中书。琪等从容问曰:"先生得玄默修养之道,可以教人乎?"对曰:"抟山野之人,于时无用,亦不知神仙黄白之事,吐纳养生之理,非有方术可传。假令白日冲天,亦何益于世。今圣上龙颜秀异,有天人之表,博达古今,深究治乱,真有道仁圣之主也。正君臣协心同德、兴化致治之秋。勤行修炼,无出于此。"琪等称善,以其语白上,上益重之。下诏赐号希夷先生,仍赐紫衣一袭,留抟阙下。令有司增葺所止云台观,上屡与之属和诗赋,数月放还山。

端拱(宋太宗年号,凡二年,988—989)初(公元988年),忽谓弟子贾德升曰:"汝可于张超谷凿石为室,吾将憩焉。"二年(公元989)秋七月,石室成。抟手书数百言为表,其略曰:"臣抟大数有终,圣朝难恋,已于今月二十二日,化形于莲花峰下张超谷中。"如期而卒。经七日支体犹温,有五色云蔽塞洞口,弥月不散。抟好读《易》,手不释卷,常自号扶摇子。著《指玄篇》八十一章,言导养及还丹之事。宰相王溥亦著八十一章,以笺其指。抟又有《三峰寓言》及《高阳集》《钓潭集》,诗六百余首。能逆知人意,斋中有大瓢挂壁上,道士贾休复心欲之,抟已知其意,谓休复曰:"子来非有他,盖欲吾瓢尔。"呼侍者取以与之,休复大惊以为神。有郭沆者,少居华阴,夜宿云台观,抟中夜呼令趣归,沆未决,有顷,复曰:"可勿归矣。"明日,沆还家,果中夜母暴得心痛几死,食顷而愈。华阴隐士李琪,自言唐开元中郎官,已数百岁,人罕见者。关西逸人吕洞宾有剑术,百余岁而童颜,步履轻疾,顷刻数百里,世以为神仙。皆数来抟斋中,人咸异之。大中祥符四年(公元 1101)真宗幸华阴,至云台观,阅抟画象(是年抟已死二十二年),除其观田租。

上录《宋史》本传,可考核其生前主要情况。于生卒年问题,宋太宗于太平兴国九年(公元 984)曾对宰相宋琪等曰:"抟居华山已四十余年,度其年近百岁,自言经承五代离乱,幸天下太平,故来朝觐。"抟于此次朝觐后五年即羽化(公元 989 年),故卒年以百岁论,为其寿命的上限,即公元 890? —989 年。唐亡于哀帝天祐四年(公元 907),抟尚为未足二十岁之青年,一生恰在五代离乱中成长。当后唐长兴中有用世之心,举进士不第,遂不求禄仕。考后唐长兴为明宗年号,凡四年,当公元 930—933,抟以百岁论,其时年四十一至四十四岁。以常例推之,宜不满四十岁,故卒年或未必满百岁。然以百岁论尚有可能性,后人传记如《太华希夷志》《历世真仙体道通鉴》,皆载其寿命为一百一十八岁。然则陈抟年已六十左右,犹孜孜于举进士,如果仅有此志,决不可能得如今之成就。故迟至四十岁,不应更求禄仕,乃证其寿命不可能大于百岁。

陈抟事迹考释

一、名字号释义

陈抟字图南，号扶摇子，其名号盖取诸《庄子·逍遥游》之象。原文曰："鹏之徙于南冥也，水击三千里，抟扶摇而上者九万里，去以六月息者也。"又曰："风之积也不厚，则其负大翼也无力。故九万里则风斯在下矣。而后乃今培风，背负青天，而莫之夭阏者，而后乃今将图南。"谚曰"鹏程万里"亦出于此，可喻陈抟本有治天下之志。再者，这个名字的内义，有出入世儒道的分辨。以入世治国论，贵能兼善天下，《论语》有"雍也可使南面"义同。图南者，愿为天子南面之象，周世宗有以疑之，或非无故。以出世修养论，贵能独善其身。图南者，由北冥下丹田之气，于脊椎骨中抟扶摇直上而息于上丹田南冥之象，此实为悟道的基础。当"抟闻赵匡胤登极，大笑曰天下自此定矣，遂隐华山不复出"，所以绝意于入世而一心出世。此"出入无疾"的志向，的确是陈抟的心愿，故能完成其先天易学以继承"权舆三教"之易理。何况内圣外王的原理，早已成为中国学者所应该遵循的思想结构。唯陈抟身处五代的乱世，有志于治世者皆当有其责。

二、出生地在四川

又抟为亳州真源人,则与老子同乡,此可影响抟之信道。今人胡昭曦详为考证,认为抟是四川普州崇龛人,崇龛在今潼南县境内(见《陈抟里籍考》,胡昭曦著,载于《四川文物》一九八六年第三期)。此文的考证基本可信。抟本人早年已离四川至亳州,晚年是否回原籍未可确知,而传其道者确能归诸四川且有传人。张伯端在四川成都悟道(公元 1069 年),上距陈抟之卒为八十年,此传道于伯端者,必为陈抟二、三代之传人无疑。其间有一重要问题仍为人所误解,就是认为陈抟的先天易,本诸魏伯阳的《参同契》。其实汉末魏伯阳时根本未知先天易,以先天易解《参同契》本诸张伯端,与魏伯阳绝对无关。自胡渭(1633—1714)等开始误解,已近三百年,今日必须纠正之。事实是张伯端取先天易以解《参同契》,决非魏伯阳已知先天易。

三、陈抟智慧的来源

《宋史》本传:"始四五岁,戏涡水岸侧,有青衣媪乳之,自是聪悟日益。"此一记载迹近神话,似不可信,然当知撰此神话者未尝随意而言。因所谓"青衣媪乳之"未必真有其事,而亦有情可言。实谓陈抟于父母处既得血肉之身体外,又能得东方生气中之阴象,以为其思想中悟性的来源。凡青为东方生气之色,媪阴象,饮其乳以补生母之不足,所以结合先后天的物质基础,自是能聪明日益。在事实上,陈抟一生恰处五代的离乱时期,既不愿为冯道辈之所为,又不忍见生民之苦难,图南以救之,大丈夫当有其责。

《悟真篇》注释

卷一　七律十六首

一、不求大道出迷途，纵负贤才岂丈夫。百岁光阴石火烁，一生身世水泡浮。只贪利禄求荣显，不顾形容暗悴枯。试问堆金等山岳，无常买得不来无。

道光曰：难莫难于遇人，易莫易于成道。今也现宰官长者之身，结大道修丹之友，炼一黍米于霎时之中，立地成道，此易莫易于成道也。然纡紫怀金，门深似海，有道之士，望望然而去之，此难莫难于遇人也。易莫易于遇人，难莫难于成道。今也百钱挂杖，四海一身，凤植灵根，亲传大道，然龙虎之缰易解，刀圭之锁难开，得药忘年，炼铅无计，此又遇人之易而成道之难也。安有二事俱全哉，正好密扣玄关，千载一时，十洲三岛者耶。仙翁游成都遇青城丈人，得金液还丹之妙道，惊叹成药之不难，故作是诗，结缘丹友。其末章曰"试问堆金等山岳，无常买得不来无"，辞意迫切，虽有拱璧以先驷马，不若坐进此道。仙翁远矣，高山流水，落落知音。

延释：道教之修持，由自身始。自身之生死乃生物之基本规律，而道教实欲明此基本规律。《论语》子曰"未知生焉知死"，盖属无可奈何之遁词，然亦曰"朝闻道，夕死可矣"，可见孔子亦知有生死之道。此理《周易·系辞》中有所发挥，其言曰："原始要终，故知死生之说。""精气为物，游魂为变。是故知鬼神之情状。"又释神道为"一阴一阳之谓道"与"阴阳不测之谓神"，尤能启人思维不可思维之神道。是皆吾国先秦固有之思想境界，乃有意于探求宇宙之真与生命之秘。秦后经两汉之酝酿，勘破世法之无常，汇合成道教之出世思想。于魏晋南北朝与佛教之争胜，故对自身修养之道有其独特之秘。且由外丹而内丹，从《参同》《黄庭》而参以禅机，必至宋初乃能具备金丹之道，已具佛教中密宗之理。张紫阳当道家南宗初祖，犹儒之理学以周濂溪为始。《大学》曰："自天子以至于庶人，壹是皆以修身为本。"盖修身于内为内圣，于外为外王，身不修者其何能外王。且修身有三方面，即德、智、体。古三公名太师、太傅、太保，师指师法犹智，傅指德义犹德，保指保安天子于德义犹体。今观金丹之修炼，亦须具此三方面之条件。人之修身先以体言，若不健康而病，对德智尤多影响。且虽无病，已不能不衰老，由是必及生死问题，此曰"不顾形容暗悴枯"与"无常买得不来无"，即老而死。欲究其故有两方面，一为生物之自然规律，一为人类私有制社会所造成。诗曰"百岁光阴石火烁，一生身世水泡浮"本前者言，"只贪利禄求荣显"指后者言。为此先当不"贪"，何必"堆金等山岳"。此犹否定私有制，由是方能出迷途，有求得大道之可能性。不然虽属贤才，亦将不闻道而死，岂为丈夫。

至于求大道之法，道光仍本紫阳序文之义，分两方面，一曰遇人，一曰成道。此两者各有难易，必须机缘凑合，方克有成。上简述道教之发展情况，以见紫阳之机缘，且能成都遇人，乃能味乎三教合一之禅几而成金丹，不亦远乎。

二、人生虽有百年期,寿夭穷通莫预知。昨日街头方走马,
今朝棺内已眠尸。妻财抛下非君有,罪业将行难自欺。大药不求
争得遇,遇之不炼是愚痴。

道光曰:麟凤不世出,神仙不常见,有能空梦幻泡影之身,可脱生
老病死之苦,为人间常有之事。道上遇师,师迪得旨,下手速修犹太迟
也。仙翁作是诗,末章且曰"大药不求争得遇,遇之不炼是愚痴",其叮
咛恳切若此。吾侪未闻道者,可即求师,已遇人者,岂容痴坐。宜结一
时之黍米,守抱九载之空仙。心藏太虚,神游八极,露紫云之半面,应
仙试于玄都,毋使许君专美晋代。

廷释:此进一层说明时间相,因依人而观"百岁光阴石火烁",似
为过甚其辞。然以历史长流观之,"石火烁"之喻亦非虚语。至于即此
百岁而言,何能自知其"寿夭穷通",则"方走马"而"已眠尸",盖棺论定
而"难自欺",私有制之私有物何在。若对私有制言又分两方面,其一
对物,其二对人。对物犹易抛,对人更难舍,然"无常"来而"妻财抛下
非君有",又将若何。此所以勉人于既生之时,当求大药而炼之。道光
分闻道、结丹言,即注上一诗分遇人与成道。至于其法,此二诗中尚未
提及。道光已及道教之象,暂不必言,此与德智有关,势必因时代而变
化。唯生物体本身,则距今仅千年,其变殊鲜。

三、学仙虽是学天仙,惟有金丹最的端。二物会时情性合,
五行全处龙虎蟠。本因戊己为媒聘,遂使夫妻镇合欢。只候功成
朝北阙,九霞光里驾翔鸾。

道光曰:仙有数等,阴神至灵而无形者,鬼仙也。处世无疾而寿
永者,人仙也。飞空走雾,不饥不渴,寒暑不侵,遨游海岛,长生不死
者,地仙也。形神俱妙,与道合真,步日月无影,入金石无碍,变化无

穷,隐显莫测,或老或少,至圣至神,鬼神莫能知,蓍龟不能测者,天仙
也。阴真君曰:"若能绝嗜欲,修胎息,颐神入定,脱壳投胎,托阴化生
而不坏者,可为下品鬼仙也。若受三甲符箓,正一盟威,上清三洞妙法
及剑术尸解之法而得道者,皆为南宫列仙,在诸洞府,修真得道,乃中
品仙也。若修金丹大药成道,或脱壳,或冲举,乃无上就极上品仙也。"
丹法七十二品,欲学天仙,惟金丹至道而已。此盖无中生有,天地未判
之前,炼混元真一之气,非后天地生五金八石、朱砂、水银、黑铅、白锡、
黄丹、雄黄、雌黄、硫磺、砒粉、秋石、草木、灰霜、雪冰、滓质、煮伏之类,
及自身津精气血液有中生有等物也。惟真一之气,圣人以法追摄于一
时辰内,结成一粒如黍米,号曰金丹,又曰真铅,又曰阳丹,又曰真一之
精,又曰真一之水,又曰龙虎,又曰太乙含真气,人得饵之,立跻圣位。
此乃无上九极上品天仙之妙道,世人罕得而遇也。吾侪今得大道,断
念浮华,凝神碧落,毋为中下之图,当证无上九极上品天仙之位。且真
一之气生于天地之先,混于虚无之中,恍惚杳冥,视之不见,听之不闻,
抟之不得,如之何而凝结而成黍之珠哉。圣人以实而形虚,以有而形
无。实而有者,真阴真阳也,同类有情之物也。虚而无者,二八初弦之
炁也,有气而无质。两者相形,一物生焉。所谓一者,真一之气而凝为
一黍之珠也。经曰"元始悬一宝珠,大如黍米,在空玄之中"者,此其证
也。圣人恐泄天机,以真阴真阳取喻青龙白虎,以两弦之气取喻真铅
真汞也。今仙翁诗曲中,复以龙之一物名曰赤龙,曰震龙,曰天魂,曰
乾家,曰乾炉,曰玉鼎,曰玉炉,曰扶桑,曰下弦,曰东阳,曰长男,曰赤
汞,曰水银,曰朱砂,曰离日,曰赤凤,皆比喻青龙之一物也。又以虎之
一物名曰黑虎,曰兑虎,曰地魄,曰坤位,曰坤鼎,曰金炉,曰金鼎,曰华
岳,曰前弦,曰西川,曰少女,曰黑铅,曰偃月炉,曰坎月,曰黑龟,皆比
喻白虎之一物也。又以龙之弦气曰真汞,曰姹女,曰青娥,曰朱里汞,
曰性,曰白雪,曰流珠,曰青衣女子,曰金乌,曰离女,曰乾龙,曰真火,
曰二八姹女,曰玉芝之类一也。又以虎之弦气名曰真铅,曰金翁,曰金

精,曰水中金,曰水中银,曰情,曰黄芽,曰金华,曰素练郎君,曰玉兔,曰坎男,曰雄虎,曰真水,曰九三郎君,曰刀圭之类一也。二物会时情性合者,二物即龙虎也。青龙在东属木,木能生火。龙之弦气为火,曰性,属南谓之朱雀也。白虎在西属金,金能生水。虎之弦气为水,曰情,属北谓之玄武也。木火金水合龙虎情性,通四象会中央,功归戊己土。土者丹也,此之谓真五行。全戊己为媒聘者,木在东,金在西,两情相隔,谁为媒聘,惟有黄婆能打合,牵龙就虎作夫妻。戊己属土,谓之黄婆。龙虎虽处东西,黄婆能使之欢会。金木虽然间隔,黄婆能使之交并。两者盖真一之气潜,两者同真一之气变,真人自出现,此外药法象也。丹熟人间,功成天上,九霞光里,两腋风生,非夙植灵根,广施阴骘,其孰能语与于此哉。

廷释:仙分天地人鬼四类,京房《易传》早有四易,其象略同。凡初二爻为地易犹地仙,三四爻为人易犹人仙,五上爻为天易犹天仙,游魂归魂为鬼易犹鬼仙。此以金丹当天仙,实有宗庙不变之象,道光之释盖本此。以下六句已具整个闻道、结丹之过程,其理必须以阴阳五行、九宫生成数明之。主要宜本五行数生成图,紫阳时尚未统一以河图当十数之名。末句曰"九霞",即明堂位之九畴,当时亦未统一以洛书当九数之名。今则可从朱熹已用之名释之。凡二物指阴阳,反身可指气血。于血液循环,西医已知有明确之路线,唯于气之呼吸,仅知肺气之外呼吸。吾国中医之经络学说,实欲明气之循环路线,唯气之无形,故迄今人类之知识尚未能完全说明。此以肺金生气言是名白虎,以肝木造血言是名震龙、赤龙。且"二物会时"必兼五行之情性,是名河图。木生火而金生水则龙赤虎黑,是谓"虎龙蟠"。由蟠而水克火,火生土,是谓戊己为媒聘。识此戊己,是名内呼吸。曰"镇合欢"者,定之为贵。有中而行外,北阙真铅以应九霞真汞,一水二火而既济,一粒黍米乃结。道光以《悟真》之金丹,合诸《度人》之宝珠,可谓深合紫阳之旨。

四、此法真中妙更真，都缘我独异于人。自知颠倒由离坎，谁识浮沉定主宾。金鼎欲留朱里汞，玉池先下水中银。神功运火非终旦，现出深潭日一轮。

道光曰：此道至灵至圣，至尊至贵，至简至易，玄之又玄，妙中之妙，举世罕闻。仙翁出乎其类，独传深旨。冲照王真人曰："金丹之道，举世道人无所许者，惟平叔一人而已。"泰山丘垤，河海行潦，何敢望焉。离☲为阳而居南，所以返为女者，外阳而内阴，是谓之真汞。坎☵为阴而居北，所以返为男者，外阴而内阳也，是谓之真铅。后诗云："日居离位翻为女，坎配蟾宫却是男。"此言坎是男离是女，犹言父之精母之血，日之乌月之兔，砂之汞铅之银，天之玄地之黄也。此类者，皆指龙虎初弦之气也。颠倒主宾者，阳尊高而居左曰主，阴卑低而居右曰宾。离为火，火炎上，火与木之性俱浮为阳，故云主也。坎为水，水流下，水与金之性俱沉为阴，故云宾也，此常道也。今也离反为女，坎反为男，是主反为宾，而宾反为主，又道中取二弦颠倒之意为主宾，非取常道主宾也。金鼎者，金为阴物也，鼎中有至阳之气，是阴中有阳之象，白虎是也。玉池者，玉为阳物也，池中有至阴之气，是阳中有阴之象，青龙是也。砂中之汞，龙之弦气也。水中银，虎之弦气也。修丹之士，若欲以虎留龙，必先驱虎就龙，然后二气氤氲，两情交合，施功锻炼，自然凝结真一之精气也。运火者，火乃二弦之气。旦是一昼之首，为六阳之元，故曰旦。圣人运动丹火，有神妙之功，不半时之中，立得真一之精一粒，大如黍米，现在北海之中，光透帘帏，若深潭现出一轮之赫日也。非终旦者，明一时之中金丹立成也，此外药法象也。

廷释：此明"虎龙蟠"之象。由离坎颠倒者，纳甲以之为轴，象则坎为中男而为月，离为中女而为日。男阳为阴月，女阴为阳日，是谓颠倒。或颠倒其轴，则旋有顺逆之变。以当生物之理，则脊椎骨有上下之变。即植物之根犹人之首，故由植物而动物，动物由横而人始直立，始识生物颠倒之象,其间气之浮沉,孰定主宾。金鼎指至阴物中将有至阳之气,象犹震兑之息。玉池指至阳物中亦将有至阴之气,象犹巽艮之消。朱里汞,龙之弦气,指息。水中银,虎之弦气,指消。消息相合,恰成朔望。坎离两三画卦而成一六画卦,"真人自出现"于另一世界。所谓另一世界,即另一种时空坐标,则雯时可见"深潭日一轮"。日或作月,义同。道光注提及冲照王真人,即刘海蟾之门人。

五、虎跃龙腾风浪粗,中央正位产玄珠。果生枝上终期熟,子在腹中岂有殊?南北宗源翻卦象,晨昏火候合天枢。须知大隐居廛市,何不深山守静孤。

道光曰:此言内药法象也。夫真一之精,造化在外,曰金丹,又曰真土。吞入腹中,即名真铅,又名阳丹。此言虎,即金丹也。龙者,我之真气也。风浪者,我之真气自气海而出,其涌如浪,其动如风。中央正位者,即丹田中金胎神室也,乃丹结气凝之所。玄珠者,婴儿也,又曰金液还丹。夫金丹者,先天之一气交结而成,为母,为君,为铅,故谓之虎也。己之真气,乃后天而生,为子,为臣,为汞,故谓之龙也。金丹自外来,吞入腹中,则己之真气自下元气海中涌起,似风浪吸然凑之,如臣之于君,如子之于母,其相与之意可知矣。龙虎交合神室之中,结成圣胎,若果之在枝必熟,若儿之在腹必生。十月功圆,自然脱胎,神化无方矣。南北者,子午也。宗源者,起苗之初也。晨昏者,昼夜之首也。子时乃为六阳之首,故为晨。午时乃为六阴之首,故为昏。晨则屯卦直事,宜进火之候。昏则蒙卦直事,宜进水之候。一日两卦始于屯卦蒙卦,终于既济未济,周而复始,循环不已,故曰翻卦象。《参同》云"朔旦屯直事,至暮蒙当受,昼夜各一卦,用之依次序,既未至晦爽,终则复更始"是也。一日两卦直事,一月计六十卦,一卦六爻,并牝牡四卦,计三百八十四爻,以计一年闰余之数。乾之初九起于坤之初六,乾之策三十有六爻,计二百一十有六。坤之初六起于乾之初九,坤之策二十有四,六爻计一百四十有四。总三百六十,应周天之数。日月行度、交合升降,不出卦爻之外。月行速,一月一周天,日行迟,一年一周天。天枢者,斗极也。一昼夜一周天,而一月一移也,如正月建寅,二月建卯是也。故曰"月月常加戌,时时见破军"。上士至人知日月之盈亏,明阴阳之上下,行子午之符火,日为昼月为夜,应时加减,然后暗合天度,故曰合天枢也。至道至妙,妙在于斯。坎离升降,生产灵药,始结黄芽也。金丹大药家家自有,不拘市朝,奈何见龙不识龙,见虎不识虎,逆而修之,几何人哉。片晌之间,结成一珠,大如黍米,将来掌上看不得,吞入腹中莫语人。

廷释:此诗明内呼吸初发动时之现象。道光以对上诗,由外药而言内药。"何不"二字,宜从翁本作"休向",道光之注亦取"休向"义。初当肾气之始凝,自然有"虎跃龙腾风浪粗"之现象。其后任督周流,其中心点即产玄珠。故河车之转无已,胞中岂无果熟之时。由朝屯夜蒙以翻卦象,纳甲爻辰以合天枢,人之身其何以异。玄珠之象,当未济而既济,坎离上下,结成一珠,今所谓中心点,随圆而变。此黄庭正位,何可执一,参学者详之。

六、人人本有长生药,自是迷徒枉摆抛。甘露降时天地合,黄芽生处坎离交。井蛙应谓无龙窟,篱鹦争知有凤巢。丹熟自然金满屋,何须寻草学烧茅。

道光曰:甘露黄芽,皆金丹之异名,天地坎离,乃龙虎法象。天地之气氤氲,坎离自降。坎离之气交会,黄芽自生。龙虎二弦之气交媾,金丹自结矣。此般至宝,家家自有,以其太近,故轻弃之,殊不知此乃升天之云梯也。近世学者,多执傍门非类,孤阴寡阳,有中生有,易遇难成等法,而治诸身。不知斯道,简而易成,有若井里之蛙,篱间之鹦,莫知有凤巢龙窟也。黍米之珠既悬,天地之念可掬,经曰"地藏发泄,金玉露形",此其证也。何寻草烧茅,终年毕岁,呜呼老矣,是谁之愆。

廷释:此首所以破当时尚盛行之炼外丹,亦见炼内丹之法至紫阳之出,始一反寻草烧茅之炼外药,包括矿物外丹与植物外丹。而道教与中医于应用方面亦开始分离。晋唐间重外丹,道与医更易相合为一。宋后道者多知医理而忽乎具体行医,此金丹派所产生之后果。因不仅解决老病问题,已解决生死问题,识得生命之机,非徒执此身之寿命,金已满屋,岂可为一身计。

七、要知产药川源处,只在西南是本乡。铅遇癸生须急采,金逢望远不堪尝。送归土釜牢封闭,次入流珠厮配当。药重一斤须二八,调停火候托阴阳。

道光曰:药在西南,收居戊己,采取有时,下功有日。夫西南是坤方,白虎之地也。又坤方是一月所生之处,故曰本乡。月是金水之精,上下两弦,金水合气而生,是以金丹药物生产川源之处,实出坤地。铅见癸生者,时将丑也。金逢望远者,月将亏也。月之圆缺,存乎口诀。时之子午,妙在心传。"周天息数微微数,玉漏寒声刻刻符",此真人口口相传之密旨也。奈何傍门纷纷以圭丹为铅金,用天癸时采取,有同儿戏。叶文叔又有坤纳癸之语,又可笑也。陆思成作序云:"此诗传多谬以铅为若字,以金为如字,甚失仙翁旨意。"岂知铅与金,即金丹也。此皆未遇真师,妄自穿凿。陆公发其端,救鱼鲁之失,秘其源,恐竹帛之传。吾侪亲授玄旨,当自知之。如或未然,空玄之中,去地五丈,黍米之珠,殊不易得也。饵丹归黄庭土釜之中,宜固济则胎不泄。运火飞流珠,汞以配之,灵胎乃结也。乌肝八两,兔髓半斤,两个八两合成一斤,故曰"药重一斤须二八"也。火实无火,托阴阳之气以调运之耳。

廷释:前首注提及王真人,此首注又提及叶文叔、陆思成。叶文叔即叶士表,其注尚在。坤纳癸用纳甲说,或误视为容成之术,宜道光斥之。所谓乌肝八两,兔髓半斤,实指身内之志与气。西南坤方,癸生水急采以凝乾元。艮成终成始,住于东北,当土釜,此以后天卦位配洛书以言。周流六虚,消息火候,乃睹一斤药物。合纳甲爻辰而归诸六甲五子,庶合调停火候之象。

八、休炼三黄及四神,若寻众草便非真。阴阳得类俱交感,二八相当自合亲。潭底日红阴怪尽,山头月白药苗新。时人要识真铅汞,不是凡砂及水银。

道光曰:三黄、四神、金石、草木,皆后天地生滓质之物,安能化有形而入于无形哉。经曰:"外物不可成胎,缀花安能结子。"真一之气,生于天地之先,杳杳冥冥,不可测度。因二八相当之物,合而成亲,氤氲交感之中,激而有象。同类者,无情之情,不色之色,乌肝八两,兔髓半斤是也。

廷释:由后天有形之呼吸,归诸先天无形之胎息,当然不必用滓质之物,然乌肝赤龙,兔髓黑虎,由东西而南北,由南北而西南、东北,三七、九一而二八。日红潭底,何来阴怪? 月白山头,终始出震。唯得此新苗而玄黄出屯,此之谓真铅汞。

卷　二

九、阳里阴精质不刚,独修一物转羸尪。劳形按引皆非道,服气餐霞总是狂。举世谩求铅汞伏,何时得见龙虎降。劝君穷取生身处,返本还元是药王。

道光曰:阳里阴精,己之真精是也。精能生气,气能生神,荣卫一身,莫大于此。油枯灯灭,髓竭人亡,此言精气实一身之根本也。奈何此物属阴,其质不刚,其性好飞,日逐前后,便溺涕唾汗泪,易失难擒,不受制炼。若不得混元真一之丹以伏之,则无凝结以成变化。或若独修此物,转见尪羸,按引劳形,皆非正道,炼气餐霞,总是强徒。设若吞日月之精华,光生五内,运双关摇夹脊,补脑还精,以至尸解投胎,出神入定,千门万法,不过独修阳里阴精之一物耳。孤阴无阳,如牝鸡自卵,欲抱成雏,不亦难乎。如钟离翁云:"涕唾精津气血液,七般物色总皆阴,若将此物为丹质,怎得飞神上玉京。"一身之中,非惟真精一物属阴,五脏六腑,俱阴无阳。分心肾于坎离,以肝肺为龙虎,用神气为子母,执津液为铅汞,得乎?此至愚之徒,执此等以治身,而求纯阳之证,深可悲哉。《参同契》曰:"去冷加冰,除热用汤,飞龟舞蛇,愈见乖张。假使二女同室,颜色甚殊。令苏秦通言,张仪结媒,发辩利舌,奋为美辞,推心调谐,合为夫妇,敝发腐齿,终不相知。"无过以女妻女,以阴炼阴。导引按摩,炼气餐霞,皆是小术,止可辟病,一旦不行,前功俱废。《参同契》云:"阴道厌九一,浊乱弄元胞,食气鸣肠胃,吐正吸外邪。昼夜不卧寐,朔晦未尝休,身体自疲倦,恍惚状若痴。"皆是强为,去道远矣。真龙真虎,二八是也。真铅真汞,二弦之气是也。此道至简不繁,至近匪远,但学者坚执后天傍门非类,以为龙虎铅汞,是致差殊。殊不思仙翁直指二物所产川源之源,颠倒修之,即得真龙真虎自降,真铅真汞自伏,非药中王,其孰能与于此哉。或者以混元圭丹拟议圣道,譬如接竹点月,不亦远乎。盖后天有形有质者,皆非至药也。

　　廷释:此诗已扫尽一切有形之物,包括容成之术,则方能得生身处以返本还元。药王者,实指生命起源之机。位于二八,二土曰圭,戊己本乡是其象,河图五十是也。

　　十、好把真铅着意寻,莫教容易度光阴。但将地魄擒朱汞,自有天魂制水金。可谓道高龙虎伏,堪言德重鬼神钦。已知寿永齐天地,烦恼无由更上心。

道光曰:真铅即金丹也。地魄在外药则白虎是也,在内药即金丹是也。天魂在乎外药则青龙是也,在乎内药则己之真精是也。朱汞在外则龙之弦气是也,在内则己之真气是也。水金在外则虎之弦气是也,在内则金丹是也,又谓之水中银。此皆喻内外二事之药也。是日已过,命则随减。吾侪着意寻师速修,以金丹而超生死,但将白虎擒龙,自有飞龙制虎,二气相吞而产金丹。复将此丹擒自己之真气,真气自恋金丹而结圣胎也。外之真龙真虎既降,则内之龙虎自伏。内炼神魂鬼魄既圣,外之神鬼自钦。非道隆德备之士,孰能与于此哉。体化纯阳,寿同天地,逍遥物外,自在人间,万念俱空,何烦恼之有也。

廷释:道光分内外丹言极是。以内外分阴阳凡四,合龙虎弦气而八。外之龙曰天魂,内之龙曰真精。以今而言,天魂即宇宙,真精即胎息。外之虎曰地魄,内之虎曰金丹,即真铅。以今而言,地魄犹地心吸力,金丹真铅即人身中之重心。外之龙之弦气曰朱汞,内之龙之弦气曰真气。以今而言,朱汞即日月运行,真气即河车周天。外之虎之弦气曰水金,内之虎之弦气亦曰金丹,又名水中银。以今而言,水金犹云行雨施山泽通气等物质结构。水中银,即金丹真铅,犹气血之相应关系及其变化。故以地魄擒朱汞,盖明地在宇宙中之地位。由是而天魂制水金,则本宇宙起源以明物质结构之象。由外向内而反身,则由胎息周天而识身中之黄庭,八象归一于太极。此决不可不饮水而语以冷暖,读者当以实践为本。

十一、黄芽白雪不难寻,达者须凭德行深。四象五行全藉土,三元八卦岂离壬。炼成灵质人难识,消尽群魔鬼莫侵。欲向人间留秘诀,未闻一个是知音。

　　道光曰：龙之弦气曰白雪，虎之弦气曰黄芽，大药根源实基于此。其道至简，其事非遥，若非丰功伟行，莫能遭遇真师指受玄奥也。道自虚无生一气，一气变阴阳，曰龙曰虎。龙木生火，虎金生水，木火金水，合成四象。四象合而成大丹，大丹之成实于土。土无定形，分位四季。四时不得四季真土，则四序不行，造化何生焉，是以四象五行全藉土也。壬者水也，即真一之气生于天地之先，变而为阳龙阴虎，合而成丹。丹土也，龙木也，虎金也，谓之三性，三元不离真一之水变。八卦者真一之气，一变为天曰乾为父，二变为地曰坤为母，乾以阳气索坤之阴气，一索而生长男曰震，再索而生中男曰坎，三索而生少男曰艮，此乾交坤而生三阳。坤以阴气索乾之阳气，一索而生长女曰巽，再索而生中女曰离，三索而生少女曰兑，此坤交乾而生三阴。皆不离真一之水变也，故曰"三元八卦岂离壬"。非惟三元八卦不离真一之精，自开辟以来，凡有形者莫不由此而成变化。修真之士得真一之水者，万事毕矣。真一之水以法化之，为真一之黍米，吞归丹田，运火十月，烁尽群阴也。纯阳真一之仙，阴魔尸鬼逃遁无门。善根种而灵骨生，灵骨生而仙可冀。灵骨之生，善根之种，不于一生二生而千万亿无量生中积诸善根，安得才出头来，飘飘然有出尘气象。噫，走鬼行尸，一瓶一钵，本欲登仙，神仙不易得也，胡不打己之心，与平凡之心有以异乎。我之仙事，亦有涯也，必也广大变通，以道为己任，独高一世，鹤立鸡群，人笑我为疏狂，我知我非凡辈。赤松黄精乃吾友，蓬莱方丈在吾家，自然遭遇至人，传授至道，结合心友，丁宁丹成。仙翁欲向人间留秘旨，奈何子期不遇，怎生得个我般人也。

　　廷释：道光注极易明白，若诗曰"达者须凭德行深"一句，实为要言。德指认识，行指实践，由认识之深，斯能实践有果。成果丰硕，认识又增，反复不已而深入，庶能炼成灵质。若于认识之象，决不可不知四象五行之三元八卦，天一生水实为生生之本，故曰"不离壬"。

十二、草木阴阳亦两齐,若还缺一不芳菲。初开绿叶阳先唱,次发红花阴后随。常道即斯为日用,真源反复有谁知。报言学道诸君子,不识阴阳莫强嗤。

道光曰:草木未生之初,含孕至朴,及其甲坼,禀一气以萌芽。故抽一叶以象一气,次分两叶以象阴阳,次两叶中复抽一叶以应三才,过此以往,渐渐长茂。春生绿叶,夏长红花,此阳气使然。秋肃而结实,冬杀而复本,此阴气使然。阴阳两齐,化生不已,若其缺一,则万物不生也。真一子云:"孤阴不自产,寡阳不自成。"是以天地氤氲,万物化醇,男女媾精,万物化生,此常道只斯为日用也。真源反复者,有颠倒互用之玄机。学者苟不明此,何以超生死也。

廷释:此说明阴阳之要,为生物之根本,草木且然,何况进化成人。且宇宙本阴阳而有生物,万物且然,遑论已由万物而成生物。由生物而成人,尤以明阴阳为首务。吾国之思想,归根于道阴阳之《周易》,此所以能得整体概念。此包括阴阳之整体思想,或将为全人类发展所必须理解之处,岂可视为吾国所独有。

十三、不识玄中颠倒颠,争知火里好栽莲。牵将白虎归家养,产个明珠似月圆。谩守药炉看火候,但安神息任天然。群阴剥尽丹成熟,跳出凡笼寿万年。

道光曰:以人事推之,男儿固不能有孕,火里固不可栽莲,然神仙有颠倒之妙,辄使男儿有孕,亦由火里栽莲。夫日为离,是男反为女,月为坎,是女反为男,此颠倒也。二物颠倒而生丹,却将此丹点己之汞而结圣胎,即是男儿有孕,岂非颠倒颠乎。龙虎是真一之精,变为二物,分位东西,实同出而异名也。真一之精属汞,为青龙在东。白虎本是真一精之子,寄体在西,其家在东。仙翁曰:"金公本是东家子,送在西陵寄体生。认得唤来归舍养，配将姹女作亲情。"故此诗之意，牵将白虎归家，以青龙结为夫妇，以产明珠。其言似月圆者，修丹之法，先取上弦西畔半轮月，得阳金八两，次取下弦东畔半轮月，得阴水半斤。○○两个半轮月合气而生丹，故得金丹一粒似月圆也。此外药法象也。及得此丹，吞入己腹中，谓牵此白虎归己腹中，配以我汞，然后运阴符阳火，锻炼而成金液还丹一粒，亦重一斤。此内药法象也。似月圆者，盖运火之卦，一卦六爻，六十四卦计三百八十四爻，象一斤三百八十四铢也。又外药法象似月圆者，《参同契》云"上弦兑数八，下弦艮亦八，两弦合其精，乾坤体乃成，二八应一斤，易道正不倾"是也。仙翁指示月圆之意，要使学道者洞晓造化之旨也。分内外二八之数，不可一概而论之也。火者，非世之凡火，乃元始祖气也，亦无炉可守也。青霞子云："鼎鼎非金鼎，炉炉非玉炉，火从离下发，水向坎中符。三姓既会合，二物自然拘，固济胎不泄，变化在须臾。"高象先云："天地氤氲男女媾，四象五行随辐辏，昼夜屯蒙法自然，何必孜孜看火候。"此自然炉火也。但安神息调，文治武策。符漏刻毋得分毫差忒，不半个时辰，立得丹饵。然后复依进退阴符阳火，运用抽添防虑险，十月功圆，剥尽群阴，体化纯阳，跳出凡笼寿万年也。此方为金液还丹，未能入妙。更须拘元九载，使气归神，方为九转金液大还丹也。

廷释：此注内又引及青霞子、高象先注。诗明由颠倒而可火中栽莲，亦可男儿有孕，实皆为象。既本先天之气，则乾坤坎离之象，莫不在太极之中。由胎息而采药，由采外药而采内药，则白虎归家养而龙虎蟠，二八弦气合成一丹。火候调匀，安神为要，自然能丹熟而跳出凡笼，实对认识有跃进之象。

十四、三五一都三个字，古今明者实然稀。东三南二同成五，北一西方四共之。戊己自（身）居生数五，三家相见结婴儿。是知太乙（婴儿是一）含真炁，十月胎圆入圣基。

道光曰：木数三居东，火数二居南，木能生火，二物同宫，故二与三合而成一五也。金数四居西，水数一居北，金能生水，二物同宫，故四与一合而成二五也。戊己本数五，是三五也。三五合而为一，故曰三五一也。自古迄今，能合三五一而成丹者，实稀也。一者丹，即彼之真一之气，乃先天地之母也。我之真一之气，乃天地之子也。以母气伏子气，若猫捕鼠而不走失也。了母二气相恋于胞胎之中，以结婴儿也。所谓太一含真气者，含真一气也。若人怀胎，十月满足，自然降生。圣胎功圆，自然神圣，故曰"十月胎圆入圣基"也。

廷释：此以生成十数中之生数五，当五方五行之生克，以喻其内丹修炼之理。考此生成十数之位由来已古，紫阳作此诗时，此图尚未定名。时有刘牧名之为"洛书"，迨朱熹主张以"河图"名之，迄今近千年，似已固定(其详考另有专文)。下页附河图以配合五行五方，庶见与内丹之确切联系。

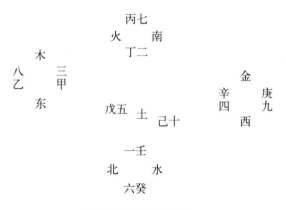

河图配五行五方图

于生成十数中，凡一二三四五名生数，六七八九十名成数。此诗仅取生数五，于五生数中又仅取奇数，故为"三五一都三个字"，"都"有共义。由纯数学之数，视之为确有所指之事物，既未说明所指，势将"古今明者实然稀"。今准上图之配合，于"东三南二"、"北一西方四"

自然可喻。继之于生数中取东三加南二,北一加西四,要在见东南与西北之天门地户。其数同成五,且与戊己中央之生数五亦同,于中五视之为人,三五皆同以喻三才贯一之道。

若"东三南二同成五",以五行生克论为木生火,"北一西方四共之"为金生水。更以四方二十八宿之天象论,东方取青龙象,南方取朱雀象,西方取白虎象,北方取玄武象。故东而南,天象为青龙而朱雀,西而北,天象为白虎而玄武。

上述东南、西北、中央为"三家","相见"于数为三五十五。或合以成数而三数相加同为十五者,是即《大戴礼记》中所记之明堂位。朱熹后已定名为洛书,其图见下:

八 三 四

一 五 九

六 七 二

洛书

故"三家相见结婴儿"之变化虽多,以数论可尽于洛书。由数与天象之生克方位,始可反身而明内修之理。以人身言,亦宜定其方位。凡头为上,腹为下,由上下为轴可定胸为南,背为北,左手足为东,右手足为西。又以背上胸下为轴,则头为南,腹为北,左手足为东,右手足为西。又以左上右下为轴,则背为东,首为南,胸为西,腹为北。此定立体三轴,然后可喻"三家相见"之炁。《黄庭内景玉经》有言:"上有魂灵下关元,左为少阳右太阴,后有密户前生门,出日入月呼吸存。"犹今名立体之三轴。至于反身以得"三家相见"之客观事实,须分辨"奇经八脉"而得(另详《论人体经络》)。故相见而结婴儿,其数十五而尽于洛书。由皇极而太极,中五犹太乙。相对二数犹八卦相错,数备终于十,以喻十月胎圆之象。一奇真炁为圣基,其犹河图数十洛书数九之差数,亦同八卦九畴相为表里之差数。真一难图,此以数喻之,犹今用数学语言。考诗实即《周易参同契》所谓"三五与一,天地至精,可以口诀,难以书传",及"三物一家,都归戊己"之义。而紫阳能进一步用数学语言,说明修炼内丹的方法。若真一之炁之母子相合,即为胎息。以五行论,西四北一为金生水,当天门。东三南二为木生火,当地户。水生木为天而地,火生土为戊己当人。人参天地而生,是当三家相见结婴儿。其间皆有真一之炁即太乙,即太极之象。内含一切,是即金丹,即元始天尊所悬之宝珠。

十五、不识真铅正祖宗,万般作用枉施功。休妻谩遣阴阳隔,绝粒徒教肠胃空。草木金银皆滓质,云霞日月属朦胧。更饶吐纳并存想,总与金丹事不同。

道光曰:真铅之要,二八为宗,余皆非道,枉施功耳。《破迷歌》云:"休妻不是道,阴阳失宗位。休粮不是道,死去作饿鬼。"王真人曰:"学人刚强辞妻妾,不念无为无不为。"盖道体法自然,一切妄作,乌可与金丹同日而语哉。

廷释:此为南宗之认识论,既斥出家修炼,又斥辟谷及炼外丹,并吐纳存想亦斥,庶显出金丹法自然之理而识此真铅。仅以阴阳五行之理而归诸象数语言,此《悟真》直承《参同》之特点,亦为吾国特有的认识论。

十六、万卷仙经语总同,金丹只是此根宗。依他坤位生成体,种在乾家交感宫。莫怪天机都漏泄,却缘学者自迷蒙。若人了得诗中意,立见三清太上翁。

道光曰:万卷丹经至当归一,皆依坤母生成之理,逆而修之,种在乾家交感之宫。仙翁于此,泄尽天机。学者固自迷蒙,不肯近取诸身,以明至道,炼一黍米而宾于天也。

廷释:此已全部说明金丹之理,不外乾坤三索。复其见天地之心,即依坤位种向乾家交感宫。反身而言,三清即三丹田。太上翁指性宫乾,即元始天尊之象。

以上十六首以象二八之数,即阴阳各八。以卦数合之,犹贞悔卦各八而成六十四卦。宜下法卦数而作六十四首七绝。

卷三　七绝三十二首

一、先把乾坤为鼎器,次抟乌兔药来烹。既驱二物归黄道,争得金丹不解生。

道光曰:经云:"日月本是乾坤卦。"圣人以乾坤喻鼎器,日月喻药物,乾坤即真龙真虎,日月即龙虎之弦气也。圣人假名托象,立喻其要,妙在真一之精归于黄道也。

廷释:乾坤可一可二,故鼎器亦一亦二。《参同契》末特作《鼎器歌》,以为修炼之所。以身言既为鼎器,以国言亦名鼎器,以自然界言犹指天地。故乾天鼎坤地器,器言其载物,鼎示器之形。故鼎即器而他器非鼎,鼎乃奇特唯一之器,借以喻三才之理。《周易》有鼎卦,亦以示烹饪之器。其间有鼎实,此取乌月兔,以今言日中有黑子,吾国古以三足乌名之。月中有山岳阴影,吾国古以白兔捣药象之。实取阴阳互根之理为药,反身而言即呼吸,且非肺部之后天呼吸,然须调匀之,方能抟此外药以深入鼎器中,即驱归黄道之象。黄道者以起胎息,得金丹必经之第一步。

二、安炉立鼎法乾坤,锻炼精华制魄魂。聚散氤氲为变化,敢将玄妙等闲论。

道光曰：积诸阳气为天，上不润下。积诸阴气为地，下不炎上。此天地不交也，不交焉能造化生万物哉。盖天虽至阳而中有一阴之气，故能降地。地虽至阴而中有一阳之气，故能升天。二气氤氲，万物化醇。金丹之道，安炉立鼎，锻炼精华，以制魂魄，莫不取法于天地，以类交结而成造化。始自无中生有，后自有中生无，无形而能变化，是名变化无穷，此乃天机也。

廷释：由鼎器而进一步分为鼎炉，鼎以载物，炉以燃火。鼎阳而所载之物为阴，炉阴而所生之能为阳。阴阳互根坎离水火之象，氤氲于鼎器中，庶以制阳魂阴魄而变化之。有而无，无而有，三而七，七而三，东西旋转，纳甲消息，胎息初起之象。

《悟真篇》浅解[*]

一、不求大道出迷途，纵负贤才岂丈夫。

百岁光阴石火烁，一生身世水泡浮。

只贪利禄求荣显，不顾形容暗悴枯。

试问堆金等山岳，无常买得不来无。

《悟真篇》诗百首，其中七言四韵十有六首，以表二八之数。大道者，三才整体也，不存心于天地，不可谓求大道。以大道之层次观诸一生百岁，只贪求利禄荣显者，谓之迷途。此以迷途而启大道。天地无尽，时空无尽，以无尽观此一生百岁，即以大观小，以无尽观有尽，故曰石火烁、水泡浮，亦即庄子所谓"白驹过隙"。然而能以石火烁、水泡浮之时空观析一生百岁，即此时空观已超越百年之智虑。以区区百年之时空合诸天地无尽之时空，故知生命之时空亦无尽也。开此智，方能炼此体，养此气，得大德，通大道。方能探究生命之真价值，而不为蜗角虚名蝇头小利之奴仆。可悲形容暗悴枯、堆金等山岳之徒，安能买

※ 这是一九八四年十至十二月在家讲课的记录，朱岷甫记录，张文江整理。

得无常不来？故不欲暗悴枯者能炼其体，养其气，开其智，而知无常者，知其常，此之谓丈夫。

二、人生虽有百年期，寿夭穷通莫预知。
　　昨日街头犹走马，今朝棺内已眠尸。
　　妻财遗下非君有，罪业将行难自欺。
　　大药不求争得遇，遇之不炼是愚痴。

前四句言无常。百年期犹极大之人生期限，莫预知者，命也。命者，穷理尽性之至也。知命之至者，知三才之整体而通无常之常者也。扩其智即扩其至命之范围，且扩其理之穷、性之尽。走马眠尸，瞬息万变，于此生死之间，虽有百年期之人生，妻财难舍，虽有无有，然大道无情，不以自欺而阻罪业之行也。大药为大道之物，天予之，皆有之。不智不德，不求不遇。知行不合，是谓遇之不炼是愚痴，此即迷途。遇之而炼是求大道，由所知之时空扩大变为所得之时空扩大，再变为本身时空之扩大，此返身之药也。

三、学仙须是学天仙，惟有金丹最的端。
　　二物会时情性合，五行全处虎龙蟠。
　　本因戊己为媒娉，遂使夫妻镇合欢。
　　只候功成朝北阙，九霞光里驾祥鸾。

天仙即最高之仙，必授于上智上德之人。天人之合，必有待于求者，故大道必有人行焉。大药金丹也，金丹日月也，日月阴阳也，阴阳大道也，大道的端。二物五行，即阴阳五行。推情合性，动静合一，此人之阴阳也。日月之性情与人之性情会合，即为互补之太极。成此太极之象，则生大药之气，此点由坐标动量之测不准定律而明之。五

267

行为心、肝、脾、肺、肾五脏。阴阳合于五行即变生克,是谓五行全处。肺主气为虎,肝主血为龙,肺气入肝,气血合一,左右龙虎蟠而互补,金丹将兆始于是也。日月情性会合至五行全处虎龙蟠,庶几可视为张伯端参药反身入内之过程。戊己为土,为脾,为黄庭,虎龙蟠于此结丹之所,不生不克,当生当克,生克互补,神合于中,即二物五行情性虎龙会合全处之时也。故合丹当知时用以明火候,东西气血中和,然后北入肾水沐浴,再南见心光,鸾凤合鸣,驾而上之,即因炼身而成上智上德。此阴阳五行之用,当出迷途而自反矣。

四、此法真中妙更真,都缘我独异于人。
自知颠倒由离坎,谁识浮沉定主宾。
金鼎欲留朱里汞,玉池先下水中银。
神功运火非终夕,现出深潭日一轮。

因此法炼身而成上智上德,故异于人,其异即在知生命之真。真之动为妙,故有真中妙与妙中真之动静变化。生物之颠倒为生物进化大关键。植物于地下吸收养料,动物则脊椎平行于地面,此动植物之分界。人之脊椎直立而于本身之最上者吸收养料,此即与植物相颠倒,故人为万物之灵,又因此而思维日渐上发也。于乾天坤地之中爻相交,即成离坎之阴阳互根。阴卦而阳主中,阳卦而阴主中,本身已具阴阳之两气。本身阴阳气血并协,故可与家庭无关而仅以夫妻合欢之理明之,此即颠倒所由之离坎。离坎之阴阳依气血之浮沉以定主宾,即真中之妙。朱为心,汞犹金属之活物,金鼎为肺气之呼吸,此喻呼吸当留之以意念。玉池指肾水,银为化学催化剂,此以玉池下肾银喻东西中和之气血,犹借外丹喻内丹也。神功为不即不离之功,运火为运心之思想而下至玉池,变东西之离坎而成南北既济之象。日一轮者,坎下之离也,而非终夕者,妙中之真也。

五、虎跃龙腾风浪粗,中央正位产玄珠。

　　果生枝上终期熟,子在胞中岂有殊。

　　南北宗源翻卦象,晨昏火候合天枢。

　　须知大隐居廛市,何必深山守静孤。

　　东西之龙虎气血植入中央脾胃之土,即是产玄珠之正位。玄珠之产一如终期之果,胞中之子,其阴阳和合,风浪焉得不粗。心火下而肾水上,即坎离易位翻为既济。由是东西虎龙与南北水火相交,子午卯酉之时间与东西南北之空间相交,大道与一生身世相交,身心之内外相交,是后天死而先天生,金丹成焉。金丹之成,即自身阴阳五行之运行合于天地日月之枢机。知而行者遇学于此大道,或可以居廛市而为大隐,不必深山守静孤也。

六、人人尽有长生药,自是愚迷枉摆抛。

　　甘露降时天地合,黄芽生处坎离交。

　　井蛙应谓无龙窟,篱鹞争知有凤巢。

　　丹熟自然金满屋,何须寻草学烧茅。

　　人人皆有长生药而不自知也。六十亿年前即有原始生命之产生,人类诞生于新生代之第四纪,迄今已有三百万年。人类自与植物、动物分枝迄今,其思维已完全可知就生物发展历史角度而言之长生药。其不知者,即不知生物之发展而仅知自己人生百年之是非局限,故曰愚迷。大丈夫当志存高远,然后可养天地浩然之气而求大药,此之谓龙窟凤巢。若井蛙篱鹞不受井篱之拘束,即入龙窟凤巢,正如人人之自知有长生药也。然而于大道非不能得,乃不思不求也,其枉也大矣。甘露降,肾水润下也。黄芽为天地坎离交合于黄庭脾胃后所生,为交合之产物,非交合双方之本身,故黄芽以结载金丹也。甘露既降,黄芽可生,天地一合,坎离可交。金者,肺气也,丹熟则内外之气合一,内外通也,故曰金满屋。此屋乃内外之屋也,小屋即皮囊,大屋即天地。学烧茅者,炼外丹也。是炼物不如炼己,是非在己,万物皆备于我也。

七、要知产药川源处,只在西南是本乡。

　　铅遇癸生须急采,金逢望远不堪尝。

　　送归土釜牢封固,次入流珠厮配当。

　　药重一斤须二八,调停火候托阴阳。

　　二八交而后,可言西南本乡是产药之川源处,亦是阴土阳土交而药来也。肾得癸水生升,采此甘露以合天地,天地无一时可不合,故铅癸之升亦无一时可不源源急采而周流也。癸水生升之甘露,乃自身生物内分泌之信息流,乃思维汞火上出之平衡并协物,乃三才合一反诸三才所蓄之无穷作用力,此急采之要义也。气待天运之时,若望之远则月亏,月亏则日月未合,日月未合则胎息不至,胎息不至则无以结丹,故曰不堪尝。以死子时之定坐标而铅遇癸、金逢望,即成洛书之平衡封闭系统。土釜金鼎也,流珠汞火也。采铅癸生升之水,得金望充足之气,再入流珠之汞火,配归封闭于金鼎之中。穷我之理,尽我之性,知于我也,至于我也。

八、休炼三黄及四神,若寻众草更非真。

　　阴阳得类归交感,二八相当自合亲。

　　潭底日红阴怪灭,山头月白药苗新。

　　时人要识真铅汞,不是凡砂及水银。

　　三黄四神及众草皆不真于内也。不知内不至内,则内外阴阳无可得类而归于交感,此即迷途之枉也。阴阳得类,即是本身之阴阳相合,本身之阴阳即是气血。凡此气血相协,可类比质与量,动力与热能,轨迹与载体之相得,亦即二八相当之平衡并协。此阴阳气血之二物于一时空之刹那合而为一,庶几便是真。使之交感和亲,此乃二之一,非一之一。得二之一即成自身内丹之系统,有望合诸天地之系统,所参之药可谓大矣。阴怪灭是一之二得类也,故有日红汞火,汞火乃人脑五百亿之神经细胞。以此五百亿之神经细胞承托于潭底,人之时用大矣。既曰红潭底,方月白山头,坎月之光也,乃成既济之象。于此可知日红潭底,月白山头,西南采药而上出,故思维之上出,亦身体之解放也。孔子七十从心所欲而不踰矩,或即思维身体之既济。时人当识之真铅汞非在于铅汞,而在自己三维求学之中也。

九、莫把孤阴为有阳,独修一物转羸尫。
　　劳形按引皆非道,炼气餐霞总是狂。
　　毕世漫求铅汞伏,何时得见虎龙降。
　　劝君穷取生身处,返本还元是药王。

孤阴知一而不知二,知血而不知气,故独修一物而不可与论变化也。要而言之,孤一不可论,谓之无气,僵直也。故言一,必以二言之。言二,而后可言一也。不以内发于外,即是于内不自觉,因之亦不自觉于外,即是非道。铅汞龙虎,为南北东西泰否既济未济之两途径。铅汞精神也,龙虎魂魄也,铅汞伏于正位,龙虎降于顺服,由是而深潭日红山头月白,故能吸气造血以令思维上出也。思维上出即是不受人身百年之局限,以自身而炼成心灵身体之自我控制。倘以劳形按引炼气餐霞漫求之,毕世何得。生身处者,胎息也。胎息者,胎息之胎息也。母亲之胎息犹天地之胎息,天地之胎息即生物六十亿年生生之遗传基因密码,其本元或以五百亿分之一之脑细胞能知之,是之谓药王。人人尽有长生药,返还而已矣。

十、好把真铅着意寻，莫教容易度光阴。

　　　但将地魄擒朱汞，自有天魂制水金。

　　　可谓道高龙虎伏，堪言德重鬼神钦。

　　　已知寿永齐天地，烦恼无由更上心。

　　莫教容易度光阴以着意寻真铅，是光阴逝而真铅不逝，朝闻道而不俟夕也。光阴逝而未寻真铅，真铅暗逝，故莫教容易度光阴也。着意寻者，推十合一，一心一意。天一生水，水，生也，故寻者是生者也。真铅肾水，生生之精神智慧所由出，寻真铅实是寻生物生生不息之本元也。地魄肺气，朱汞心火，火内克金而金外生水，水克火也，故地魄可擒朱汞以伏于下。天魂肝血，水金肾水与肺气，金内克木而木外生火，火克金也，故木可生于水金而摄制之。此五行生克内外之二途，便是降龙伏虎，降伏犹调节控制。一阴一阳之谓道，道之高者，可知阴阳种种变化。阴阳变化无穷，而此以朱汞水金之五行生克，合诸地魄天魂之阴阳，故阴阳即是生克。道之高者，犹合于阴阳五行之生克而上出也。地魄天魂擒制朱汞水金之合归谓德重，于道高既归之而阴阳不测之也。道之德，得道于天地也，得道于齐天地之寿永也。道、德、得道皆寿永于天地，是上心者天地而非烦恼也。

十一、黄芽白雪不难寻，达者须凭德行深。

　　　四象五行全藉土，三元八卦岂离壬。

　　　炼成灵质人难识，销尽阴魔鬼莫侵。

　　　欲向人间留秘诀，未逢一个是知音。

　　黄芽白雪不难寻，人人皆有之，以此破神秘。达者须凭德行深，知人人皆有此黄芽白雪，而达之不易。固人人有此黄芽白雪，而非人人有此德行之深也。德重且行之深远便是道高，故知此达之不易而难寻

272

之黄芽白雪不难寻。四象称四时之运,火候全籍脾胃中土以育黄芽,三才之三元列以八卦,是壬水一以贯之以象白雪。人为万物之灵,所灵者,脊椎直立而思维上出也。上出者,时、空之不断延伸也。不断延伸者,寿永之天地也。寿永之天地者,道德也。故灵于黄芽白雪者,灵于道德也。此即是人人既难识于黄芽白雪处,又难识于道德处也。上出天也,阴魔人间利禄荣显之贪欲也。鬼不侵灵质,友古人友今人且友于来者,是销尽阴魔之达者灵质也。

十二、草木阴阳亦两齐,若还缺一不芳菲。

初开绿叶阳先倡,次发红花阴后随。

常道即斯为日用,真源反复有谁知。

报言学道诸君子,不识阴阳莫强嗤。

一阴一阳之谓道,阴阳二物一整体也。人之阴阳,气血也,人人皆有之。草木之阴阳,花叶也,凡草木皆可见之。可知草木之阴阳,而不知人身之阴阳乎?可知草木之阴阳变化,而不知人身之阴阳变化乎?理解万物阴阳普遍存在之客观事实,而具体实验变化于自身,即是知行合一之体道,即是以自身脑细胞之微观仪器实验自身微观阴阳之变化。进而言之,人体本身为实验,其复杂深刻之程度,即是人类目前智慧之最高点。而此不易理解之最高点,即是基于人人皆耳闻目睹之客观事实。易简天下之理得矣,日用一切皆是常道,日用一切无时不是真源返覆。自觉者何?当下也,当下之机也。一举手一投足,一呼一吸之间,电光石火,举一隅而返三隅。真源返覆,诚以知之。诚者,毋敬毋不敬,真者,无在无不在。君子学道,当先识阴阳。一层有一层之阴阳,纯阳之阴阳变化于消尽阴魔之上出中,乃知阴阳二物之无间一体也。

十三、不识玄中颠倒颠,争知火里好栽莲。

牵将白虎归家养，产个明珠似月圆。

谩守药炉看火候，但看神息任天然。

群阴剥尽丹成熟，跳出凡笼寿万年。

阴阳无间，人体是玄，坎离互根之阴阳也。天地交泰，一颠倒也。泰否之二五交而成既济未济，又一颠倒也。颠倒颠之阴阳，即阴即阳，非阴非阳，上出阴阳，此或曰非封闭之开放系统也。麦克斯韦之磁动生电，电动生磁，电磁合一即是阴阳合一，电阳磁阴也。二者一动万动，一触即发，一刻不可或离，犹成循环。至于本世纪初之量子论，阴阳之概念又演进于时空，时阳空阴，无时间则无以显出空间，无空间则无以显出时间，阴阳合一即为时空合一之四维时空连续区。此以阴阳动而显阴阳，不以阴阳分而显阴阳，乃阴阳之发展，犹玄中阴阳之颠倒颠。人之阴阳气血也，气阳血阴，气血循环即人之生命流动，人之生命流动即成四维时空连续区。人死无气而失阳，则由四维之时空退至三维之时空。据此可知人之生命流为阴阳之高度化合，其本身不啻包含封闭系统之开放系统。奈何世人犹以三维视人视物，不亦悲夫！火里栽莲，天地交而后坎离交，天地水火完全合一，所栽之莲既非水火，亦非水火之混合，乃水火上出之开放系统。白虎肺气也，归家可养，虎伏也，即肺气完全可以自由控制，自由控制即是气在人中、人在气中，是丹成焉。成以似月，合天地也。守以看之，毋不敬以纯任天然，此人为不足以成之。而以人为可取代天成者，唯心之迷途也。剥尽群阴成纯阳，上出之天也，上出于太阳系、银河系、河外星系、总星系，无穷之宇宙也。然而并非不要地球，而是不以地球孤立之时间或空间看地球，乃以宇宙时空不断扩大之总关系看地球。此时空关系之标准目前已可见一百亿光年，人类认识自然之思维亦由此而日益扩大，以此时空不断扩大之开放系统视世人之视三维地球者，不亦樊笼乎。

十四、三五一都三个字,古今明者实然稀。

东三南二同成五,北一西方四共之。

戊己自居生数五,三家相见结婴儿。

婴儿是一含真炁,十月胎圆入圣基。

人参天地而反身以达于宏观微观之应,庶可言三五一之义。以认识论言之,物之曲成,动以显圆,必静以成点,点之前后延伸不执,即成一封闭互补之循环,微观之原子结构便是。或以电子之遇量子,可上出至一新层次,失量子,又退回一层次。或见诸分子阶段夸克之质能合一,部分大于整体,则所积之能使此微观之封闭以开放有应于宏观。人类当今之足迹可无疾出入于地球月亮之间,且有飞行器飞出太阳系,此人类之科技自觉有应于银河系。以太阳系在银河系中位置而观之,则银河系彼岸有反物质之相对存在,以有应于太阳系之物质存在。又银河系之中心有一五二五之象,是河图所以明之数,归诸三五一动静之都。人类历三十六亿年之生物、动植物、牝牡之过程,以吾国阴阳变易生生不息之最具弹性之思想,足见先人以数而明非物质之相对存在,而成戊己生之大德。此不啻开现代科学由物理学而转为生物学之先河乎?吾先人返身而诚,是有见于此气而不虚也。乃自我之发动,必以光而载思,倏忽之间,非故我之时空而及于百世之知,此机械唯物论之所以不逮也。由物理学之三五一而至于生物学之三五一都,犹三五一之时代要义也。人为万物之灵,天地化生,其象已具上出之能。而吾国之象数,实已包容人类上出之境界。示数为此认识论,以待明于古今,待明于来者,不亦大孝乎。大孝当参乎天地,知乎气血,且有合于三五一之数。盖十二经络壬督带脉之运,各以得太极而成循环,以南应东,以西受北,是故东南西北一轴而成三五。戊己太极生生之数,合诸阴阳五行,三五各一阴阳五行,各一其旋,各有所积。闭以积之,积而非郁,开以出之,出而非散。闭而积之力愈足,开以出之达

275

愈远。凡此皆有应于戊己之生数,由是三家相见而生婴儿。三五一都之认识论而至于实践论,亦即物理学而至于生物学。故以生物学之实践论而言之,自有超人生百年期之客观时空,三五一都之义,庶几可以身明其旨也。婴儿不盈也,故得一,生水之天一也。肾水由下丹田而提至上丹田,顺而下之,是谓圣也。必入圣基而养之,十月怀胎,封闭系统中之开放系统也。真炁之一,惟内圣之基可承载之。

> 十五、不识真铅正祖宗,万般作用枉施功。
> 　　　休妻谩遣阴阳隔,绝粒徒教肠胃空。
> 　　　草木金银皆滓质,云霞日月属朦胧。
> 　　　更饶吐纳并存想,总与金丹事不同。

十五、十六两首为前十四首之总,以明金丹之事与万般作用枉施功不同。否定金丹之外一切作用施功,实有本于地球生物发展之客观事实。盖三五一之象数齐于三才,人受天地之中以生,应于宏微之间以为万物之灵,其所产生之思维高度,足以抽象三才三五一之数以体道。其道之体,当以壬督带脉十二经络各一其旋,各一阴阳,各一五行以有应于中土。此以身明三五一微观世界之活动周期,故可由本身之发展扩而大之以见于生物之源。天一生水,真铅肾水,生物之由下而上,由海而岸,至成人类,实呈上出之象,实现上出之智。观三五一高度抽象之思想,吾国先人确已对包括人类在内之生物及其生物进化之环境——天地,已具备真铅正祖宗之深刻认识。现代科学已测得DNA、RNA 之产生年代及氢氧氮碳磷变三物以合成生物之事实,足证吾国先人于生物学角度明食色性也、观过知仁所包含之巨大科学意义。故此可明休妻以隔阴阳,绝粒以空肠胃,以滓质为养,以朦胧为正,及吐纳存想以昧于真铅者,皆有悖于生物发展本能而不同于金丹之事也。

十六、万卷仙经话总同，金丹只此是根宗。

依他坤位生成体，种向乾家交感宫。

莫怪天机俱露泄，都缘学者尽迷蒙。

若人了得诗中意，立见三清太上翁。

吾国上古文化至秦一大变，至东汉印度佛教东来又一大变，再至唐五代而及宋又一大变。其时儒、释、道三教交融汇合，已见诸万卷仙经，张伯端结合当时之各种思想，故有"话总同"之见解。以金丹而明"万卷仙经话总同"之根宗，实为批判有悖于生物上出本能之万般作用枉施功，亦摆脱万卷仙经言诠之思想束缚而当下返身。金丹合诸乾坤，西南坤位，坤地户也，阴土也，即一切生物赖以生存之立足点。此体之生成乃承载一切生物，亦人类思想之依托。乾天门也，乾坤交而上出之所由也。坤土以育思想，种向乾家交感之宫，是言五行生克之合成太极，以生先天于交感之宫，乃应双修之性命。此观生物之道以知生物之仁，天机泄漏如是，奈何学者迷蒙于万般作用枉施之功，皓首穷年，未得金丹之根宗。抑是天台判教，枢机即在方等，天何言哉，四时行焉，百物生焉。了得诗中之意，即以本身阴阳五行之太极，化克天人地三才而上友老聃，于生身处返本还元而成于当下是也。

《悟真篇》批语[*]

一

一、破俗

不求大道出迷途，纵负贤才岂丈夫。百岁光阴石火烁，一生身世水泡浮。只贪利禄求荣显，不觉形容暗悴枯。试问堆金等山岳，无常买得不来无?

批语：百岁空幻(无常买得不来无)是主义。

二、求真

人生虽有百年期，寿夭穷通莫预知。昨日街头犹走马，今朝棺内已眠尸。妻财抛下非君有，罪业将行难自欺。大药不求争得遇，遇之不炼是愚痴。

---

* 本文是作者的零星笔记，一、二部分并非同一来源。

批语：更进而明(寿夭穷通莫预知)应炼大药。

三、结丹

学仙须是学天仙,惟有金丹最的端。二物会时情性合,五行全处龙虎蟠。本因戊己为媒聘,遂使夫妻镇合欢。只候功成朝北阙,九霞光里驾翔鸾。

批语：以下各注之次不同,极无意义,原文为何,亦难肯定。今从薛紫贤等之次。天门地户三才相合河图洛书,明学天仙求金丹。

四、胎圆

三五一都三个字,古今明者实然稀。东三南二同成五,北一西方四共之。戊己自居生数五,三家相见结婴儿。婴儿是一含真炁,十月胎圆入圣基。

批语：又归河图"三五一都三个字,古今明者实然稀"。

五、阴阳

草木阴阳亦两齐,若还缺一不芳菲。初开绿叶阳先倡,次发红花阴后随。常道即斯为日用,真源反此有谁知？报言学道诸君子,不识阴阳莫乱为。

批语：悟人须先辨阴阳,草木亦然。"初开绿叶阳先倡,次发红花阴后随。"

六、还源

阳里阴精质不刚,独修一物转羸尪。劳形按引皆非道,服气

279

餐霞总是狂。举世谩求铅汞伏,何时得见龙虎降?劝君穷取生身处,返本还元是药王。

批语:贵得胎息,"劝君穷取生身处,返本还元是药王"。

七、熟丹(破外丹)

人人本有长生药,自是迷徒枉摆抛。甘露降时天地合,黄芽生处坎离交。井蛙应谓无龙窟,篱鹞争知有凤巢。丹熟自然金满屋,何须寻草学烧茅。

批语:主要在自有首末二句,为"人人自有长生药",及"何须寻草学烧茅"。

八、既济

休炼三黄及四神,若寻众草更非真。阴阳得类方交感,二八相当自合亲。潭底日红阴怪灭,山头月白药苗新。时人要识真铅汞,不是凡砂及水银。

批语:要点在已得日月两周期,"潭底日红阴怪灭,山头月白药苗新"。

九、丹成

此法真中妙更真,都缘我独异于人。自知颠倒由离坎,谁识浮沉定主宾。金鼎欲留朱里汞,玉池先下水中银。神功运火非终旦,现出深潭日一轮。

批语:主要在"现出深潭月(月或作日)一轮"。

十、后天

要知产药川源处,只在西南认本乡。铅遇癸生须急采,金逢望后不堪尝。送归土釜牢封固,次入流珠厮配当。药重一斤须二八,调停火候托阴阳。

批语:可取论产药于西南坤土。"二八"者,易位成周期。"调停火候托阴阳",由河图而洛书,为极重要之变化。

十一、玄珠

虎跃龙腾风浪粗,中央正位产玄珠。果生枝上终期熟,子在腹中岂有殊?南北宗源翻卦象,晨昏火候合天枢。须知大隐居廛市,何必深山守静孤。

批语:重在"须知大隐居廛市,何必深山守静孤",非动何以见静。

十二、央诀

不识玄中颠倒颠,争知火里好栽莲。牵将白虎归家养,产个明珠似月圆。谩守药炉看火候,但安神息任天然。群阴剥尽丹成熟,跳出樊笼寿万年。

批语:火里栽莲亦是。

十三、积德

黄芽白雪不难寻,达者须凭德行深。四象五行全藉土,三元八卦岂离壬。炼成灵质人难识,消尽阴魔鬼莫侵。欲向人间留秘诀,未逢一个是知音。

批语:得后之象,"达者须凭德行深"可佩,正邪之辨在此。

十四、破时

好把真铅著意寻,莫教容易度光阴。但将地魄擒朱汞,自有天魂制水金。可谓道高龙虎伏,堪言德重鬼神钦。已知永寿齐天地,烦恼无由更上心。

批语:得真铅即天一生水,"但将地魄擒朱汞,自有天魂制水金"。

十五、觉世

不识真铅正祖宗,万般作用枉施功。休妻谩遣阴阳隔,绝粒徒教肠胃空。草木金银皆滓质,云霞日月属朦胧。更饶吐纳并存想,总与金丹事不同。

批语:食色性也,生物进化之象。"休妻谩遣阴阳隔,绝粒徒教肠骨空。"应识"真铅"为天一祖宗。

十六、先天

万卷仙经语总同,金丹只是此根宗。依他坤位生成体,种在乾家交感宫。莫怪天机具漏泄,都缘学者自愚蒙。若人了得诗中意,立见三清太上翁。

批语:"各人了得诗中意,立见三清太上翁。"实是。此十六首实各可独立,其次序不必过分重视。翁葆光本字句亦有不同,重在反身体味,不在文字,切要切要。此十六首已及整个身上工夫,如何入手,以下六十四首七绝当之。

二

《修真十书》卷三十《悟真篇·禅宗歌颂》

性地颂

一、佛性非同异，千灯共一光。
增之宁解溢，减著且无伤。
取舍俱为过，焚漂总不妨。
见闻知觉法，无一可猜量。

批语：是谓无穷。

二、如来妙体遍河沙，万象森罗无障遮。
会得圆通真法眼，始知三界是吾家。

批语：是谓大乘。

三、视之不可见其形，乃至呼之却又应。
莫道此声如谷响，若还无谷有何声。

批语：是谓出入无疾。

四、一物含闻见觉知，盖诸尘境显其机。
灵常一物尚非有，四者凭何作所依。

批语：是谓神无方而易无体。

五、不移一步到西天，端坐诸方在目前。
　　项后有光犹是幻，云生足下未为仙。

批语：是谓无穷维之中心。

六、求生本自无生，畏灭何曾暂灭。
　　眼见不如耳见，口说争如鼻说。

批语：是谓精气为物。

无罪福

终日行，不曾行。终日坐，何曾坐。
修善不成功德，造恶原无罪过。
时人若未明心，莫执此言乱做。
死后须见阎王，难免镬汤碓磨。

批语：业各不同宜慎。

三界惟心

三界惟心妙理，万物非此非彼。
无一物非我心，无一物是我己。

批语：即有即空。

见物便见心

见物便见心，无物心不现。
十方通塞中，真心无不遍。
若生知识解，却成颠倒见。
睹境能无心，始见菩提面。

批语：天人合一。

圆通

见了真空空不空，圆明何处不圆通。
根尘心法都无物，妙用方知与物同。

批语：真空妙有。

随他

万物纵横在目前，看他动静任哗欢。
圆明定慧终无染，似水生莲莲自干。

批语：不变随缘。

宝月

一轮明月当虚空，万国清光无障碍。

收之不聚拨不开，前之不进后不退。
彼非远兮此非近，表非外兮里非内。
同中有异异中同，问你傀儡会不会。

批语：混然一体。

《心经》颂

蕴谛根尘空色，都无一法堪言。
颠倒之见已尽，寂静之体翛然。

批语：无体之体。

人我

我不异人，人心自异。人有亲疏，我无彼此。
水陆飞行，等观一体。贵贱尊卑，首足同已。
我尚非我，何尝有你。彼此俱无，众泡归水。

批语：上善若水。

读雪窦禅师《祖英集》

曹溪一水分千派，照古澄今无滞碍。
近来学者不穷源，妄指蹄洼为大海。
雪窦老师达真趣，大震雷音椎法鼓。
狮王哮吼出窟来，百兽千邪皆恐惧。

或歌诗兮或语句，叮咛指引迷人路。

言词磊落义高深，击玉敲金响千古。

争奈迷人逐境留，却将言相寻名数。

真如实相本无言，无下无高无有边。

非色非空非二体，十方尘刹一轮圆。

正定何曾分语默，取不得兮舍不得。

但于诸相不留心，即是如来真轨则。

为除妄想将真对，妄若不生真亦晦。

能知真妄两俱非，方得真心无挂碍。

无挂碍兮能自在，一悟顿消穷劫罪。

不施功力证菩提，从此永离生死海。

吾师近而言语畅，留在世间为榜样。

昨宵被我唤将来，把鼻孔穿放杖上。

问他第一义何如，却道有言皆是谤。

批语：即重显（980—1052）。一〇二二起住雪窦资圣寺，中兴云门。

287

《关尹子》记要

《关尹子》又名《文始真经》,凡九篇。

一宇:曰天、命、神、元,合曰道。知天尽神,致命造元。观水,津液涎泪。心一、物一、道一,三又合一。无首尾,所以应物不穷。爱水,观火,逐木,言金,思土。据道术裂而为方术之义,故道不可道不可言不可思。宇者道也。

二柱:建天地也,已及五行。不去天地去识。天地、万物、我、道寓(廷按凡九寓)。苟离于寓,道亦不立。

三极:尊圣人也。互相食也,圣人之言亦然。言有无之弊、非有非无之弊、去有去无之弊,贵能不留一言。

四符:精神魂魄。准五行之生克,皆摄之以一息。

五鉴:心也。师心不师圣。能制一情者可以成德,能忘一情者可以契道。

六匕:食也。食者形也。尚不见我,将何为我所。知五行互用者,可以忘我。

七釜:化也。窥他人之肺肝,物即我,我即物,可以成腹中之龙虎。一呼一吸,日行四十万里。

八筹：物也。不执之即道，执之即物。善揲蓍灼龟者，惟其浑沦，所以为道。

九药：杂治也。圆尔道，方尔德，平尔行，锐尔事。少言者不为人所忌，少行者不为人所短，少智者不为人所劳，少能者不为人所役。

南宋时始见于永嘉孙定家，《四库提要》以为出于唐五代能文之道士所作。

明初所认识的道教纲领

《正统道藏》成于正统十年(1445 年),有《道教宗源》一文总其要,附于最后。先述其义,后可推究其源。

《道教宗源》:

> 原夫道家由肇,起自无先。垂迹应感,生乎妙一。从妙一分为三元,又从三元变成三炁,又从三炁变生三才。三才既滋,万物斯备。其三元者,第一混洞太无元,第二赤混太无元,第三冥寂玄通元。从混洞太无元化生天宝君,从赤混太无元化生灵宝君,从冥寂玄通元化生神宝君。太洞之迹,别出为化,主治在三清境。其三清者,玉清、上清、太清是也,亦名三天。其三天者,清微天、禹余天、大赤天是也。天宝君治在玉清境清微天,其气始青。灵宝君治在上清境禹余天,其气元黄。神宝君治在太清境大赤天,其气玄白。故《九天生神章经》云:此三号虽殊,本同一也。此三君各为教主,即三洞之尊神也。其三洞者,洞真、洞玄、洞神是也。天宝君说经十二部,为洞真教主。灵宝君说经十二部,为洞玄教主。神宝君说经十二部,为洞神教主。故三洞合成三十六部

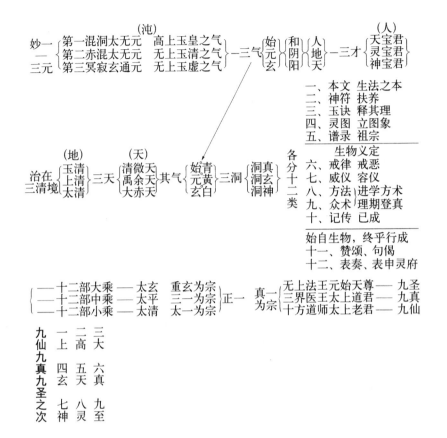

尊经，第一洞真为大乘，第二洞玄为中乘，第三洞神为小乘。
三洞而又分四辅，曰太玄、太平、太清、正一是也。太玄辅洞
真，太平辅洞玄，太清辅洞神，正一通贯洞辅，总成七部。又从
三洞泛开各分类十二类者，第一本文，第二神符，第三玉诀，第
四灵图，第五谱录，第六戒律，第七威仪，第八方法，第九众术，
第十记传，第十一赞诵，第十二表奏。其本文者，乃经之异称，
生法之本。既生之后，即须抚养，故次以神符。八会云篆、三
元玉字，若不谙练，岂能致益。故须玉诀释其理事也。众生暗
钝，直闻声教不能悟解，故立图像，助以表明。圣功既显，若不
祖宗，物情容言假伪，故须其谱录也。此之五条，生物义定。

将欲辅成，必须鉴戒，恶法文弊，宜前防止，故有戒律。既舍俗入道，出家籊于师宝，须善容仪，故次明威仪。既前乃防恶，宿罪未除，故须修斋轨仪，悔已生恶也。仪容既善，宿根已净，须进学方术，理期登真。要假道术之妙，显乎竹帛，论圣习学，以次相从也。学功既著，故次以记传。始自生物，终乎行成，皆可嘉称，故次以赞诵。又前言诸教多是长行散说，今论赞颂，即是句偈，结辞既切，功满德成，故须表申灵府，如斋讫言功之例，故终以表奏也。

此义本诸宋初《云笈七签》卷三《道教三洞宗元》之旨。更宜合诸三十六天，示如下：

```
                                        ┌ 过去元始天尊
        ┌大罗天—玄都玉京之上  三世天尊治其内┤ 现在太上玉皇天尊
        │                               └ 未来金阙玉晨天尊
 八 三 ┤         ┌左
 天 界外│三清    ┤中  九为洛书
        │         └右
        └四天—亦名种民天、圣弟子天、四梵天(断生死)
 四天——无色界        ┐
 十八天——色界(人寿长) ├
 六天——欲界          ┘
```

一、自然　二、无极　三、大道　四、至真　五、太上
六、道君　七、高皇　八、天尊　九、玉帝　一〇、陛下
　　　　天尊十号，十为河图。

更前，实本诸唐孟安排(武则天时人)《道教义枢》，时已明言正一法义为张陵所得。

附:《道教宗源》表解[*]

表一

无先——妙一——三元——三气——三才——三洞——三乘

一、混洞太无元—始青 { 清微天 天宝君 玉清境 } —洞真—大乘说经十二部

二、赤混太无元—元黄 { 禹余天 灵宝君 上清境 } —洞玄—中乘说经十二部

三、冥寂玄通元—玄白 { 大赤天 神宝君 太清境 } —洞神—小乘说经十二部

表二

三洞　四辅

洞真——太玄

洞玄——太平 } 正一

洞神——太清

表三

洞真
洞玄 } 各分十二类 {
洞神

一、本文——生法之本
二、神符——扶养本文
三、玉诀——释其理事
四、灵图——表明圣功
五、谱录——祖宗物情
} 生物义定(生前)

六、戒律——防止文弊
七、威仪——师宝容仪
八、方法——进学方术
九、众术——理期登真
十、记传——显乎竹帛
} 终乎行成(一生)

十一、赞颂——嘉称功德
十二、表奏——表申灵府
} 句偈结辞(生后)

---

* 本文之图与《明初所认识的道教纲领》之图有同有异。

表四

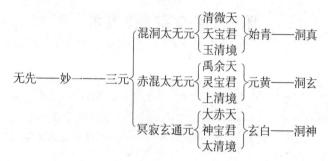

明代道教仅囿于正一、全真之辨

道教有其长期流传的历史,各代有不同的教派在兴起与衰落,自有其应运而生及无人继承的兴衰史。推究各种教派的内容,似异而同,虽同有异,此所以造成道教教义的丛杂,且具有适应时代的巨大生存能力。然而自明代起,道教仅囿于正一、全真两个教派,此对道教的发展有莫大的阻力。虽然在全国各地尚有不同的教派存在,如罗浮山、茅山、西山等处的道教,然必须以正一、全真囿之。这一情况由明代的开国皇帝朱元璋所造成,其视道教全同于佛教,故仅须正一、全真以当宗门、教下已足。先录朱元璋御制《玄教斋醮仪文序》:

朕观释道之教,各有二徒。僧有禅、有教,道有正一、有全真。禅与全真,务以修身养性,独为自己而已。教与正一,专以超脱,特为孝子慈亲之设,益人伦,厚风俗,其功大矣哉。虽孔子之教,明国家之法,严旌有德而责不善,则尚有不听者,纵有听者,行不合理又多少。其释道两家,绝无绳愆纠缪之为,世人从而不异者甚广。官民之家,若有丧事而非僧非道,难以殡送。若不用此二家殡送,则父母为子孙者是为不慈,子为父母者是为不孝,耻见邻里，此所以孔子云西方有大圣人，不教而治，即此是也。今之教僧教道，非理妄为，广设科仪，于理且不通，人情不近，其愚民无知者，妄从科仪，是有三、五、七日夜讽诵经文。经乃释道化人为善、戒人为恶之言，犹国家之有律令。若诵经而使鬼魂听之以发挥其善念则可，若诵经而欲为死者免罪，如犯刑宪而读律令，欲免其罪，是为不可。盖糜费家资，僧道蠢蠢之徒，将以为仪范之美，致使精神疲倦。观其仪范之设，于中文讹字否，达者遂讥毁之。所以讥毁者，佛未请，三清未至，辄便望壁启闻斋主之事。僧甚至日三遍对佛宣扬，道乃日三朝而敷奏。以此观之，释迦与老子非重听而瞽目，故烦之于再三。若不如此，果何理耶。敕礼部会僧道，定拟释道科仪格式，遍行诸处。使释道遵守，庶不糜费贫民，亦全僧道之精灵，岂不美哉。洪武七年十一月。

按洪武七年即公元一三四七年，此序文迄今已六百数十年，道教仍在其束缚下仅知正一、全真，尚未闻有纠正其理者。此在朱元璋视之，道佛全同，能夹辅儒教而存在。佛以宗门、教下二支可概所有宗派，故道亦择取全真、正一已足，凡以全真为宗门，正一为教下。此在朱元璋有其观点，而在未通佛道者，何能理解佛教形成宗门、教下之过程。今反以宗门、教下以囿道教，故变动多端、活泼泼的道教教义丧失殆尽。宜道教自明代起，虽尚得明代帝王的信仰，而其精髓全为佛教所限而难有发展。且当明代佛教之密宗大行，然明代帝王作为宫廷宗教，不准外传，乃造成佛教的神秘感。而道教除正一、全真外，已无高深的理论可言，此对道教为莫大的损失。总之，囿道教于正一、全真，实为道教式微的主要原因之一。

记《道藏》中所收录的易著[*]

　　道经中用《周易》卦象者甚多,自汉末《参同契》已然。明代的《正统道藏》与《万历续道藏》,收录主要与卦象有关的若干易著,以下先辑出所收的易著书名。

《正统道藏》
　　洞真部灵图类

册数	千字文	书名
69	阳上	《周易图》三卷
70	阳下	《大易象数钩深图》三卷
71	云上	《易数钩隐图》三卷,三衢刘牧撰
		《易数钩隐图遗论九事》,三衢刘牧撰
71—72	云上—云下	《易象图说内篇》三卷,清江张理仲纯述
72	云下	《易象图说外篇》三卷,清江张理仲纯述
太玄部		
629	若中	《易外别传》,古吴石涧道人俞琰述
630	若下	《易筮通变》三卷,临川道士雷思齐学
		《易图通变》五卷,临川道士雷思齐学
705—718	而上—贵上	《皇极经世》十二卷,三川邵尧夫撰

---

[*]　本篇和《介绍〈道藏〉中收录的易著》(见《道教史发微》)有同有异,可互相参照。

《万历续道藏》
　正一部
1097—1100　　　家上一给下　　《易因》六卷
1100　　　　　　给下　　　　　《古易考原》三卷
1101—1104　　　千上一兵下　　《易林》十卷

　　总上所辑,正续《道藏》中收录易著凡十三种。其间刘牧二书、雷思齐二书收入《四库》经部易类。于《周易图》、《大易象数钩深图》二书,未署作者姓名。据明朱睦㮮《授经图》,张理的易著有《周易图》三卷、《大易象数钩深图》六卷、《易象图说》六卷三种。焦竑《经籍志》同,唯《大易象数钩深图》作三卷。三书书名,皆合《道藏》中所收者。其后朱彝尊《经义考》,已不著录前二书,仅载《易象图说》六卷。今以道藏本观之,朱睦㮮、焦竑的著录皆是,唯于《周易图》及《大易象数钩深图》下,漏刻张理之名。且编《道藏》者,复以刘牧二书杂于其中。这种编辑,是有意识的作伪,使前二书作者神秘化。白云霁编目时,又以《大易象数钩深图》属于刘牧,此大误。《四库》虽正此失而未直接翻阅《道藏》,乃于张理之三书,忽其《周易图》一书,于经部易类收《大易象数钩深图》,子部术数类收《易象图说》。又《皇极经世》十二卷,《易林》十六卷,亦收在子部术数类。而俞琰之《易外别传》一书,则收入子部道家类。

　　《续道藏》于《易因》、《古易考原》二书,亦未著作者姓名。考《四库》易类存目,著录有《九正易因》,明李贽著,实即此书。《古易考原》的作者,因收在《续道藏》,可肯定为明中叶人的作品。

　　今读元张理的《周易图》,凡裒集易图四十有二,颇有可取者。明佚名者的《古易考原》,对先天图的解释,如明贞悔八卦等,为他家所未言。取隔八缩四图以明互卦,更合自然。然此二书,皆为《四库》所未及的易著,宜为表出。李贽《易因》的解说六十四卦,理亦有可取处,今存主要唯此道藏本。故即此三书,又见《道藏》有保存文献的价值。

先秦至魏晋南北朝的道教[*]

道教为中国的宗教,与基督教、伊斯兰教、佛教世界三大宗教相比,中国宗教的特点为无教主,无基本经典。

后来虽然尊老子为教主,《道德经》为基本经典,但是不合历史事实。老子既没有开创教派当教主,《道德经》也没有谈宗教,其哲学思想极高,但和具体的群众信仰的道教风马牛不相及。

道教并非源于一人一书,上古时代中国地域的原始宗教为道教之源,它奠定了整个道教发展的基本面貌。

一、中国之原始宗教

考古所得距今二至三万年前,山顶洞人之墓葬已有殉葬物,反映出当时已重视人死后之归宿,已看重生死,此为宗教之基本问题。

距今一万至五千年,此类墓葬遍及各地,反映出当时的自然崇拜和祖先崇拜,又重占卜以预测未来。

---

* 一九八六年三月在上海戏剧学院研究生班作《道教史》讲座,共五讲。这是第一讲的手写提纲,标题为整理者所加。

二、殷周之际的宗教

距今三千年(约公元前1100),今得殷墟甲骨文有十万片。由于埃及、巴比伦等古文化皆已中断,此为全世界宝贵的巨大文化财富。已从原始宗教的自发,进展到自觉。

祭祀祖先已体现四季的时间性。

历法据日月之运行置闰月,与西方太阳历、伊斯兰教太阴历均不同。

已掌握天干地支,即已知十和十二之循环周期,又知二者相合之六十周期。天干之十进制取之人身(手指、足趾),地支之十二进制取之日月与星的周期变化。十进制内又产生阴阳二进制,五行五进制。合诸阴阳五行已有数字卦,卜筮盛行。当时的文化,大部分有宗教色彩。

三、春秋战国之宗教(前770—前221)

《春秋》一书已用干支记时。

哲学思想大发展。占卜仍起大作用,逐步渗入哲理。

孔子(前551—前479)编辑《诗》、《书》,有宗教色彩。

《诗·商颂·玄鸟》:"天命玄鸟,降而生商……"简狄吞鸟卵而生契,为商汤先祖。

《诗·大雅·生民》:"厥初生民,时维姜嫄……"姜嫄履帝足印而生后稷,为周室初祖。

此均为宗教命题,与圣母玛利亚相似,这些思想影响整个封建统治,清尚尊其祖为仙女所生。尊祖配天,产生天人合一的思想,尤为中国宗教的特点。

《书》始尧舜,孔子以此划时代,影响至今。今知距今四五千年的所谓尧舜时代,已争斗得很厉害,不可能有禅让政治,则尧舜为孔子理想中的天国。中国历史远比尧舜要早,不可再为孔子所束缚。

曾侯乙墓下葬于公元前 433 年,有二十八星宿图,已有左龙右虎的形象。此二十八宿、六十甲子在道教里都成了神。

孔子问礼于老聃有可能,但老聃是否为《道德经》的作者,迄今无定论。以内容观之,已反映战国情况。

《墨子》有明鬼,《左传》亦有怪诞事与宗教有关。《庄子》寓言而信以为真,大半属宗教范畴。

四、秦、西汉之宗教(前 221—前 25)

秦始皇(前 259—前 210)大一统后,焚书而不焚卜筮之书,又求长生不死药,派徐福东渡海以寻蓬莱三神山,皆为事实,不可不认为已有宗教信仰,当时已有方仙道之名。

汉武帝(前 156—前 89)通西域,有见西王母之传说。通西域后佛教思想逐步传入。

南朝梁陶弘景(456—536)把秦始皇、汉武帝看成道教人物,不能当神话,有具体事实。

五、东汉之宗教(25—220)

两汉之际谶纬之学盛行,重预言。

汉明帝之弟楚王英在宫中祭祀黄老、浮屠,自杀于公元七一年,当时已有黄老道。黄老道有大量宗教文献,今《抱朴子》载有其师郑隐(218?—302?)所藏之书目。

张陵(76?—156?)由沛迁蜀,结合蜀地之宗教成五斗米道,已舍黄帝而仅取老子。汉末黄巾军利用黄老道起义(定于甲子年,当公元184 年),失败后始讳言黄老道。张陵孙张鲁居汉中建立宗教政治,建安二十年(公元 215)降曹操,五斗米道获合法地位。认为道教始于张陵之五斗米道,势必割裂道教之源。此受宋真宗于大中祥符九年(公元 1016)赐信州道士张正随为贞静先生,且重视张氏之世袭有关。

六、魏晋南北朝之道教(220—589)

魏晋时经学崩溃,佛教渐盛,道教亦加速发展。老庄哲学大盛,与汉之黄老内容已不同。道教有五斗米道与天师道,葛洪(283—363)所信者,与黄老道有关。洪族孙葛巢甫造《度人经》,为道教主要经典。晋末孙恩、卢循又利用五斗米道起义,失败后于南北朝起又讳言五斗米道,故专名天师道。北朝有寇谦之称北天师道,南朝有陆修静称南天师道。陆修静立三洞,孟法师更立四辅,取正一一辅统摄其他三辅,又有正一道之名。

唐代至今的道教[*]

上一次主要讲道教之源。中国道教比较特殊，没有教主，也没有具体的经典，内容很复杂。世界各民族都有各自的原始宗教，中国是一个多民族国家，全部合起来了。所以第一次讲道教之源，范围讲得很大，现在回头一看很简单，主要就是先秦的那个东西。从汉朝开始有所谓的道教，具体情况可以看上次发的《论五斗米道、天师道、正一道之同异》。现在的道教史通常从这里算起，但是如果要正式理解道教就远远不够了。道教里面的实际内容此前早已有了，不过要到汉以后才完全反映出来。这就是为什么研究中国道教很复杂，也是一般人摸不到底的原因。到了东汉时有正式的所谓道教成立了，可以说完全是受了佛教的影响。其实就是从最早的道教之源中流传下来的东西，结合了佛教，成立了道教的体系。

东汉成立的道教一直发展到唐末，又出来了全新的面貌，这个面貌就是三教合一。现在一般对这个问题不大认识，所谓儒、释、道一定要分开来。何谓儒？何谓释？何谓道？儒、释、道具体内容到底怎

* 这是《道教史》讲座第二讲的记录稿，宋捷记录，张文江整理。

样？其实三个东西都在变化。譬如你们编一部戏表现某个时代，那一定要知道这个时代的客观环境，他们对佛的了解到底怎么样，对道的了解到底怎么样，研究后完全看出来了，决计不能当它是死的。这样一来，编剧也好，其他也好，都可以深入了。所以我讲道教，就是要知道先秦诸子百家庞杂的思想混合在一起，各少数民族的原始宗教混合在一起，产生了这么一个原始宗教。然而中国本身的宗教不是这个意思，中国的宗教是没有的，同西方三大宗教的定义完全不同。我这样说完全根据历史事实，可以一起研究。

三教合一除了道教，其他两教也要同时谈。这样才能知道它们是如何合在一起的，以及谁来完成这个任务。未合之前的道教就是三洞四辅，具体的内容下一次讲。唐朝时佛教发展到最高峰，不得不提到唐玄奘，有本小说《西游记》反映他的事情。唐玄奘对以前的中国佛教总觉得不满意，不能决定佛教最后的理论到底是什么。唐玄奘之前基本是般若宗，般若宗是以鸠摩罗什为主的那一套东西，到了中国后给它变化了。唐玄奘对佛教中国化不满意，以为印度还有正式佛教的东西，毅然决然地去了。这是中国历史上一件伟大的事情，他回来之后带来了法相宗，深入研究的人也很多。玄奘带来了法相唯识之后，就要讲到庄子的一句话："其分也，成也；其成也，毁也。"还没有到最后，大家都还要研究下去，一旦到了最后，就再也没有了。佛教也是这样，在印度没有了，都给我们中国拿来了。这个形势是从玄奘开始的，印度以后发展成密宗，本身也在变。

唐玄奘之后还有实叉难陀，就是《西游记》里描写的那个沙僧。这个人在玄奘之后也到印度去了，最重要的就是带来一部《华严经》。本来中国已有六十《华严》，他带来了八十《华严》。这部书武则天时翻译了出来，比较容易同中国的思想合起来。八十《华严》带来之后，玄奘的法相唯识在中国便失传了。以后佛教那套东西基本来自《华严》，里面种种思想对宋以后的哲学有很大影响。武则天之后发生了安史之乱,再以后黄巢起义,唐室衰微。《华严》这样大的佛经看的人也少了,中国特别出现了新的东西。这新东西也是产生在武则天时,就是所谓达磨(其实是慧能)所创立的禅宗,后来兴盛得不得了。这样,佛教的线索很清楚,就是书不要了,不谈高深的理论了,佛教的代表变成了禅宗。至于禅是什么,内容也很多,在唐朝发展下来,成功了这么个东西。那么道的情况怎样呢,道在宋之前是三洞四辅一套东西,里面很复杂,有元始天尊、灵宝天尊、太上老君这么三个,所谓的三清,规模受佛教影响。现在往往搞不清楚,三洞四辅的根到底在什么地方,其实它完全合乎人体本身。我上次讲到秦始皇要长生不死,长生不死就是道教的根。它要保持自己的身体不死,于是对中国医药进步起了很大的促进作用。中国历代的医药家都相信道教,医学经典《内经》一开始就讲《上古天真论》。所以中国的医药发展都在道教里面,都是为了身体,产生了所谓炼丹的问题。唐代道教对炼丹的理解变化了,为什么会不同呢,因为哲学思想不同了,有佛教的一套思想来,道教就出来相应的一套思想。那么对炼丹的丹怎么解释呢? 一分为二,一个是外丹,一个是内丹。外丹就是现在所谓的化学,完全是炼铅汞。现代搞化学的人对道教研究得很多,国际上也有人在研究。最明显的一个例子就是火药,中国第一个发展火药,这个大家都承认的,火药发展的根基就在道教里面。那个时候不但是火药,还有其他种种东西,这些在中国是很早的,直接影响西方化学的发展。然而唐末开始道教变化在哪里呢,就是从外丹转向内丹。内丹以前也有,汉朝早有了,所以我一直强调上一次讲的那最早开始时的种种复杂情况,许多问题都要推到那个时期。那个时期内外丹都已有了,但还是散乱的,然而到唐朝一点点明确了。明确了什么呢? 觉得吃了外丹,人不能长生不老。要长生不老就要自己炼身体,因而就相应了中国本来炼身体那一套东西,也就是炼内丹。这个炼丹对身体要有作用的,他不想自己长生不老,是另外的东西长生不老,自己本身死没有关系。唐之前的道士一定要说自己是白日飞升的,他宣传这个东西,但是办不到。到唐末道教对这个问题想清楚了,这个身体不是的,它炼内丹另外得到了一个东西。产生三教合一的时代一定要唐末,因为佛教本身有个总纲了,道教本身也有个总纲了。再看儒,儒是什么?向外的一面,有所谓治国平天下。向内的一面,有所谓齐家。因此,封建那一套也有它合理的部分,因为你夫妇总要成功吧,你家庭总要组织好吧。中国的家庭组织就是这个样子,家长制严格得不得了,特别强调孝,对国家是另外一个看法。好,现在三教有具体内容了,可以合起来了。儒呢,就是只要对父母好,那你就做到了。道呢,你要会养生炼丹。佛呢,你要会参禅。有一个钟离权,就是八仙之一。这个人半真半假,事实是有的,说他假不大可能,但是后来越加越多,造成真假参半的情况。他是唐末时人,有一套学问,教了一个学生就是吕岩。这两个人有两部重要的书,一部叫《钟吕传道集》,《道藏》里收录;还有一部叫《灵宝毕法》,灵宝就是三洞之一。这两部书一来之后,道教本来的书看的人就少了,三洞四辅都已经过时了,以后道教都是从这个地方开始的。再一个是华山的陈抟,这个人《宋史》上有记载,赵匡胤做了皇帝以后请他到开封来,所以完全是个历史人物。可以说从这个人开始完成了三教合一,于是道教的面貌不同了。这个人对《易》特别有兴趣,他拿《易》的次序另外排了,排的次序同电子计算机二进制完全一样。现在说《易》符合科学就是从这个人开始的,至少宋初的思想已经到这个程度了。但问题出在哪里呢,他一定要说它是从伏羲来的,伏羲那个时期很古,不可能有这个东西。陈抟还读佛教的书,佛教的《华严》和后来的禅,他都懂,他也讲了很高的一套东西,于是就产生了三教合一的思想。他在华山,说起华山,就要知道五岳——泰山,衡山,华山,恒山,嵩山——都是道教的,中国的道教都是祭祀山川,崇尚自然。从宋朝开始,特别在华山那个地方,开始三教合一了。三教合一以后,以道为主,其思想遍及佛教,遍及儒家。所以宋以后,民间拜佛也好,拜太上老君也好,往往分不清楚。你现在到农民那儿去看,他们都不懂了,什么是佛教、道教,他们分不清楚。你说他没有知识,知识是有的,但这个知识就是宋之后传下来合在一起的东西,最早则是分开的。

陈抟以后,传他的东西一面在儒家里,一面在道教里。儒家是关于他的《易》,道教是关于他的老庄,都传下来了。再以后产生了南北宗,到现在道教还没有逃出这个东西。南宗开始的人叫张伯端,他是不是道士,没有办法肯定。这个人研究养生,著了一本书《悟真篇》。他是真正悟了"真"的,道教的东西他真正知道了。他的炼金丹完全是养生,外面的炼丹他说都是假的,长生不老就是自己炼金丹,对中国医学是一大进步。他大力提倡三教合一,他所谓的佛就是禅宗,所谓的道就是自己养生,他对儒什么见解呢,他并不要你一个人到山里面去,同样可以在家里面修炼。上次讲过宋真宗封了两个后代,一个是济南曲阜孔子的子孙,一个是江西龙虎山张天师的子孙。这样一来,孔子也是一代代传下去的,道教也是一代代传下去的,于是和佛教不同了。佛教是严格禁止结婚的,从释迦牟尼开始就这样规定。由于出家的做法同中国习俗总是不对,但是佛教还是要保持这样子,一直保持到后来变化了,即上面提起过的密宗。因为玄奘从印度取经后,佛教的东西都给中国拿去了,印度自己没有东西了,无论如何拿这个结婚不结婚解决不过来,结果佛教本身恢复了瑜伽,就是恢复了释迦牟尼之前的宗教,也是可以结婚的。这是密宗,是一个很大的变化。而中国道教一直是可以结婚的,其实结婚同信仰宗教完全是两回事。在中国的宗教,张伯端也是这样和佛教不同了,这就是南宗,时间反而是在北宋。接下去道教有个大变化。宋徽宗信仰道教,结果被金邦掳去了。北宋亡了之后,南方变南宋,北方那一大片土地都给了金,但民族还是汉族。在异族统治下,这些人的思想怎么办,于是在南宋时期产生了北宗。北宗强调民族气节,完全要保存中国的民族,创始人叫王重阳。北宗与中国思想史关系很大,它也是三教合一,《老子》要看,《孝经》要看,《金刚经》也要看,三部书一起看。具体行动有很大不同,它反而不能结婚,所以现在道教不能结婚是从王重阳开始的。这个变化很大,因为从那个时间印度的密宗开始,佛教反而是可以结婚的,哲学史、宗教史对此还没有深入研究下去。王重阳产生的那一套东西叫全真教,所以道教其实是个总名,而在某个时代、某个地区就叫什么教。最早是五斗米道、天师道、正一道,现在出来全真教了。那么王重阳是个怎么样的人呢?他五十岁就死了。死了没有关系,他自己对此并不介意。他教了七个人,现在叫北七真。南面从张伯端开始,石泰、薛道光、陈楠,一直到白玉蟾,叫南五祖。所以道教不容易讲,因为每个时代都是不同的,就是同一个宋朝,南和北也不同。

北七真出名的就是马丹阳。他们夫妇二人,一个叫马丹阳,一个叫孙不二,两个人是成功全真教的关键。王重阳做梦,但他自认为是真的,有一个人来了。谁来了?吕纯阳来了。吕纯阳即使有这个人,也是两百年以前的历史人物,经他这么一说,便变了样了。吕纯阳来了,还有他师父钟离权也来了,给王重阳讲了一套道理。王重阳懂了这一套道理,已经五十岁了,他到了山东烟台,现在以为那地方是道教的根。上一讲我曾经提到,那地方可能有海市蜃楼,然而却相信天上有这么个东西。王重阳是陕西人,在陕西懂了之后走到烟台去,遇到了马丹阳夫妇二人。他俩是当地的首富,家里什么都有,王重阳就拿宗教去说服他们。现在讲起来,王重阳是有所谓特异功能的,他完全不出去,你马丹阳、孙不二家里一切情况他都知道,他们两人一听的确如此,就信服了他。王重阳完全学佛教,你相信了,所有的财物就要完全放弃,送给穷人,他自己去乞食。当时对此很严格,完全反映了在异族统治下汉族人一种苦闷的情况。马丹阳夫妇起初给王重阳造了一个地方结庵,他待在里面,他俩情况他完全知道,所以信了,所有东西也放弃了,跟他一起讨饭过日。那么一点点就有这个所谓全真了,就这样创立了新教派。

　　北七真中马丹阳是年龄最大的,还有年龄最小的,就是大家都知道的丘长春。这个人一来作用大了,现在北京白云观里面他的坟还在。这个人怎么呢?恰巧那时候成吉思汗知道了这批人,于是就请他们去。那时元朝还未到中国内地来,请他到了现在新疆那地方,所以就有丘长春西游的事了。《长春真人西游记》同吴承恩《西游记》不是一回事,这个《西游记》讲具体的事实,记录去见成吉思汗的情况。他到那里就拿他修养的一套讲给成吉思汗听,劝成吉思汗不要多杀人,要治理国家等等,成吉思汗对他很好。这么一来,从元朝灭掉金这段历史中他们起了很大的作用,整个北方都是全真教。全真教一直传到现在,都是丘长春传下来的,那是全真教的龙门派,一代代传下来。这是北宗,那时候的南宗就是白玉蟾。白玉蟾这个人学问很好,和朱熹差不多同时,好比张伯端和苏东坡差不多同时。张伯端是北宋的人,传下来到白玉蟾已经是南宋了。南北宗对中国的哲学思想影响很大,造成中国现在都是三教合一的一套东西。白玉蟾他们那套东西后来同正一道合起来,正一道是最早开始的,从五斗米道、天师道到正一道。正一道同南宗合起来以后,直接知道南宗的人少了,只知道正一道。用现在的道教讲,很简单的一句话,北全真,南正一,北面都是全真教,南面都是正一道。正一道往往一定要上推到张天师,其实上推到南宗就可以了。南方正一可以结婚,北方全真不可以结婚,这是两者不同的地方,而思想都是三教合一。

　　三教合一的思想一直影响下来。元朝的道教呢,成吉思汗对它很好,但是元世祖忽必烈相信密宗。忽必烈统治中国之后,道教受到大破坏,有很多经都给他烧了。现在很多道教文献不完全,都是元朝这个时期开始的。那一次烧了以后,道教也变了另外一套东西,都讲清谈了,于是造成全真同正一相互沟通的一套东西,三教合一的内部也有沟通。在座各位都是搞戏剧的,我想起汤显祖,他把三教合一完全放到戏剧来了,玉茗堂四梦完全是这个思想。第一个就是霍小玉的

《紫钗记》，他从世间的情出发，觉得药能帮助情，药可起死回生。但到了《牡丹亭》，药没有起作用，起作用的是情本身。《牡丹亭》《紫钗记》讲世俗基本同儒，他要破这个儒。破儒之后呢，他连下去讲了道教的思想，就是《黄粱梦》。《黄粱梦》的故事是从钟离权、吕洞宾那儿传下来的。它讲一个书生准备上京考试，在旅店遇见一个道士给他枕头睡。一睡梦里面的事情都来了，的确把道教的根表示出来了。道教最主要是时间概念，完全是从《庄子》大年小年脱胎下来，他看到世间那个时间太短，道教就是要看长的时间，所以世间的做官啊那一套东西，在他只是一个梦。这一生的梦做完，黄粱还没有熟。所以汤显祖总结得很好，道教就是叫你时间扩大，时间数量级不同，看出来东西就不同了。他由儒到道，最后归于佛，佛就是《南柯梦》。《南柯梦》拿本身的身体都化了，所以里面人的形体变成了蚂蚁的样子，而所谓时间数量级不同，也在于生物形体之不同。汤显祖这些思想，很能代表明朝继承从宋朝来的三教合一思想在文学上起的作用。儒，要克制的就是那个情，尤其在中国封建社会，对夫妇，对一切现象都是这样。所以玉茗堂四梦，头两个梦一个讲药，一个讲情，情可通生死，死了还要治转来。道呢，就是拿时间给你放长，看得一长啊那个短的时间就没有意思了。佛呢，你所以时间不同，是因为生物本身不同。你的时间是人的时间，假若变了蚂蚁，情况就不同。然而蚂蚁也知道这套东西，那里面一套国家组织什么的都在讽刺时代。所以这四个梦很可贵。那么根源从哪里来？作者是一个人，你说信佛，信道，还是信儒？就是这几个思想合在一起。再后来《红楼梦》到清朝了，还是这么个思想。《红楼梦》有一僧一道挟了个贾宝玉，其实就是一个儒，一个佛，一个道。这个就是中国从宋朝开始的思想，道教改革的内容直接影响到每个人。

　　到现在我们搞古代哲学研究的，就是有三教合一的问题。世界宗教研究所的任继愈主张有三教，儒释道都是宗教。不赞成的人很多，为什么？以为儒家不是宗教。其实，这就是宗教的概念问题，什么叫宗教在各国是不同的。在中国历史上,这三个早就成了同一个,尤其到了宗门之后,都是一种思想,一套深刻的理论。并不是同西方的那样,一定要相信这种宗教。你们到庙里去也好,到道观里去也好,可以玩么,去看看。而正式的道士、和尚是否真有高深的理论,很少,尤其清以后很少。三教合一之后,发展到哪里呢?拿道教来讲,发展到明末道教没有了,所以要讲道教的确很困难,到明末思想发展到最高的境界。到清朝了,龙虎山还在吧,一个朝代上去,它就要给皇帝上一封东西,其实就是符合时代。那么张天师给康熙的,康熙不要,我不相信你这一套,这个影响很大。为什么呢,康熙那时在兴建外八庙,从事收伏西藏。他有重视西藏的政治意图,所以相信喇嘛教。一直到清朝末年,宫里都相信喇嘛教,也就是藏密。这样由于没有国家的支持,道教就衰了。从哪里看出来呢?从文献。中国有所谓《道藏》,就是有关道教的书都搜集在里面。我上一次就讲了,唐朝《三洞琼纲》是第一部《道藏》。以后一部部地修,最后一部在明朝。我们现在研究的《道藏》是明朝的,清朝没有给它编,国家不编,这个东西就衰退了。道教自己编了《道藏辑要》,那个规模太小了,没有原先这么大的气派,没有三教合一的地位。这样一来道教衰退了,也没有人出来,就是搞来搞去修养的那个东西,早就知道了。一直到清末,道教已不成其为道教了,很少有正式道教徒学这个东西。于是一点点衰落下来,到解放后根本没有了。

下面讲讲现在的情况。现在情况是没有了,因为道教同政治的关系比较密切。我上面不是讲了吗,你一个国家成立,那还要上符箓啊,承认是真命天子。这个传统要到国家能够信仰它,在政治上比佛教联系得厉害。下一次我讲《太平经》时就可清楚。《太平经》是道教最早的一本经典,这部经本身都在讲政治,所以黄老道造成黄巾起义。由于这么联系,遇到开国往往对道教不利,每个时代都有这样情况。那么解放之后呢,无形之中也是想要成立,一直没有成立。上海筹备道教协会筹备了三十年了，都没有正式成立。北京有了，上海没有。还是去年形势变了，正式成立了道教协会，各地都有了。北京解放之后还是有个道教协会，近代同道教有关的两个人，陈撄宁是会长，易心莹是副会长。这两个人都在文化大革命期间去世，去世以后就没有了。现在由宗教局正式搞，各地陆续在成立，上海是去年才正式成立道教协会。上海也有两座道教的寺观，有机会可以去参观。

道教协会属于宗教方面，那么学术方面呢？就是世界宗教研究所，所长是任继愈。他对中国哲学有研究，对宗教也有兴趣，这个所也是成立了很久，就是不能活动。到文化大革命中损失很大，任继愈的眼睛也被红卫兵打坏了，现在一个眼睛看不大清楚。一直到四人帮粉碎之后，才恢复了正常的活动。第一次会议是在四人帮粉碎后的第二年在昆明开的，我没有去。那次会议上其他宗教都有，基督教、伊斯兰教、佛教，而道教只有两个人，一个是卿希泰，一个是陈国符。陈国符是研究化学的，他在国外参加一个有关化学的国际会议时，恰巧那里在开一个道教会议，中国没有人参加。这一次因为四人帮被打掉了，而他们正好又在国外，他是懂道教的，就去参加了这次国际会议。这是中国第一次同国际道教组织有联系，但只是他一个人参加。国内的那次四人帮粉碎后召开的第一次世界宗教研究所会议，也是他与卿希泰出席。因为只有两个人，不能开小组会，结果合并在佛教组一起。第二次世界宗教研究所会议在北京香山开，我去参加了。我是研究中国哲学史的，研究中国哲学史与西方不同，就是宗教起很大作用。大家谈起来，希望我搞一点道教吧。对道教我原先只是打太极拳，一直打了几十年，气功与养生我也知道一些，就是这么个关系，再加上有几本道教的书总是看了一看，因此对我说回上海就去搞一些道教吧，因为没有人。那一次会议上道教的只有七八个人，于是就组织了一个全国研究道教的组织。打算编一部《道藏提要》，出一部《道教史》，这些任务到现在都没有完成。那一次以后，上海的宗教协会也成立了。全国只有两个这样规模的组织,一个是世界宗教研究所,一个是上海宗教协会。宗教协会成立后,也是叫我搞道教,由于没有人。主要搞什么呢,文献啊,我们研究都离不开文献,具体来讲就是一部《道藏》。《道藏》里面的东西多得不得了,国际上的研究都是从《道藏》开始。还是一九七九年吧,法国有一个人来,他叫夏普(Schipper),中文讲得很好,还起个中国名字施舟人。他组织了几个人,在法国巴黎专门研究道教,世界宗教研究所派人到那里去过,现在还有一个四川人在那里,我常常碰到的。他研究的就是这部《正统道藏》,明正统十年版,也就是一四四五年。那个时间距今约五百多年,成书后基本没有人把它全部看完。看完研究的人,可能有,也很少。这部《道藏》上海还有,上海的白云观那时还有木板,后来被八国联军放火烧掉了。民国初年把它影印了,这下可好了,夏普说法国巴黎有十个图书馆都有这部书,很多人就是从这部书开始研究道教的。我们上海华东师大倒是有一部,上海图书馆也有一部,但是看的人还不多。近几年大家都知道了有这么一部《道藏》,有一四七三卷,一一二〇本,缩小成十六开大小。这样多的内容,到底讲什么,至少先要写个提要。法国有些人在写,我觉得中国人自己不写去给他们写,这不好,因此我写了。北京世界宗教所有几十个人在写,去年我们一起开了会,把写的东西拿出来,大家研究讨论,至今还没有印出来。在上海研究的人很少,我们古籍所研究道教的只有我一个人,《道藏提要》已写了,所以作了一篇《自序》。

《道藏》有各方面的内容,所以不能局促于一部分的道教。国外想了解道教,他们不看现在的道教,就看这部书。这部书一看啊,道教有这么许多东西,那你们中国为什么不研究,他们觉得奇怪了。可能与任继愈的努力有关系,我们整理古籍的,本来总是《四库全书》,现在除了《四库》之外,《道藏》和《佛藏》也属于整理范围。所以我们应当研究《道藏》,要知道历史上的具体事实。《道藏》一四四五年编成以后,道教的书也还有一些,但是没有人去收集起来。台湾把这部书也拿去印了,重印之后国际上销路很好,中国社会科学院曾经进了一部。

以上是有关文献的,那么内容呢?李约瑟写了一本《中国科技史》。一九八三年他到上海时来过我们学校,他,包括我们领导,大家一起座谈。他主要看《道藏》里的科技内容。他说中国科学的落后(他这么说,对不对我们参考),就是因为儒家不讲科学,只讲人世间的关系,没有对自然界的科学研究。而中国科技史的内容都在《道藏》里面,中国一直没有去研究,所以中国科学落后了。李约瑟的科技史翻译成中文还在四人帮时期,第二卷没有翻译。所以你们要看第二卷只能看原文,能用英文的,我建议去看一看。第二卷讲什么?讲的是有关道教。当时翻译的时候,觉得这个东西不好,所以不给它翻译。那么现在知道了,应当翻译的,这个影响太深了。第二卷英文本里面,有一大部分就是涉及上一次我讲的内容,尤其关于《周易》象数的部分。象数我讲一个很有趣的问题,洛书。大家都知道数学游戏,然而你们不要以现在的眼光看。中国在两千年之前能够弄出这么个东西,很不简单,这实际是数学,不能小视它。不是现在人弄出来的,如果是现在的就不稀奇了。道教所谓步罡踏斗同舞蹈有关系,现在已经有了记录片。步罡踏斗的路线是这么走的,跟上面提到的数有关。一个人先站在北方,然后走到西南角,然后走到这里那里,有一定的路线次序,一个顺,一个逆,就是这样走来走去:

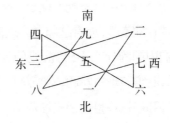

步罡踏斗路线图,洛书

念是另外一种念法,道士走来走去要靠这一套。这个文献上都有,你不能说他迷信啊。现在国外就是在研究这一类东西,但是中国自己不当它一回事。李约瑟现在八十多岁了还在写,旁边人帮他写,关于中医的一卷还没有印出来。我说关于中医,的确完全在道教里面发展。中医本身发展的所谓阴阳五行,就是成功一套数学模型,是否正确是另外一个问题,关键在于你知道了这套东西的道理没有。现在中国还没有加以客观的研究,国外是因此看重道教。

加拿大有个人叫冉云华,已经到中国来几次了,去年我还碰到。他喜欢研究宗教,曾经到印度去待了几年,又到中国来要研究道教,来时我们一起座谈。还有美国有个人叫吴定一,是旧金山的,他常常到中国来。他去年来,我陪他到白云观去看一看,他要听中国的道教音乐,自己也在研究道教。美国、加拿大、英国、法国都有研究道教的人,这些都是具体事实。还有一个日本人福永光司,他研究的问题也很大,研究天皇。他说这个研究还不出十年,因为在日本是不能随便研究的,他们是绝对尊重天皇。那时他在教书,他说假若你一谈研究天皇,马上不给你教书。大约十年之前,天皇亲自下了一个命令,尊重天皇是一个问题,天皇制度是另外一个问题,可以自由研究。虽然下了这个命令,但一般人还是不敢研究。福永光司是研究的,研究之后到中国来过几次。他有个假说,认为天皇制度与中国道教有联系,是完全接受了道教那一套东西产生了他们的天皇制度。他对中国的道教有很精细的研究,主要研究一部《云笈七签》。这部书是宋初人总结宋初之前的道教,今天讲的新东西这部书里没有。日本还有一个女的,研究阴阳五行同《易》、同祭祀的关系,都是道教的具体事实,但在中国根本没有人研究。其实研究是一回事,迷信它是另一回事。研究本身没有关系,你一定要有这个学问。

欧、美、日对道教重视,南洋一带也有这种情况,这与明朝的一个人有关。他是福建莆田人,同戚继光一起抗过倭寇。他抗倭寇有宗教色彩,他自己搞了一套三一教,三教合一。所以我一再说要研究宋以后宗教,不知道三教合一是研究不下去的。这个莆田人叫林兆恩,现在只要提到这个人,南洋一带都知道,因为从莆田到国外去的人很多。另外在台湾还有几千人是三一教,现在要同台湾积极对话,这方面就要起作用了。福州大学有个研究生,去年我参加他的论文答辩会,他写了三一教关于林兆恩的一切事实。现在国际上这是有影响的,需要研究林兆恩,因为这个人是抗倭寇的,我们要纪念他。三一教从创立发展到今,已有四五百年的历史,至今仍有影响。道教全世界都在研究,他们研究道教一定要寻到中国的根,而中国自己没有研究。我自己佛教还有点知道,道教开始也不懂,只是看了《道藏》以后一点点积累,现在比较了解了。道教的确内容很庞杂,然而庞杂里面还有条理。三洞四辅的一套哲学理论一定要了解,这样今后如果讲起中国的宗教也都知道了。

气功历史讲义[*]

第一讲：先秦气功——老庄讲义

《史记》：

> 老子者，楚苦县厉乡曲仁里人也。姓李氏，名耳，字聃，周守藏室之史也。
>
> 孔子适周，将问礼于老子。老子曰："子所言者，其人与骨皆已朽矣，独其言在耳。且君子得其时则驾，不得其时则蓬累而行。吾闻之，良贾深藏若虚，君子盛德，容貌若愚。去子之骄气与多欲，态色与淫志，是皆无益于子之身。吾所以告子，若是而已。"孔子去，谓弟子曰："鸟，吾知其能飞；鱼，吾知其能游；兽，吾知其能走。走者可以为罔，游者可以为纶，飞者可以为矰。至于龙，吾不能知其乘风云而上天。吾今日见老子，其犹龙邪。"
>
> 老子修道德，其学以自隐无名为务。居周久之，见周之衰，乃

---

[*] 这是作者为气功历史专题讲座所写的提纲，标题为整理者所加。

遂去。至关，关令尹喜曰："子将隐矣，强为我著书。"于是老子乃著书上下篇，言道德之意五千余言而去，莫知其所终。

或曰：老莱子亦楚人也，著书十五篇，言道家之用，与孔子同时云。

盖老子百有六十余岁，或言二百余岁，以其修道而养寿也。

自孔子死之后百二十九年，而史记周太史儋见秦献公曰："始秦与周合，合五百岁而离，离七十岁而霸王者出焉。"或曰儋即老子，或曰非也，世莫知其然否。老子，隐君子也。

老子之子名宗，宗为魏将，封于段干。宗子注，注子宫，宫玄孙假，假仕于汉孝文帝。而假之子解为胶西王卬太傅，因家于齐焉。

世之学老子者则绌儒学，儒学亦绌老子。"道不同不相为谋"，岂谓是邪？李耳无为自化，清静自正。

《史记》：

庄子者，蒙人也，名周。周尝为蒙漆园吏，与梁惠王、齐宣王同时。其学无所不窥，然其要本归于老子之言。故其著书十余万言，大抵率寓言也。作《渔父》、《盗跖》、《胠箧》，以诋訿孔子之徒，以明老子之术。《畏累虚》、《亢桑子》之属，皆空语无事实。然善属书离辞，指事类情，用剽剥儒、墨，虽当世宿学不能自解免也。其言洸洋自恣以适己，故自王公大人不能器之。

楚威王闻庄周贤，使使厚币迎之，许以为相。庄周笑谓楚使者曰："千金，重利；卿相，尊位也。子独不见郊祭之牺牛乎？养食之数岁，衣以文绣，以入大庙。当是之时，虽欲为孤豚，岂可得乎？子亟去，无污我。我宁游戏污渎之中自快，无为有国者所羁，终身不仕，以快吾志焉。"

论《道德经》的"执今之道"

论《庄子》内七篇

附：孔孟

《论语·为政》：

子曰："吾十有五而志于学，三十而立，四十而不惑，五十而知天命，六十而耳顺，七十而从心所欲，不踰矩。"

《论语·里仁》：

子曰："朝闻道，夕死可矣。"

《论语·子罕》：

颜渊叹曰："仰之弥高，钻之弥坚；瞻之在前，忽焉在后。夫子循循然善诱人，博我以文，约我以礼。欲罢不能，既竭吾才，如有所立卓尔。虽欲从之，末由也已。"

《论语·子罕》：

子在川上，曰："逝者如斯夫！不舍昼夜。"

《论语·阳货》：

子曰："礼云礼云，玉帛云乎哉？乐云乐云，钟鼓云乎哉？"

《论语·阳货》：

> 子曰："予欲无言。"子贡曰："子如不言，则小子何述焉?"子曰："天何言哉? 四时行焉，百物生焉，天何言哉?"

《孟子·公孙丑章句上》：

> "敢问夫子恶乎长?"曰："我知言，我善养吾浩然之气。""敢问何谓浩然之气?"曰："难言也。其为气也，至大至刚，以直养而无害，则塞于天地之间。其为气也，配义与道。无是，馁也。是集义所生者，非义袭而取之也。行有不慊于心，则馁矣。我故曰：'告子未尝知义，以其外之也。'必有事焉而勿正，心勿忘，勿助长也。无若宋人然。宋人有闵其苗之不长而揠之者，芒芒然归，谓其人曰：'今日病矣! 予助苗长矣!'其子趋而往视之，苗则槁矣。天下之不助苗长者寡矣。以为无益而舍之者，不耘苗者也。助之长者，揠苗者也，非徒无益，而又害之。"

《孟子·尽心章句上》：

> 君子所性，仁义礼智根于心，其生色也，睟然见于面，盎于背，施于四体，四体不言而喻。

第二讲：西汉气功——《内经》讲义

《内经·灵枢五十营第十五》：

> 黄帝曰：余愿闻五十营，奈何?

岐伯答曰：天周二十八宿，宿三十六分。人气行一周，千八分。日行二十八宿，人经脉上下、左右、前后二十八脉。周身十六丈二尺，以应二十八宿，漏水下百刻，以分昼夜。故人一呼，脉再动，气行三寸。一吸，脉亦再动，气行三寸。呼吸定息，气行六寸。十息气行六尺，日行二分。二百七十息，气行十六丈二尺，气行交通于中，一周于身，下水二刻，日行二十五分。五百四十息，气行再周于身，下水二刻，日行四十分。二千七百息，气行十周于身，下水二十刻，日行五宿二十分。一万三千五百息，气行五十营于身，水下百刻，日行二十八宿，漏水皆尽，脉终矣。所谓交通者，并行一数也，故五十营备，得尽天地之寿矣，凡行八百一十丈也。

《内经·灵枢脉度第十七》：

黄帝曰：愿闻脉度。

岐伯答曰：手之六阳，从手至头，长五尺，五六三丈。手之六阴，从手至胸中，三尺五寸，三六一丈八尺，五六三尺，合二丈一尺。足之六阳，从足上至头，八尺，六八四丈八尺。足之六阴，从足至胸中，六尺五寸，六六三丈六尺，五六三尺合三丈九尺。蹻脉从足至目，七尺五寸，二七一丈四尺，二五一尺，合一丈五尺。督脉、任脉，各四尺五寸，二四八尺，二五一尺，合九尺。凡都合一十六丈二尺，此气之大经隧也。经脉为里，支而横者为络，络之别者为孙，盛而血者疾诛之，盛者泻之，虚者饮药以补之。

《内经·素问·金匮真言论篇第四》：

……故曰阴中有阴，阳中有阳。平旦至日中，天之阳，阳中之阳也。日中至黄昏，天之阳，阳中之阴也。合夜至鸡鸣，天之阴，阴中之阴也。鸡鸣至平旦，天之阴，阴中之阳也。故人亦应之。夫言人之阴阳，则外为阳，内为阴。言人身之阴阳，则背为阳，腹为阴。言人身之藏腑中阴阳，则藏者为阴，腑者为阳。肝、心、脾、肺、肾，五藏皆为阴，胆、胃、大肠、小肠、膀胱、三焦、六府皆为阳。……故背为阳，阳中之阳，心也。背为阳，阳中之阴，肺也。腹为阴，阴中之阴，肾也。腹为阴，阴中之阳，肝也。腹为阴，阴中之至阴，脾也。此皆阴阳表里、内外、雌雄相输应也，故以应天之阴阳也。……岐伯曰：……东方青色入通于肝……其类草木……其音角，其数八……南方赤色入通于心……其类火……其音徵，其数七……中央黄色入通于脾……其类土……其音宫，其数五……西方白色入通于肺……其类金……其音商，其数九……北方黑色入通于肾……其类水……其音羽，其数六。

《七篇大论述义》初步结论

第三讲：东汉气功——《参同契》讲义

一、介绍《参同契》的作者及其内容

郐国鄙夫，幽谷朽生。……远客燕间，乃撰斯文。歌叙大易，三圣遗言。……表以为历，万世可循。序以御政，行之不繁。引内养性，黄老自然。含德之厚，归根返元。近在我心，不离己身。……配以服食，雌雄设陈。……罗列三条，枝茎相连。同出异名，皆由一门。……命《参同契》，微览其端。……委时去害，依托丘山。循游寥廓，与鬼为邻。化形而仙，沦寂无声。百世一下，遨游人间。陈敷羽翮，东西南倾。汤遭厄际，水旱隔并。……

二、介绍《参同契》两孔穴法的具体功法

金水合处，木火为侣。四者混沌，列为龙虎。龙阳数奇，虎阴数偶。肝青为父，肺白为母，肾黑为子，脾黄为祖，三家一物，都归戊己。刚柔迭兴，更历分部，龙西虎东，建纬卯酉，刑德并会，相见欢喜。……子南午北，互为纲纪，九一之数，终则复始。……

三、介绍两孔穴法的理论

上德无为，不以察求，下德为之，其用不休。上闭则称有，下闭则称无，无者以奉上，上有神德居。此两孔穴法，金炁亦相胥。

附：《安般守意经》

一、安为身，般为息，守意为道。二、安为生，般为灭，意为因缘，守者为道也。三、安为数，般为相随，守意为止也。四、安为念道，般为解结，守意为不堕罪也。五、安为避罪，般为不入罪，守意为道也。六、安为定，般为莫使动摇，守意莫乱意也。七、安般守意，名为御意至得无为也。八、安为有，般为无。意念有不得道，意念无不得道。亦不念有亦不念无，是应空定意随道行。有者谓万物，无者谓疑，亦为空也。九、安为本因缘，般为无处所。道人知本无所从来，亦知灭无处所，是为守意也。十、安为清，般为净，守为无，意名为，是清净无为也。无者谓活，为者谓生，不复得苦，故为活也。十一、安为未，般为起。已未起便为守意，若已意起便为守意。若已起意便走为不守，当为还，故佛说安般守意也。十二、安为受五阴，般为除五阴，守

意为觉因缘,不随身口意也。

第四讲:魏晋气功——《黄庭经》讲义

一、《黄庭内景经》与《黄庭外景经》

《黄庭内景经》传自魏夫人(252—334),凡七字句四三二句,共四〇二四字,唐梁丘子为之分成三十六章。

《黄庭外景经》为王羲之(321—379)所抄录,凡七字句一九七句,共一三七九字,唐务成子为之分成三部。

《黄庭内外景》基本相同,唯《内景经》及体内十三神为《外景经》所无。此与功法有密切联系。

二、解释《内景经》主要文句

上有魂灵下关元,左为少阳右太阴,后有密户前生门,出日入月呼吸存。

至道不烦诀存真,泥丸百节皆有神,发神苍华字太元,脑神精根字泥丸,眼神明上字英玄,鼻神玉垄字灵坚,耳神空闲字幽田,舌神通命字正伦,齿神崿峰字罗千,一面之神宗泥丸,泥丸九真皆有房,方圆一寸处此中。

心神丹元字守灵,肺神皓华字虚成,肝神龙烟字含明,翳郁导烟主浊清。肾神玄冥字育婴,脾神常在字魂停,胆神龙曜字威明,六腑五脏神体精。皆在心内运天经,昼夜存之自长生。

三关之中精气深,九微之内幽且阴,口为天关精神机,足为地关生命棐,手为人关把盛衰。

若得三宫存玄丹,太一流珠安昆仑,重重楼阁十二环,自高自下皆真人。

三、《黄庭内外景》的整体内容

《内景》的三十六章,可合成四段。凡一至六章明《黄庭》的大纲。七至二十二章明十三神的作用,体验十三神的或分或合,庶见体内的整体结构。二十三章至三十章明修炼以达黄庭的具体方法。三十一至三十六章明既得黄庭后的现象。

《外景》的三部,上部一综论身中的三丹田,且应任其自然,乃能"修德明达神之门",当积精气由微而深。

中部二继续"达神之门"而"长生久视乃飞去",下又及内外相合之象,故曰"出日入月是吾道,天七地三回相守"。三七当卯酉之阴阳互根,已见诚存而诚立。"魂欲上天魄入渊,还魂返魄道自然","载地悬天周乾坤,象以四时赤如丹",皆明外出之象。又曰"负甲持符开七门,此非枝叶实是根",则知《外景》所以名外,全在七门之开。

下部三复由外而守内,故首即曰"伏于志门候天道,近在子身还自守"。然已不同于上部,彼仅通内,此已当通外而复返内,故又贵自守。若曰"七窍已通不知老,还坐天门候阴阳",候天门之开阖,以当出入的通路,其间可闪见吾形,故又曰:"伏于太阴成吾形,出入二窍合黄庭。"或合此出入二窍以成黄庭,全书之旨庶几其见矣。

附:达磨与《楞伽经》

觉贤译出四卷本《楞伽经》,当公元四四三年。少林寺建成于公元四九五年。梁武帝天监十五年(公元 516),达磨已在洛阳参观永宁大寺。其后面壁少林寺,创禅宗传法于二祖慧可,即传《楞伽经》,其间主要关键,已立第八识。

一眼识,二耳识,三鼻识,四舌识,五身识,六意识,七末那识,八阿赖耶识。

第五讲：隋唐气功——《天隐子》等讲义

天隐子

《天隐子·序》：

神仙之道，以长生为本。长生之要，以养气为根。夫气，受之于天地，和之于阴阳。阴阳神灵谓之心，主昼夜寤寐谓之魂魄。是故人之身，大率不远乎神仙之道矣。天隐子，吾不知其何许人，著书八篇，包括秘妙，殆非人间所能力学者也。观夫修炼形气，养和心灵，归根契于伯阳，遗照齐于庄叟，长生久视，无出是书。承祯服习道风，惜乎世人夭促真寿，思欲传之同志，使简易而行。信哉，自伯阳以来，惟天隐子而已。唐司马承祯（647—735）谨序。

神仙一，易简二，渐门三，斋戒四，安处五，存想六，坐忘七，神解八。

《神解八》：

斋戒谓之信解，安处谓之闲解，存想谓之慧解，坐忘谓之定解。信、闲、定、慧四门通神，谓之神解。故神之为义，不行而至，不疾而速，阴阳变通，天地长久。兼三才而言谓之易，齐万物而言谓之道德，本一性而言谓之真如。入于真如，归于无为，故天隐子生乎易中，死乎易中。动因万物，静因万物，邪由一性，贞由一性，是以生死动静邪真，皆以神而解之。在人谓之人仙，在天曰天仙，在地曰地仙，在水曰水仙，能通变之曰神仙。故神仙之道有五，其渐学之门则一矣。

五厨经

《老子说五厨经·序》：

> 臣闻《易》曰："精义入神以致用也，利用安身以崇德也。"富哉言乎！富哉言乎！是知义必精然后可以入神致用，用必利然后可以安身崇德。义不精而云致用，用不利而云安身，身不安而云知道者，未之有也。然则冲用者，生化之主也。精气为物谓之委和，漠然无间有与立矣，则天地大德不曰生乎。全其形生者，在乎少私寡欲，抱朴寻和，游心于淡，合气于漠。且清明在躬，志气如神，嗜欲将至，有开必先。故圣人垂教以检之，广业以持之。专气致柔以道其和，向晦宴息以窒其欲。洗心藏密，穷神知化，然后身安而国家可保，德用而百姓不知，是以自天佑之吉无不利矣。伏读此经五章，尽修身卫生之要。全和含一，精义可以入神；坐忘遗照，安身可以崇德。研味滋久，辄为训注。臣草茅微贱，恩需特深，天光不违，自忘鄙陋，俯伏惭惧，徊徨如失。臣愔顿首谨言。

一气和泰和	得一道皆泰	和乃无一和	玄理同玄际
不以意思意	亦不求无思	意而无有思	是法如是持
莫将心缘心	还莫住绝缘	心在莫存心	真则守真渊
修理志离志	积修不符离	志而不修志	己业无己知
诸食气结气	非诸久定结	气归诸本气	随取当随泄

附：禅与密

达磨禅宗传及六祖慧能(638—713)除《楞伽经》外，以《金刚经》为主，且有北渐南顿的不同。

玄奘(596—664)西游,自贞观三年至十九年(629—645),于印度时主要学于那烂陀寺之戒贤法师。当戒贤法师圆寂后,那烂陀寺成为密宗道场,有善无畏(637—735)、金刚智(669—741)等学于其中。善无畏于开元四年(716)来长安。金刚智及其弟子不空(705—774)于开元七年(719)又到广州,后亦去洛阳长安,为译密宗主要经典《大毗卢遮那成佛神变加持经》、《金刚顶瑜伽中略出念诵经》等。不空更取得《金刚顶瑜伽中发阿耨多罗三藐三菩提心论》等。一行法师(673—727)等从之学,后传至日本为东密。

西藏当时名吐蕃,原有宗教名本教。当唐初时松赞干布初娶尼泊尔尺尊公主,继娶唐室文成公主,皆带有佛像,吐蕃人为之初建大昭寺、小昭寺等,此为接受佛教的开始。松赞干布卒于公元六五〇年。其后佛教与本教间有争论,百余年后,于公元七六六—七八六年间,印度莲花生大师来建桑耶寺为密宗的开始。于公元七九二—七九四,三年间由中国传入禅宗,经数百年的酝酿方才结合成藏密。

第六讲:宋元气功——《悟真篇》讲义

张伯端《读〈周易参同契〉》:

大丹妙用法乾坤,乾坤运兮五行分。五行顺兮常道有生有死,五行逆兮丹体常灵常存。(第一段)一自虚无兆质,两仪固一开根,四象不离二体,八卦互为子孙。万象生乎变动,吉凶悔吝兹分,百姓日用不知,圣人能究本源。顾易道妙尽乾坤之理,遂托象于斯文。(第二段)否泰交则阴阳或升或降,屯蒙作则动静在朝在昏。坎离为男女水火,震兑乃龙虎魄魂。守中则黄裳元吉,遇亢则无位而尊。既未慎万物之终始,复姤昭二气之归奔。月亏盈,应精神之衰旺,日出没,令荣卫之寒温。(第三段)本立言以明象,既得象以忘言。犹设象以指意,悟真意则象捐。达者惟简惟易,迷者愈惑愈繁。故知修真上士,读《参同契》者不在乎泥象执文。(第四段)

录《悟真篇》绝句六十四首中之四首:

第十一首:

　　梦谒西华到九天,真人授我《指玄篇》。其中简易无多语,只是教人炼汞铅。

第十二首:

　　道自虚无生一炁,便从一炁产阴阳。阴阳再合生三体,三体重生万物昌。

第十九首:

　　西山白虎正猖狂,东海青龙不可当。两兽捉来令死斗,化成一块紫金霜。

第二十首:

　　华岳山头雄虎啸,扶桑海底牝龙吟。黄婆自解相媒合,遣作夫妻共一心。

又五言律句一首:

女子著青衣,郎君披素练。见之不可用,用之不可见。

恍惚里相逢,杳冥中有变。一霎火焰飞,真人自出现。

《西江月》十二首录二:

妄想不复强灭,真如何必希求。本源自性佛齐修,迷悟岂拘前后。悟即刹那成佛,迷时万劫沦流。若能一念契真修,灭尽恒沙罪垢。

欲了无生妙道,莫非自见真心。真身无相亦无音,清净法身只恁。此道非无非有,非中亦莫求寻。二边俱遣弃中心,见了名为上品。

附:理学

宋代起形成的理学,基本本诸释道之理,更提倡孟子以归于儒。主张寻孔颜乐处,与气功密切相关,今当配合庄子的寓言,以见宋儒的修养。

朱熹晚年已直接用《阴符经》之理及《参同契》之功法,且亦有成就。白玉蟾即重视朱子,后人严分儒道,反轻视朱子者未是。

第七讲:明代气功——《性命圭旨》讲义

《刻〈性命圭旨〉缘起》:

里有吴思鸣氏,得《性命圭旨》于新安唐太史家,盖尹真人高弟所述也。藏之有年,一日出示丰于居士。居士见而悦之,谓其节次功夫,咸臻玄妙,而绘图立论,尤见精工,诚玄门之秘典也。因相与公诸同志,欲予一言为引。予既从事圣修,雅尚圆极一乘,不谈此道久矣。以其所操说者,无非为色身计也。色身有限,法性无边,夫安得大修行人,以法界为身者,而与之谈性命哉。舍法界无性命,亦无身心,如法圆修,直绍人天师种,彼以七尺为躯,一腔论心者,纵有修持,皆结业耳,于一超直入无当焉。闻之师云,修行法门有二种,一从法界归摄色身,一从色身透出法界。从法界摄色身,《华严》尚矣;从色身出法界,《楞严》诸经有焉。《圭旨》所陈,大都从色身而出者。夫果出法界矣,方且粉碎虚空,有甚身心可论。因指见月,得道忘诠。是在善修者自契。居士流通之意,无亦见及此欤。予不负其流通善念,并思鸣氏宝藏初心,遂述缘起,质之有道。万历乙卯(公元 1615)夏仲新安震初子佘永宁常吉书。

摘录《题尹真人〈性命圭旨〉全书》:

……玄家书汗牛充栋,而真指微妙无逾此编。栖真者倘能藉此而入道,不亦希有事哉。友人佘常吉为明德宗孙,而于玄教不无少抑,谓其所重者我身,即长生久视,终不离寿者相也,其见确已。乃独于是书而引之,谆谆然指人一超直入,以绍人天师种,岂其无故而漫云然。夫有所受也,则由长生而达生生,以生生而证无生,奚不可者。殊途同归,百虑一致,道岂有二乎哉。……仁文主人邹元标(1551—1624)书。

《三圣图》:

儒:

六经删定古文章,洙泗源深教泽长。继往开来参造化,大成至圣文宣王。

释:

> 陀罗门启真如出,圆觉海中光慧日。灵山会上说真言,满舌
> 莲花古文佛。

道:

> 金台玉局绕丹云,上有真人称老君。八十一化长生诀,五千
> 余言不朽文。

> 具大总持门,若儒道释之度我度他,皆从这里;
> 能知真实际,而天地人之自造自化,只在此中。

按:读《性命圭旨》,首宜深入了解佘常吉及邹元标二文。于原
书中,第一页《三圣图》,又为全书的总纲。自刊印此书后,近四百
年来,对气功的影响以此书为最大。《普照图》、《反照图》、《时照图》、
《内照图》四,又成为反身的标准。今核诸历代的文献,此四图仅一
部分,可见自明迄今的气功理论与功法,日在保守而退化。故今日
研究气功,既不可不知中国传统的特色,更不可不知时代思潮的变
化。于西方,当明初时开始文艺复兴,于明中叶正将产生后果,而此
《性命圭旨》亦有总结气功之象。及今二十世纪,又成另一次文艺复
兴,故于人体科学,必须以另一个角度加以研究,愿与反身确能有得
者共勉之。

附:王阳明与王船山

王守仁(1472—1528),余姚人,曾筑室故乡阳明洞,世称阳明先

生。谪居贵州龙场而有得于气功。提创"致良知"、"求放心"、"知行合一"等。

王夫之(1619—1692),衡阳人,晚居湘西蒸左石船山(今湖南衡阳县曲兰),学者以船山先生称之。约于五十岁左右深通气功,于五十三岁撰《愚鼓词》,要在能体验活子时。自题其象为"六经责我开生面,七尺从天乞活埋",可喻其晚年之志。

《前愚鼓乐(调寄鹧鸪天)凡十首》其六:

> 方丈桃花日日新,花开只是不逢春。从来只有活人死,已死谁为受死身?
>
> 冬已至,闭关津,冻鱼水底自芳辰。东风打破寒冰面,始识通身未损鳞。

《后愚鼓乐(调寄渔家傲)凡十六首》其十一沐浴(卯酉同功而不同用):

> 东涧桃花红锦笑,微晴乍雨春皆好,沽酒醉眠瑶圃道。玉山倒,何须雪上留鸿爪。
>
> 更有木樨秋渐老,可怜犹载斜阳照,罢钓归来闲倚棹。君莫懊,空阶落叶随风扫。

气功开发人体智能提纲

一、研究气功的理论与研究中医的理论,必须结合为一。

上医医未病,养生与养病,防病与治病。

二、人体智能的标准

智商,脑容量的增大,脑细胞的增多。贯通脑细胞间的渠道,以利于传递信息。

三、气功与人体智能的关系

头部为上丹田,胸部为中丹田,腹部为下丹田。气功重视贯通三丹田,贯通后今名进入气功态,自然有提高智能的作用。

四、气功开发人体智能的具体方法,理解客观时空及人体的生物钟。

《内经·灵枢五十营第十五》:

黄帝曰:余愿闻五十营,奈何?

岐伯答曰:天周二十八宿,宿三十六分。人气行一周,千八分。日行二十八宿,人经脉上下,左右、前后二十八脉。周身十六丈二尺,以应二十八宿,漏水下百刻,以分昼夜。故人一呼,脉再动,气行三寸。一吸,脉亦再动,气行三寸。呼吸定息,气行六寸。十息气行六尺,日行二分。二百七十息,气行十六丈二尺,气行交通于中,一周于身,下水二刻,日行二十五分(廷按当为二十点一六分)。五百四十息,气行再周于身,下水二刻,日行四十分(廷按当为四十点三二分)。二千七百息,气行十周于身,下水二十刻,日行五宿二十分(廷按当为二十一点六分)。一万三千五百息,气行五十营于身,水下百刻,日行二十八宿,漏水皆尽,脉终矣。所谓交通者,并行一数也,故五十营备,得尽天地之寿矣,凡行八百一十丈也。

《内经·灵枢脉度第十七》:

黄帝曰:愿闻脉度。

岐伯答曰:手之六阳,从手至头,长五尺,五六三丈。手之六阴,从手至胸中,三尺五寸,三六一丈八尺,五六三尺,合二丈一尺。足之六阳,从足上至头,八尺,六八四丈八尺。足之六阴,从足至胸中,六尺五寸,六六三丈六尺,五六三尺,合三丈九尺。蹻脉从足至目,七尺五寸,二七一丈四尺,二五一尺,合一丈五尺。督脉、任脉,各四尺五寸,二四八尺,二五一尺,合九尺。凡都合一十六丈二尺,此气之大经隧也。……气之不得无行也,如水之流,如日月之行不休,故阴脉荣其藏,阳脉荣其府,如环之无端,莫知其纪,终而复始。其流溢之气,内溉藏府,外濡腠理。

五、每日练习气功的时间,及正常进入气功态的时间

合于今日的时间间隔,一周于身,当为二十八分四十八秒。故每日必须练习约半小时,约经过五十天,基本可进入气功态。

335

今日研究《道藏》的现实意义

考西方视哲学的两端，一端为宗教，一端为自然科学。马克思对两端有明确精深的认识，故运用辩证法能生动活泼。如《神圣家族》一书，写得多么风趣。恩格斯研究《启示录》，完全超越宗教的范畴。马、恩能全力支持当时科学的三大发明，就在于辩证唯物论的正确认识。马克思特赠《资本论》与达尔文，而达尔文未能了解其意义，此见自然科学家与哲学家的不同思想。后来发展成社会达尔文主义，与达尔文的科学研究无关，发生在自然科学的成果应用在社会科学上。

近代哲学家罗素，总论西方哲学史的发展情况，他说："与神学相区别的哲学，开始于纪元前六世纪的希腊。在它经过了古代的历程之后，随着基督教的兴起与罗马的灭亡，它就又浸没于神学之中。哲学的第二个伟大的时期，自十一世纪起至十四世纪为止，除了像皇帝弗莱德利克二世(Frederick Ⅱ, 1195—1250)那样极少数的伟大的叛逆者而外，是完全受天主教会支配着的。这一时期以种种混乱而告结束，宗教改革就是这些混乱的最后结果。第三个时期，自十七世纪至今天，比起前两个时期的任何一个来，更受着科学的支配；传统的宗教信仰仍占重要地位，但却感到有给自己作辩护的必要了；而每当科学似乎是使改造成为必要的时候,宗教信仰总是会被改造的。这一时期很少有哲学家在天主教立场上是正统派,而且在他们的思想里世俗的国家也要比教会重要得多。"

罗素说的是西方哲学史上宗教、哲学、科学三者的发展变化及宗教内部的改革。现在看吾国的哲学史,亦有宗教、哲学、科学三者的起伏变化。先以道教论,是吾国本土自生的宗教,故与吾国的哲学思想、科学成就,关系尤其密切。凡研究哲学而不了解宗教与科学的思想,决不能深入哲学的细微处。仅以最简单的迷信二字代表宗教,则科学理论如何从幻想到事实的客观情况,亦不可能显出。故为进一步研究吾国完备的哲学史,必须包括科学史与宗教史。在吾国的宗教史上当以道教为主,须写出历史上客观存在的道教史。此为今日研究《道藏》的现实意义之一。

说到吾国的宗教史,主要为道教与佛教。道教在先秦部分属于巫,《周易》巽卦九二爻辞,有"用史巫纷若"的记载。以史巫对言,作用非常明显,史指记录客观的言行事实,巫指显示主观的思想活动。巫所以能存在,藉其通神以解决人类生理与心理二方面的痛苦。对生理言,古医字从巫作毉,可证医出于巫。至于心理的病症,人的生死及人对客观事物不能了解不能控制的苦闷,巫又有种种祈禳法。凡各民族原始宗教的起源大体相似,吾国的重点在对祖宗的崇拜,及对自然界有赞叹敬仰的心理。此心理的发展,把天象与名山大川皆神化、人格化。《诗经》中《陈风》、《楚辞》中《天问》、《九歌》等,皆可见宗教思想及巫风的盛行。傅说"乘东维骑箕尾而比于列星","维岳降神,生甫及申",亦全由此种思想所产生。如发展不当有严重流弊,可造成荒唐的结果,势将危害社会治安。故西门豹治邺,必须禁止河伯娶妇,以根除巫婆的迷信活动而大快人心。

其后巫术发展成方士,主要存在基础有二。其一,如秦始皇求不死药,实为人类恋生的普遍心理,亦为医药发展的基本动力。由方士而又名道士的道教形式完成,求长生就是道教的基本目的之一。张良从赤松子游显系托辞,然亦为此种思想的表现。况长生虽不能得,由吐纳锻炼而却病延年又为事实,故能得一般群众所支持。其二,对自然的崇拜,由祈禳法发展成封禅的仪式,结合礼制,又得历代帝王的支持。《汉书·艺文志》中的方技略,逐步包括数术略等,为方士的主要文献。

迨东汉末,整个社会组织因生产关系不适合生产力而发生动乱。然三国时的变化,在思想方面有极大的反作用,所以不同于王莽时的变化。当王莽时,思想的争论不外今古文,于基本的认识论未变,故不久仍能恢复社会秩序。在三国时,因从汉末起已有印度西域佛教思想的传入,此直接影响吾国本有的认识论,故由汉、魏而晋,非但不能安定秩序以一致御外,反须吸收从西域传入的思想文化。此与五胡内迁的事实有关,更造成南北分裂的局面。今以道教思想言,可见其变化的痕迹。其初为张角、张陵的道教,尚以吾国本有的认识论为主,基本上未取佛教的思想,其后东晋出现的道经,已颇受佛教思想的影响。此为有道教名称后的早期变化。总而言之,凡从汉末至唐宋,约公元三世纪至十三世纪千余年间,吾国佛道二教的宗教思想,时时在冲突,时时在转化,由矛盾而发展。一则成吾国的佛教,已与印度西域的佛教不同,主要在天台宗、贤首宗、禅宗;一则又成佛教化的道教,与早期作《化胡经》的思想亦完全不同,主要在北宋的南宗张伯端,元初的北宗丘长春。为正确了解佛教与道教的相互渗透,研究吾国宗教的发展,写出宗教史以配合世界宗教史的研究,又为今日研究《道藏》的现实意义之二。

进一步以哲学论,吾国的哲学史与西方的哲学史有一明显的不同,在于对宗教的认识及历史上所起的作用。在西方哲学史上,宗教一直起主宰历史的地位,尤其是长达千年以上的黑暗时代,公元五世纪至十五世纪,把人类的智慧、哲理的思考,全部禁锢在宗教的教条中。哥白尼(1473—1543)与路德(Martin Luther, 1483—1540)基本上完全同时,因科学的进步,如公元一四九二年哥伦布发现新大陆,公元一五二二年麦哲伦绕地球一周,则人类对客观世界的认识自然起变化,由是西方进入近代的科学思想时代。这一情况吾国哲学史上完全没有,然自汉末(公元 220 年)至隋唐(公元 618 年)约四百年间是社会混乱,不可忽视直接受到宗教思想发展与变化的影响。当汉末道教的初创可视为农民革命,以《太平经》为代表已略具玄理。其后道教的发展主要起于民族矛盾,所以对抗印度西域的佛教思想。然佛教典籍早已存在于印度西域,成书年代亦有先后六七百年的差别,逐步翻译确有变化多端、层出不穷的感觉,而道教典籍实在有限,于是由魏晋起杜撰的道经日出不已,今能成此庞大的《道藏》,完全受佛教的刺激。究其哲理的可贵处,每取于六艺中的《易》、《礼》、《乐》及诸子中的道家、阴阳家等,当然亦能有所发展。

现在需要说明,吾国主要的哲学文献《易》这部书。于《庄子·天下篇》,《易》已属于六艺,"《易》以道阴阳"一语,深得《易》的中心思想。秦始皇焚书,视《易》为卜筮书而不禁。汉朝尊儒后,更视《易》为六经之源。且汉儒注《易》重在象数,确为由阴阳衍出的基本内容,能包含具体科学知识的理论。不料发展到汉末,各家学说矛盾重重。魏王弼(226—249)易注正在此种情况下写出,目的在扫尽汉易的象数而单纯说理,且所说的理又本于老子,与他的《老子注》相通。由是易学的内容大变,有助于玄学的兴起。考玄学的发展,由老子而庄子,由道家而道教,道与《易》的关系在《参同契》中早已契合,其后如《黄庭经》、《灵飞经》及由杨羲与许穆父子(子名玉斧)所传出的《上清大洞真经》,由葛洪从孙葛巢甫所传出的《灵宝度人经》等,莫不有取于汉易象数的原理。故道教于《易》,一则使易理宗教化,一则能保存魏晋以前的易学象数。

此外在晋代有一事,对于吾国哲学思想有非常重大关系,就是梅赜辑成《古文尚书》。今试论梅赜的动机,实因目睹佛经翻译日增,道经杜撰无已,故孜孜考据于古籍,核实较可信的传说编纂成文,以阐明吾国古代的哲学思想,不得不托诸孔安国的壁中书。此书真正的目的及历史上已起的作用有二方面,其一对抗印度西域的佛教思想,其二反对佛教、道教的宗教思想。迨唐朝开国,虽宗教盛行,然仍能不陷于宗教黑暗,反而开出灿烂的文化,《五经正义》实起决定性的作用,梅赜之功决不可没。

以上层建筑而言,唐取《五经正义》为基础,表面又恢复了汉朝的尊经。有此一般的哲学思想指导,方能巩固统一的政局而发展一切经济文化、医药科技。至于宗教思想当然可加以利用,同时发展佛教与道教,正可观其矛盾处以显出五经的可贵。故五经本身的哲学思想在唐朝毫无发展,而佛道二教的教义及其理论体系,基本完成于唐朝。以道教言,开元中辑成《三洞琼纲》,都三千七百四十四卷,是第一部道藏。佛教则以玄奘的法相宗为印度佛教的基本体系,此外如天台宗、华严宗、禅宗,则于佛教中融入吾国的哲学思想。由是从唐朝起,吾国方有儒释道三教各成一体的基本哲学思想。至于唐朝盛衰的转折点,在安史之乱。经此变乱,五经的思想已不敌佛老的思想,由是有韩愈排佛老的举动。此举正确的方面是反对宗教的狂热,不正确的方面是对佛老思想未加研究。且以《五经正义》的哲学思想论,其整体观点中应当包括科学思想,即致知格物的理论,而韩愈《原道》中取《大学》的八目,就是删此二目,尤为无根。历史上如三武的反宗教,完全凭一己的好恶而盲目行动,本身就有迷信的宗教作风,亦同样得不到好的效果。故在我国的哲学史上,反宗教而成功的是宋儒理学。

考理学家的生平,莫不有出入佛老的经验,是其可贵处。至于理学的精华处仍在《易》,因《五经正义》中,于易注尚取王弼注而未及汉易,根本未恢复易学的本来面目。宋初邵雍、周敦颐、刘牧等能受陈抟的河图、洛书、先天图、太极图等,大部分是保存在道教中的汉易象数。

宋儒能拭去蒙上的宗教色彩而易理重光,此为宋明理学的功勋。另一方面来说,理学的根本哲理,就是基于六艺而渗入佛教、道教的思想而成。且有理学的产生,又促使佛老宗教思想间的相互沟通。以上主要论述《易》与道教的关系,对吾国的哲学思想有巨大的影响,正可充实自汉末至明中叶哲学史的内容,此为今日研究《道藏》的现实意义之三。

自十七世纪起西方进入近代的科学时代,以牛顿(1642—1727)为划时代的人物,后继的学者用科学实验的方法、实事求是的精神,经二百余年的努力,成绩斐然。由二十世纪起,普朗克提出量子论(公元1900年),对波动与粒子的问题有更深刻的认识。爱因斯坦建立狭义相对论(公元1906年)与广义相对论(公元1916年),于时间与空间的关系用四维时空来表示,从根本上发展了牛顿的理论。以生物学论,由孟德尔—摩尔根的遗传规律的发展,于一九五三年有华生—克里克提出DNA一级双螺旋的分子结构模型而建立分子生物学,产生遗传工程的问题。于一九七〇年始有量子生物学的国际性组织,可使现代生物完全相应于现代物理学。于科学上最显著的成绩是,人类足迹于一九六九年首次登上了月球,则对宇宙的认识已直接起变化。因一直生活在二维平面上的人类,由绕地一周而直接认识了三维球体,然人类生活仍在二维球面上。今由地月交通,已确立人能生活在三维空间中,进而具体认识了四维的时空结构。此外大部分科研成果直接发展生产力,生产关系及人类生活也相应变化。最近二十年的世界科研方向,已有物理理论面向生物理论的趋势,且对生物自体的了解比较对客观世界的了解,相对显出严重的不足。又因边际学科的迅速发展,对科学本身的发展方向,亦必须详加考虑。且因自然科学的突飞猛进,其他一切知识皆可合称为社会科学,其中宗教仍极盛行,不因科学进步而衰退,而且大部分自然科学家本身也具有宗教思想。

更论二十世纪的西方哲学学派甚多,能得各方面重视而应特别注意的,是属于方法论的形式逻辑发展成数理逻辑,罗素、怀特海(Alfred North Whitehead,1861—1947)是关键人物。罗素既发现了逻辑而加以解决,与怀特海合作层次演算,此与希尔伯特(Hilbert David,1862—1943)以纯数学观点研究所见相同,完全是集合论在数学理论方面所起的大作用,因此有逻辑分析哲学的产生。罗素所写的哲学史,就以此派思想总结西方哲学史,他说:"在哲学中,自从毕达哥拉斯时代以来,一向存在着两派人的一个对立局面:一派人的思想主要是在数学的启发下产生的,另一派人受经验科学的影响比较深。柏拉图、托马斯·阿奎那、斯宾诺莎和康德属于不妨叫作数学派的那一派,德谟克里特、亚里士多德、以及洛克以降的近代经验主义者们属于相反一派。在现代兴起了一个哲学派别,着手消除数学原理中的毕达哥拉斯主义,并且开始把经验主义和注意人类知识中的演绎部分结合起来。这个学派的目标不及过去大多数哲学家的目标堂皇壮观,但是它的一些成就却像科学家的成就一样牢靠。"此就是自然科学理论与哲学的交错点,亦就是罗素所谓的第三个时期哲学更受着科学的支配。

反观近数百年来,吾国的思想文化与西方的发展完全不同。当明末徐光启接受西方天主教会利玛窦传来的科学知识,由此而走上科学化的道路,是最好的机会。以时间对比,牛顿生在徐光启死后九年,然而两人条件完全不同。徐光启本人已尽了努力,可惜朝政腐败,不久明朝就灭亡,而等到清朝统一,又增加了基本的民族矛盾。康熙虽曾与莱布尼茨有联系,本人亦做过科学实验,敕李光地编著的《周易折中》是宋易的总结,对象数亦有所发展。继此而前进有走上科学化的希望。然一般学者所注意的是民族问题,满族统治者所关心的亦是民族问题。清初最有影响的顾炎武、黄宗羲、王夫之三人,各有精深的学问,他们面临的主要矛盾当然是民族问题,就是理学中所提倡的重气节。故顾亭林认为易注莫善于《程传》,可惜没有研究象数。船山不愿避入佛道,反宗教的立场又极坚定。以自然科学的观点论,数学是基本的工具,易学的象数先秦早已存在,含有正确的数学原理。然如黄宗羲的《易学象数论》,王船山的反对先天图等,单纯看到了象数的种种流弊而忽略了基本的价值。不幸用这一思想结合民族意识影响的学者,反而对《周易折中》不满,故基本上没有继续发展此书的著作。到乾隆时利用此点,颁行《周易述义》进一步限制学者的思想,使不再向前看而走倒退之路,兴起了汉学、宋学的斗争。结果主宋不敌主汉,于是削弱了民族气节。继续下去主汉者又兴起今古文的斗争,直到清亡尚未结束。总观清朝的朴学,能忠实于历史文献的考据,发展了汉学是重要的收获。然而有方向性的错误,就是以考古代替了哲学思想的发展。朴学基本上完全排斥汉末以后所发展的思想文化,就是彻底否定印度西域传来的思想,包括受佛教刺激而发展得非常快的道教,以及玄学和理学。排斥的理由根本说不出,只知古就是正确,又对汉朝所继承的及所发展的严加分辨,惜文献不足而不能完成。因此各是所是而各非其非,故所谓儒家思想狭隘到了极点,终身埋头在古书中,抱残守缺而不敢越雷池一步。对宗教思想根本不再研究,又倒退到韩愈排佛老的情况。更严重的缺点就是大部分从事朴学的学者,不可能再有格物的具体思想与具体行动,则面对科学化的道路越走越远。幸有甲骨文的发现为朴学开辟了光明的前途,然研究甲骨文的方向,当于卜辞中寻出与迷信区别的哲学思想与科学思想,必须见其发展的趋势,方能不陷于绝境。且对于吾国能形成整体性思想的条件,在深入甲骨文的研究,或可有比较明确的了解。至于道教思想的来源,当然亦在甲骨文中有事实可考。

近数百年来,《道藏》与吾国主要思想学术变化毫无关系。最后编成的是明《正统道藏》,成于明英宗正统十年(公元1445),及《万历续道藏》,成于神宗万历三十五年(公元1607)。此后道教逐步衰退,既没有特出的道士加以研究发挥,一般儒生视《周易》先天图,尚以为是左道旁门之说,虽信"无极而太极"者亦讳言出自《道藏》。读《道藏》而研究其内容的儒生实绝无仅有,唯有以《道藏》本校勘古籍,如校勘《穆天子传》及诸子等皆采用之。如钱大昕于乾隆五十九年(公元 1794)由校勘古籍而表出与道教发展有重要关系的《长春真人西游记》,已属难得。今则必须更进一步,以完全不同的标准,即以今日的自然科学理论为准则,全面地研究道教的具体内容。因吾国对自然科学的理论向无专业研究,而道教崇尚自然,道士在宗教的信仰下,对自然界和包括自身在内的生物界,反而有极深刻的种种想象与理解。此种种想象与理解,有古代流传的,亦有历代发展的,既有愚昧的,亦有正确的,既有原始的,亦竟有适合今日的。故在《道藏》中的确保存有吾国极丰富的科学史资料,近数百年来吾国如重视自然科学的研究,对此类资料早应加以整理,从宗教中提炼科学的知识。然清朝一代根本无人,清亡后亦寥寥,今则已引起西方学者的注意。且西方对自然科学的研究,有物理转向生物的趋势,此与外丹转内丹的情况相似,则保存在《道藏》中的资料尤其重要。故为写好吾国的科技史特别是中医史,为今日研究《道藏》的现实意义之四。

至于认识自然科学的发展,数理逻辑结合自然科学成绩已显然,必须重视,然而没有脱离形式主义的范畴,亦不可不知。故仅有逻辑分析哲学,势将丧失哲学对自然科学的指导作用。在西方此所以宗教仍有其重要地位,怀特海在《科学与近代世界》(*Science and Modern World*)一书中说:"宗教为人类一种基本经验之表现。宗教思想的发展,表现渐加准确而解除荒诞幻想。宗教与科学的交互作用,为提高此种发展上之一大要素。"此所谓宗教与科学的交互作用,不就是辩证法的二端吗?然对吾国的情况而言,不可不考虑道家代表人物老子"名可名非常名"的命题。因道教当然是唯心的宗教,今究其内容不乏有科学思想。而自认为反宗教的,主要对孔子产生盲目崇拜,则反宗教本身就产生了宗教色彩。故今日对吾国哲学思想的深入研究、对宗教与科学的明确辨证,必须用实事求是的原则逐事分辨,决不可循名而不责实。再进一步言,吾国的哲学思想,包括儒释道三教的理论,各有其整体概念,这一概念又为西方研究自然科学理论者所重视。因为用此整体概念,可认识自然科学与社会科学的汇合处。

得到一九七七年诺贝尔化学奖的 I. Prigogine 于一九七九年在北京讲学时说:[*]

在西方的经典物理学中,时间 t 只起一个参数的作用,过去和未来是等价的。即使是更新的科学也曾持这种观点,例如忽略超弱相互作用,在量子力学的薛定谔方程中 t 和一t 的作用是相同的。这种时间观的根源在于一种"现实世界简单性"的信念。要了解宇宙,就只需要了解构成宇宙的砖瓦——基本粒子;懂得了生物大分子、核酸、蛋白质,就可以理解生命,这曾是生命科学的基本信条。总之,一旦了解了组成整体的小单元的性质,就算掌握了整体。而社会学、生物学、哲学对于"演化"的研究导致的对过去和未来的认识,以及关于事物局部与整体关系的认识,是和上述的观点和信念不能协调的。物理学正处于结束"现实世界简单性"信念的阶段,人们应当在各个单元的相互作用中了解整体。要了解在相当长的时间内,在宏观的尺度上组成整体的小单元怎样表现出一致的运动。这就要求修改已有的时间观,修改对自然法则的认识。这种新的思想发展和我从英国的李约瑟及法国的格拉耐的著作中了解到的中国的学术思想更为接近。中国传统的学术思想是着重于研究整体性和自发性,研究协调与协和。现代新科学的发展,近十年物理和数学的研究,如托姆的突变理论、重整化群、分支点理论等,都更符合中国的哲学思想。

---

[*] I. Prigogine,通译普里高津(1917—2003),一九七九年访华。此演讲发表于《自然杂志》一九八〇年第一期。

这就是最近一二十年来,西方由物理理论转向生物理论的一般思想情况。至于生物理论的复杂化,如研究分子神经生物学,了解人脑约有 10^{10} 个神经元,每一神经元约有 10^4 个突触,面对如此多的客观存在的情况,而正常的人各能自加控制,此不可不知整体性的辨证关系。况且今在研究神经元回路的编码电位,如同研究磁带录音录像的构造与工作,研究者亦已发现还有重要的问题,更须理解录在磁带上的信息,此又是整体性的问题。I. Prigogine 及英国的李约瑟、法国的格拉耐等,从各种学术方面同样注意到吾国整体性、自发性的哲学思想。这种哲学思想在吾国先秦早已具备,如老子所谓:"天得一以清,地得一以宁,神得一以灵,谷得一以盈,万物得一以生,侯王得一以为天下贞。"《易·系》亦曰:"天下之动,贞夫一者也。"至少有二三千年的历史事实,后与释道二种宗教有千丝万缕的联系。今必须以唯物史观的观点接受与批判此整体概念的历史,说明与认识今后发展应起的作用。而道教的整体概念为主要的组成部分,历代文献完全在《道藏》中,此为今日研究《道藏》的现实意义之五。

上述五点,为今日研究《道藏》的主要意义,此外如文学方面、音乐方面、考古方面等,亦各有其现实意义,不能一一述及。今存正统万历的《正统道藏》,有涵芬楼影印本凡一千一百二十册,读者尚少,希望引起各方面专业研究者的注意。

一九八〇年六月

附录一

拟写《道教史》之目录

前言(自序)

绪论(凡例十则)

第一章　自然世界与生命、人类、宗教的起源

　　第一节　今日所认识的自然世界

　　第二节　今日所认识的生命起源

　　第三节　今日所认识的生命与自然世界的关系

　　第四节　今日所认识的生命进化成人类的情况

　　第五节　论人类的思维及宗教的起源

　　第六节　漫谈宇宙人及其智慧

　　第七节　论宗教与自然科学、社会科学、哲学的关系

　　第八节　概述东西方文化对宗教的认识

　　第九节　中国土生土长的宗教——道教

第二章　中国的原始宗教

　　第一节　中国的时空结构

　　第二节　中国的人种起源及其分布

　　第三节　中国史前文化的发展与天象地势的关系

第五章　周代的灿烂文化孕育出道的概念(中)——春秋

　　第一节　论《春秋》分期

　　第二节　概述春秋序幕时的复杂思潮

　　第三节　《公羊》三世的是非得失

　　第四节　所传闻世的道

　　第五节　所闻世的道

　　第六节　所见世的道

　　第七节　考核孔子问礼于老子的史迹及其实质

　　第八节　道与儒的互相吸引与排斥

　　第九节　总述春秋时期各国宗教思想的交流

第六章　周代的灿烂文化孕育出道的概念(下)——战国

　　第一节　论战国分期

　　第二节　概述战国序幕时的复杂思潮

　　第三节　《左传》作者的宗教观

　　第四节　商鞅与赵武灵王的思想结构

　　第五节　《论语》与《老子》、《孟子》与《庄子》的成书

　　第六节　墨子及其学派的宗教信仰

　　第七节　稷下派与邹衍的成就能以"黄老"发展"尧舜孔子"

　　第八节　论"数字卦"变成"阴阳符号卦"后于古史托始伏牺、神农
　　　　　　的易道

　　第九节　楚国的宗教以屈原为代表人物

　　第十节　总述战国时期各国宗教思想的交流

第七章　方仙道与秦始皇

　　第一节　考述封禅与方仙道

　　第二节　详论形成方仙道的始末

　　第三节　宜认识"秦战国",以见吕不韦与秦始皇的不同思想

　　第四节　方仙道的理论以完成秦始皇的功业

第十章　五斗米道与天师道

　　第一节　五斗米道的起源

　　第二节　考核张陵的史迹

　　第三节　黄老道与五斗米道并存的事实

　　第四节　刘璋利用张修及张鲁母子的概况

　　第五节　二十四治、二十八治及张鲁治汉中的始末

　　第六节　曹操所收养的道者考

　　第七节　陈瑞自称天师与范长生崇尚黄老

　　第八节　综述三葛(葛玄、葛洪、葛巢甫)各有所承的仙道

　　第九节　五斗米道的分裂与上清经的出现

　　第十节　总述汉末、魏、晋的道教

第十一章　南北天师道的具体内容

　　第一节　寇谦之与崔浩创立北天师道始末

　　第二节　陆修静的一生及其编成《三洞经书目录》的伟大成就

　　第三节　茅山道与陶弘景

　　第四节　大、小孟法师所认识的道教

　　第五节　《黄庭经》与《大洞真经》,《真诰》与《真灵位业图》

　　第六节　《笑道论》与《元包》之争

　　第七节　再兴《太平经》的时代背景

　　第八节　相应于南北天师道的炼丹术

　　第九节　总结由《汉书·艺文志》到《隋书·经籍志》五百余年间
　　　　　　道教变化的史迹

第十二章　唐代并存三教的道教情况

　　第一节　综述唐代儒、释、道三教文化的概貌

　　第二节　有特殊地位的唐代道教

　　第三节　考核司马承祯总结出洞天福地的所在地

　　第四节　论《道教义枢》与第一部"道藏"《三洞琼纲》的关系

第一节 元初道佛之争

第二节 八仙的诞生及其影响

第三节 南五祖、北七真后的传人

第四节 南北宗的逐步结合

第五节 李道纯《中和集》的思想结构

第六节 俞玉吾与第九洞天

第七节 《玄教大公案》的内容及其地位

第八节 三十六代天师张留生的作用

第九节 总述宋元以来民间所认识的道教

第十六章 明代道教仅囿于正一、全真之辨

第一节 朱元璋的思想结构大碍于道教的发展

第二节 八仙与张三丰的传说盛行不衰

第三节 明初所振兴的武当山道教

第四节 论道教与武术

第五节 由南北宗发展成东西派的史迹及其内容

第六节 详介正续《道藏》成书的情况

第七节 由《封神榜》、《西游记》以见民间对道佛两教的认识

第八节 论尹真人的《性命圭旨》

第九节 明代起道教式微的关键在于未能创立教义较完备的

教派

第十七章 日趋庸俗化的明清道教

第一节 明代帝皇所信仰的道教

第二节 明代民间所信仰的道教及民间宗教的兴起

第三节 明代理学与道教的结合

第四节 道教的教义明代起大半化成儒家的封建道德

第五节 清代帝皇对天师道的压制

第六节 清代全真教的发展与《道藏辑要》的成书

按：计划每章约五—六万字，各分十节左右，每节五千至一万字不等，全书凡百余万字。

附录二

吴承仕《道藏》阅读笔记跋[*]

  纪念吴承仕先生百龄诞辰(廷附言：是否须说明主持之单位,请黄老代加),决定整理出版吴氏全部遗稿,由弟子黄老寿祺主其事。吴氏治《三礼》名于世,不期于遗稿中,发现有阅读《正统道藏》之笔记,凡二十双页,已装订成册。内容为错杂抄录各种道书之原文。所抄录者,每属道教之重要教义,间加按语与眉批,甚简要中肯。黄老见此遗稿,记曰："此册当是吴师准备写批判道经之文而笔记的资料。"因承黄老命加以整理,庶成遗稿中之一文。原稿题目仅题《正统道藏》四字,使与内容相称,似可改为《正统道藏》阅读笔记。

  全稿引及《正统道藏》中之书目,计有三十一种(书目附下),今各与原书逐条核对,校正若干字。凡加[ ]者非原文,加( )者可使上下文连贯,以原书为准。间有有意删去,亦为补足若干,且详注册数、卷数、页数。于按语另行书之,前加"吴氏按"三字,以免与原文混淆。眉批仍保存在各段之上。观原稿编次有二。其一由道藏第一册《灵宝无量度人上品妙经》起,依次至《道藏》第七百六十八册

---

  * 本篇题目为整理者所加。

355

《无上秘要》止,于稿本首页起顺序而下。其二重点抄录道经中"妄窃梵音"与"妄作名字",来源于《度人上品妙经四注》《太上求仙定录尺素真诀玉文》《上清三尊谱录》《地府十王拔度仪》四书,于稿本末页起逆序而上。此二部分宜相合,基本以《道藏》之序为编次。《道藏》原用千字文编目,今仅准涵芬楼影印本,较为方便。若间多抄录而未加按语,有按语眉批而仍须进一步略加说明者,于另行低一格加"廷按"二字,以述其抄录之原因及其意义。全稿校录一过约经近月,乃跋此以复黄老。

公元一九八三年七月二十八日潘雨廷书于华东师大古籍研究所

附录三

略谈宋元之南北宗
下及明清之东西派[*]

中国的道教派系极多,然今日所流传者,仅有全真、正一二派。或即此二派以研究中国历史上所存在的道教史,则可云对道教的史实一无所知。首先须明确此一问题,何以道教的众多教派皆已消灭,而仅存全真、正一,说明这一问题事实真相者亦不多见。此处先可作说明,这一问题由朱元璋一人所造成。朱元璋开创明朝的事业,当其事业既成,就注意宗教对治国的影响。而当明初时,儒释道三教合一的概念,早已通贯知识界。朱元璋亦有此概念,认为当以儒之修齐治平为主,而必须有释道辅之。且必认为释道之理当同,而当时释的派别虽多,大别仅宗门、教下二支而已。朱元璋乃认为道教当亦有宗门、教下之分,而是时新兴的全真教,由王重阳(1112—1170)开创以来约近二百年,且日在发展中,而其所信的内容,亦与佛教中新兴的禅门相近。由是朱元璋即认定全真教犹释教之宗门,至于教下则以有悠久传统者方可当之。而自宋真宗时早有

---

* 潘师母旁注:未成。字也不正,写不动了。可惜。

358

正一教历代相传之说,即当江西龙虎山的天师府。故朱元璋于洪武七年有手谕,其言曰:(下阙)

一九九一年十二月

后 记

以整理者之愚钝,尚不能知一本以残篇为主编成的著作,是否有可能成为天下奇书。如果有可能的话,希望本书可以作为试验之一。潘雨廷先生的《易学史发微》,有《易学史丛论》相配合;那么他的《道教史发微》,也应该有《道教史丛论》相配合。相对而言,本书在潘先生所有著作中使用的材料最不完整,除了少数篇章以外,绝大部分没有完成,有的甚至只是开了一个头,但是不妨碍此书仍然极富启发力。

全书以一本极其特殊的《道教文化》开场。这本小册子原来是潘先生应友人之请,为香港一本大型画册所作的文字说明,然而写作过程却经过了多种磨难。首先,当时潘先生已在病中,体力渐衰,写作时先后有多人参与,文字也不统一。其次,作者的构思和出版社的要求不完全一致,编辑通俗、再通俗的反馈,使稿件修改了好几次,其间的协调并不整齐。根据整理者当年的笔记,此书初步完成于一九九〇年十一月,后来几经波折,还是没有出版。多年来整理者一直在处理作者的其他稿件,等到终于松口气来考虑此书时,手边所有的是二种不同的稿本,此外还有若干零碎的篇章。尽管受到干扰而有所变形,本书依然是潘先生总结性著作之一,其主要构思和大体轮廓还是不可遏

361

制地表现了出来。在整理者看来,本书在作者心目中的地位,大致相近于另一本未完成的著作《易学史大纲》。《大纲》已散开编入《易学史丛论》,《道教文化》还相对独立成篇,虽然阙一章没有完成,依然有着整体的形象。此次整理所成的文本试图复原潘先生的原来构思,其中引言和图片说明由整理者缀合成文,所阙一章仍然保留题目。本书篇幅短小,气象阔大,代表了作者对道教的最后结论。

除了置顶的《道教文化》,以下其他诸篇收入了作者从上古至今的道教史论文。如果和《道教史发微》合观,已然勾勒出中华道教史的整体面貌。而且全书来源和形式更为多样,其中既有整篇的著作,如《参同契简释》;也有写给自己参考的纸条,如《列子记要》、《关尹子记要》、《悟真篇批语》。既有作者本人手写的讲座提纲,也初次收入了学生听课的记录稿(整理时有所修订)。经过整理者多次排列组合,诸篇之间彼此联系呼应,渐成整体之象。研究者和爱好者认真研读,必然会有所得。

本书有附录三。其一,作者拟写《道教史》之目录。《道教史》虽然没有完成,但是从目录中仍然可见全书的原来规模。其二,《吴承仕"道藏"阅读笔记跋》。本篇为作者受友人黄寿祺(1911—1990)先生之托而作,原稿已不存,从保留下来的跋中,可以考见当时学者之间的交往,也可以看出作者对前辈学者的尊敬和支持。其三,《略谈宋元之南北宗下及明清之东西派》。此文写于一九九一年十二月,是作者临终前还在力疾书写的最后文章。作者生前关于南北宗的文章较多,论及东西派仅此一篇,只是于具体内容未能留下相关论述。作者于西派传承有极深渊源,而所获证量未能于此表见一二,令人深为痛惜。以整理者所见,作者最后的文章共有三篇,一是《论朱熹以易学为核心的思想结构》(未完成,收入《易学史丛论》),一是《略论净土宗及六字佛号》(已完成,收入《易与佛教 易与老庄》),还有就是这篇《略谈宋元之南北宗下及明清之东西派》(未完成,收入本书)。写作的三篇文章,恰成儒释道三教之象。

最后,试介绍《道教文化》合作者金宝源。金宝源,上海人(1926—2002),中国摄影家协会会员,上海市文联委员,上海市文史研究馆馆员。他从事出版摄影工作近四十年,历任少年儿童出版社、上海科学技术出版社《科学画报》摄影记者,擅长风光摄影,除了在《中国风光》、《江山如此多娇》、《九寨沟》等大型画册上发表作品外,还摄有《中国岩溶》、《中国矿物》、《中国五大连池火山》、《绍兴石桥》等画册,深得国内外有关专家学者的好评,并多次获奖。

本书的编纂酝酿了较长时间,在黄德海先生协助下完成了整理,另外一位谦让而不肯具名的朋友也参与了部分工作。

张文江
二〇〇九年十一月三日

修订本补记

　　此书和《道教史发微》一起，于 2012 年由复旦大学出版社出版。本次修订，校正了若干错字，将原来的繁体竖排改为简体横排。

张文江

2012 年 12 月 2 日